守望者

The Catcher

西方思想的起源

——古希腊哲学史论

聂敏里 著

中国人民大学出版社

·北京·

前　言

古希腊哲学研究进入中国，如果从梁启超的《论希腊古代学术》（1902）算起，至今也已经有一百多年的历史了。在这个过程中，由于德国新古典人文主义的影响，古希腊哲学乃至古希腊文化在中国知识分子那里总是受到百般尊崇。改革开放以来，在尼采、海德格尔、施特劳斯等西方现代学者对古希腊思想研究的影响下，一部分中国学者对古希腊思想更是竭尽文化想象之能事，对古希腊的崇奉之情有增无减。

据此，如何用一种理性、批判的目光来审视古希腊哲学，既指出它作为西方思想源头的奠基意义、它普遍的思想价值，又指出它内在的思想局限性，它轻经验、重思辨的思想特征，既展现其中每一位哲学家思想的特有魅力和思想史意义，又能够对他们思想本身的不足之处进行基于思想史的深刻批判，而不是像黑格尔所说的，将哲学史变成历史上已有的哲学家的意见集，更不是将哲学史变成一座座神圣不可侵犯的殿堂、庙宇，而是要在其中追寻真理，这就是一个值得探索的工作，学术研究的价值显然也就在此。

因此，本书便是在这个方面的一个尝试。它虽然题名为“西方思想的起源”，但是，严格来说，它更是一部“古希腊哲学史论”。它立足于思想史批判的立场，在展现古希腊哲学家观点的基础上，将重心更多地放在对哲学家提出这些观点的内在思想逻辑、思想立场和思想主旨的分析上；也就是说，它不仅着眼于展现哲学家说了些什么，而且更多地着眼于展现哲学家是怎样说的和为什么这样说，同时，还要合理地指出他们说得对还是不对。显然，哲学史的通行的研究以及著作与教材的写作，着眼于第一点的较多，而着眼于第二点的较少，同时还能着眼于第三点的则鲜有。本书便是这样的一个尝试。因此，在史论结合的基础上它更着重于论的部分，力图将哲学家的思想说清楚，指出这些思想的内在问题，并且在个别地方还争取做到洞烛幽微，发前人之所未发。

当然，作为一部哲学史的著作，它也会力图展现内在于古希腊哲学史的思想线索与问题线索。但是，这不是没有侧重的。这里可以明确宣告的就是，本书所展现的古希腊哲学更多的是基于形而上学、认识论的角度，从而所发掘、阐述的古希腊哲学内在的思想线索与问题线索也是集中在形而上学和认识论上。在这个方面，本书呈现了西方形而上学发生、发育、发展的一个基本的线索，以及与之相伴随的认识论问题。本书坚持认为，形而上学和认识论是哲学的基础，它们回答的分别是世界是怎样的以及我如何能够知道世界是怎样的问题。显然，只有在此基础上，才可以进一步提出并回答我应当如何生活以及我应当如何与他人共同生活的问题，这些是伦理学和政治学的问题。前两个问题没有解决或者说解决得不好，那么后两个问题的解决就变得虚浮和缥缈起来。我们不能将哲学思想笼罩在云雾之中，因此，本书愿意将思想探索的根茎扎得更深一些，扎到哲学思想最坚实的基础部分。

至于内容的安排，本书起自公元前 6 世纪的第一个古希腊哲学学派米利都学派，终至公元 6 世纪的最后一个古希腊哲学学派新柏拉图主义，并将这段长达 1 200 年的哲学史分成习惯的三个部分——前苏格拉底哲学、古典希腊哲学和晚期希腊哲学。前苏格拉底哲学部分集中展现以赫拉克利特为顶峰的早期希腊宇宙生成论的传统、以巴门尼德为转折点的形而上学本体论的传统，然后以智者学派为过渡转向古典希腊哲学。在古典希腊哲学部分，本书着重探讨苏格拉底、柏拉图和亚里士多德的思想，其中，对于柏拉图，着重阐明他中期理念论与晚期理念论中形而上学本体论的思想、认识论的思想和辩证法的思想；对于亚里士多德，着重论述他的形而上学思想和伦理学、政治学思想。在晚期希腊哲学部分，本书集中概述了斯多亚学派、伊壁鸠鲁学派、怀疑论学派的思想，并对基督教在西方思想传统中兴起的思想史意义进行了专门探讨，最后以对新柏拉图主义哲学的概述作为结束。本书相信，这样一种安排能比较集中地展现古希腊哲学史中最基本的思想框架与问题线索。

在行文上，为达到雅俗共赏、学术普及的目的，本书尽量采用生动明快、通俗易懂的语言文字，不以艰涩的学术语言来给读者设置阅读障碍，也不以海量的参考文献来眩惑读者的耳目。总之，以向读者说清楚一个哲学问题、理清楚一条思想史线索，给读者的思想带来一定的启发甚至能够给读者带来阅读上的享受作为目的。

目　录

第二部分　古典希腊哲学

第三部分　晚期希腊哲学

导论：古希腊哲学的起源

【1】古希腊文明的多样性

西方思想起源于古希腊。古老的希腊孕育了西方思想中最为璀璨夺目的一颗明珠——古希腊哲学。

确实，古希腊文明中有许多成分并非古希腊人的创造。说到几何学，它来自埃及；说到天文学，它来自巴比伦……但是，说到哲学，我们确实不能为它找到别的什么来源，而只能说它是古希腊人的理智的产物。但是，即便如此，我们也不愿意跟随着某些文化学者，将哲学说成古希腊人的独特创造，甚至像某些欧洲中心主义者或文化种族主义者那样，把它说成希腊精神的奇迹，是古希腊人的精神生活区别于并且优越于其他一切民族的精神生活的最独特、最纯洁、最神秘的禀赋之所在。

事实上，如果我们承认，哲学是人类理智沉思的结果，是人类理智成熟的表现，那么我们也就必须要承认，任何一个民族，当它的理智达到成熟，当它开始用理性的方式来对宇宙万物加以思索，它也就必然会孕育出哲学的果实。因此，在同一时期的华夏文明这里，当理智最初达到成熟的时候，我们也同样开始了以理性的方式来对宇宙万物加以思索，也孕育出了最初的哲学的果实。

《左传·僖公十六年》记载了这样一则故事：

> 十六年春，陨石于宋五，陨星也。六鹢退飞过宋都，风也。周内史叔兴聘于宋，宋襄公问焉，曰："是何祥也？吉凶焉在？"对曰："今兹鲁多大丧，明年齐有乱，君将得诸侯而不终。"退而告人曰：

“君失问。是阴阳之事，非吉凶所生也。吉凶由人，吾不敢逆君故也。”

这就是在春秋时期华夏文明理智成熟的一个典型例证。“陨石于宋五，陨星也”“六鹢退飞过宋都，风也”已经以极其简明的回答理性地揭示了陨石、鸟退飞这些异象背后真正的原因。而针对宋襄公从原始巫术思维出发对这些异象所发出的吉凶祸福的询问，周内史叔兴能够在给予了满足宋襄公的要求的回答之后，却尖锐地指出宋襄公根本不该有此一问，因为这类现象完全可以通过自然之理来解释，而不必诉诸神灵，这就更加鲜明地表明了在哲学层面上的理性的自觉。《左传》本身已经是华夏文明历史理性发育成熟的一个显著表现。而五经中的《尚书》则是华夏文明在政治理性上格外早熟的一个明证。至于《周易》中所体现出来的探究自然阴阳之理的思想，当然也是华夏文明在自然哲学方面理性开始发育的一个标志。

因此，古希腊人创造出哲学来，这丝毫不是什么神秘的事情，我们也完全不必到古希腊人乃至西方人的民族精神的独特性中去为它寻找什么神秘的根源。我们只需要将希腊文明放到整个地中海的文明圈中，把古希腊人理智的成熟看成这个文明圈的广泛而频繁的文化交流的结果就足够了。

因为，地中海文明是一个大的文明圈，正像东亚文明是一个大的文明圈一样。希腊文明只是地中海文明的一个分支，正像华夏文明也只是东亚文明的一个分支一样。但是，华夏文明在很长时期内所面对的只是北方游牧文明，当中原文化与南方的荆楚文化、百越文化完全融合后，它在很长时期内就再没有面对过更有挑战性的多种文明的交流。而希腊文明所处的地中海文明圈的情形却与此完全不同。地中海文明圈中存在着多种文明，希腊文明只是其中的一支，除此之外还有埃及文明、巴比伦文明、波斯文明、亚述文明、赫梯文明、腓尼基文明、犹太文明……这些文明彼此之间相互影响、相互渗透，既以贸易、文化交流的形式，也以战争、文化冲突的形式，从而造就了地中海文明圈特有的文化现象，这就是，在这个文明圈中，文化多样性的成分更为突出，文化的交流与融合更为频繁和剧烈。

希腊文明正是地中海文明圈这一文化现象最集中的体现。

在这里，我们也就不能不谈到希腊文明在整个地中海文明圈中所处的独特的地理位置，它独特的地理、地貌。

如果我们观察一幅希腊地图，那么我们就会发现，整个希腊半岛以一个深长的楔形直插入地中海的东部。一方面，在它的东部海岸，不仅由于地形的蜿蜒曲折，极富优良的港湾，而且由于大陆架延伸至爱琴海中，星星点点露出海面，形成了星罗棋布的岛屿，而这些岛屿一路逶迤，构成了一条直达东面小亚细亚陆地的岛链。这样，在古代航海技术不发达的情况下，古希腊人仅凭木船就可以漂洋过海，抵达亚洲大陆，并且借助其内河航运，深入亚洲腹地。另一方面，在它的南部，虽然浩瀚的地中海将它与非洲大陆隔开，但是克里特岛却横陈于二者之间，形成了一个天然的跳板，将希腊与非洲联结在一起。相比于东部与南部的情况，希腊半岛西部的地理位置就不是十分理想。因为，半岛的西部多山，并且海岸线平直，港湾与岛屿稀少，在航海技术尚未发展的时期，要航行到西边的意大利半岛就较为困难。因此，一个显著的事实就是，古希腊人向东方的殖民开展得较早，而向西方的殖民则开展得较晚。

如果我们现在心目中对于希腊半岛所处的特殊地理位置有了上述的印象，那么我们可以得出的一个结论就是，希腊在地理上恰好呈现出一个向着东方和南方开放的姿态，它以它深长的楔形所楔入的恰好是地中海文明圈的腹地，它独特地置身于周围各大分支文明的包围之中，实际上成为各大分支文明彼此之间发生接触、交流、碰撞、融合的中心地带。

但我们还需要观察希腊半岛自身的地理、地貌。多山和地形破碎，这是希腊半岛在地理上给人最深刻的印象。伯里在其《希腊史》中写道："整体而言，可把希腊当作一个多山的海角，中部被一条巨大的裂谷一分为二，整个东部被撕裂成一块块残片。"① 塞尔格叶夫的《古希腊史》则这样写道："希腊大陆由一列小山脉组成，这是巴尔干中部主脉的支脉。

① 伯里：《希腊史》I，陈思伟译，1 页，长春，吉林出版集团有限责任公司，2016。

除了帖撒利亚盆地之外，希腊简直没有重要的平原或草原。希腊居民之地是一片不大的领域，群山环拱，而有出海之路。最遥远的据点离海不及一百公里，平均是在五十至六十公里之间。”① 多山和破碎的地形既妨碍了希腊半岛的整体性，使其居民点彼此分散甚至隔绝，但是又在客观上产生了联系的需要，因为每一个居民点物产的单一和贫乏迫使它们必须彼此交流、互通有无。

显然，地理上的这一特点对希腊政治产生了重要影响。伯里这样写道：“希腊破碎的地貌非常适宜相互独立的共同体的存在，每一个共同体皆可通过群山形成的屏障保护自身免受邻邦侵略。希腊的历史就是若干独立小邦的历史，这种历史不可能在其他地貌环境下产生。”② 塞尔格叶夫则这样说：“自然环境在相当的程度上决定着希腊最古住民地点的特点。希腊因山脉而分裂成为若干个小公社。……每个公社，每个城市，就是一个独立自足的单位。‘自治’与‘自给’是希腊国家（城邦）的基本特征。所以，希腊有史以来，统一问题是一个最繁难的政治问题。”③ 城邦彼此之间分离与独立，同时，又由于彼此之间互通有无的需要而联系在一起，结成地方性的、暂时的政治联盟，这就构成了希腊政治的基本特点。而这一特点也可以延伸到国际政治上。伯里这样说：“希腊绝非丰产之地，没有面积开阔、水源良好的大片平原，精耕细作的溪谷未必能产出人们指望的作物。在这片土地上，大麦的收成远胜于小麦。因此，农夫不得不辛勤劳作。土地的性质必然促使人们发展航海事业。一方面，海外富庶的土地吸引着冒险者，特别是当人口增加、生存压力加大时，它的吸引力就更加强大。另一方面，希腊必须从海外大规模进口粮食以弥补本土产粮的不足。”④ 而塞尔格叶夫则这样写道：“希腊的土壤并不是特别肥沃。只有若干地区适宜于种植谷物。其他的地区，因为肥沃的土层不厚，虽然间或经过人工改造，居民总是很艰苦地为农产而奋斗。……大多数希腊地区

---

① B. C. 塞尔格叶夫：《古希腊史》，缪灵珠译，4～5页，北京，高等教育出版社，1955。

② 伯里：《希腊史》I，陈思伟译，4页。

③ B. C. 塞尔格叶夫：《古希腊史》，缪灵珠译，9～10页。

④ 伯里：《希腊史》I，陈思伟译，4～5页。

缺乏土产的粮食，必须向其他产粮地区如地中海北部沿岸、西西里、埃及等地去采购。希腊有史以来，粮食问题便是希腊诸公社的对内及对外政策的中心问题。希腊的许多次大战皆由于争夺黑海的及西西里的‘粮食道路’而起。”① 所以，相比于埃及尼罗河三角洲流域丰沛的水源和膏腴的淤积层，巴比伦两河流域河道的密集和土壤的肥沃，希腊半岛上的住民却由于土地的贫瘠与物产的单一，格外地需要同外部世界的物质的联系与交流。这个时候，濒海的位置、方便的出海通道和优越的航海条件便为此提供了途径。因此，甚至是希腊半岛自身的地理、地貌也决定了希腊文明所特有的开放性。

这样，仅仅观察希腊的地理位置以及它的地理、地貌，希腊文明在地中海文明圈中的独特地位就已经凸显出来了。它实际上身处地中海文明圈的要冲，构成了地中海文明圈中各大分支文明的交汇地带，本身就是地中海文明圈各大分支文明相交、相融的产物。

因此，与许多带有欧洲中心主义或种族主义倾向的文化学者更愿意谈论希腊文明的独特性不同，我们更愿意谈论希腊文明的多样性，谈论希腊文明中内含的由于文明的冲突与交流而来的各种异质的文化成分。

希罗多德的《历史》中已经提到了在操希腊语的北方民族进入希腊半岛之前，广泛存在于希腊大陆的非希腊的人种，所谓的佩拉斯吉人及其文化②，这个文化毫无疑问是受到南部爱琴海文明的起源——克里特文明影响的。而克里特文明自身又处于埃及文明和亚述文明影响之下，这也是被研究者们所认识的。这样，在希腊文明的最开始，文化的多样性就已经显现出来了。

公元前2000年左右，第一批操希腊语的移民从北方蜂拥而下，他们和当地的土著结合，形成了古代希腊人的基础。这批人在历史上被称为亚该亚人（Achaeans），公元前1300年的赫梯文献中的Ahhiyawa一词应当

---

① B. C. 塞尔格叶夫：《古希腊史》，缪灵珠译，9页。

② 参见希罗多德：《历史》（上）I. 56－58，II. 50－52，王以铸译，25～26、133～134页，北京，商务印书馆，1959。

就是对这批希腊人的指称。[①] 正是亚该亚人摧毁了克里特的米诺斯王的宫殿文明，在希腊大陆上创造了称雄一时的迈锡尼文明。如今，我们在迈锡尼城的遗址上还能看到那雄伟的狮子门，那被称为“独眼巨人叠石法”垒成的巨大的岩石城墙，它和克里特文明遗迹所展现的纤细、柔美、富丽、优雅恰好形成了鲜明的对比。而我们也知道，荷马史诗所描写的特洛伊战争也正是他们打的，阿伽门农就是迈锡尼的国王。

但是，亚该亚人并不是希腊民族最终的构成。公元前 12 世纪左右，又一批同样操希腊语的北方移民南下，这次移民浪潮在神话传说中被称作所谓的“赫拉克勒斯后裔的回归”，他们摧毁了迈锡尼的宫殿文明，并与当地土著融合，形成了最终的古希腊人的三个主要的民族分支，即多里亚人（Dorians）、伊奥尼亚人（Ionians）、爱奥利亚人（Aeolians）。也只是在这个时候，希腊人才取得Ἑλλάς（Hellas）这个名称。

这样，仅从希腊民族的起源和构成来看，其文化的多样性就由此可见一斑了。而在希腊文明的内部，我们也同样可以观察到多种文明成分的存在。

首先，希腊文明受到腓尼基文明的影响，这已经从希腊语的书写符号系统是对腓尼基字母的借鉴这一事实上可以清楚地看到，更不用说，在希腊神话传说中，著名的忒拜城是由来自腓尼基的王子卡德摩斯所创建的。其次，在希腊的宗教中我们也能够观察到多种文明的来源，例如，对地母神德墨忒耳的崇拜就明显与对天空神宙斯的崇拜不同，而人类学家一般认为，对地母神的崇拜主要是来自克里特和埃及。同样，对酒神狄奥尼索斯的崇拜也明显与奥林匹斯宗教崇拜不同，后者是城邦公共祭祀的主题，而前者却始终具有宗教秘仪的特点。甚至在希腊人的建筑艺术中，多种艺术风格的存在也是格外引人注目的。因为，如人们所熟知的，在希腊建筑中仅就作为建筑物骨干的柱石来看就有两种风格完全迥异的柱式，这就是多里亚柱式和伊奥尼亚柱式。多里亚柱式粗犷雄浑，宛如巨人拔地而起；而伊奥尼亚柱式则纤巧秀丽，宛如少女临风伫立。前者凸显了石质建筑所固

---

① 参见 Herbert Weir Smyth，*Greek Grammar*，Harvard University Press，eleventh printing，1980，p. 1。

有的厚重感，后者却仿佛使粗糙的岩石本身变得轻盈起来。这样两种风格迥然不同的建筑样式出现在古希腊的艺术长廊中，就再次说明了希腊文化的多元特质。自然，熟读柏拉图《理想国》的人也知道柏拉图在其中曾经就古希腊音乐风格的多样性做过讨论。①

因此，历史上频繁的移民浪潮，移民与当地住民的融合，各种文明来源的文化的融合，这已经造成了古希腊在城邦文明兴起之前民族文化的多样性，并使得古希腊文化呈现出格外绚烂多姿的特色。而从公元前 8 世纪开始兴起的希腊的海外殖民运动，则更进一步增强了希腊文明同其他多种文明的交流与融合。我们可以肯定地说，哲学，这一希腊文明理智成熟的标志，正是这一新的历史潮流的产物。正是殖民运动以及希腊的海外殖民城邦所不得不面对的同多种异质的文明相冲突、相交流、相融合的格局，使得希腊人的理智更进一步地成熟起来，而它最高阶段的产物就是能够对此加以理性地反思和概括的哲学。

【2】殖民运动与米利都的兴起

这样，我们就不得不首先谈到在公元前 8 世纪开始兴起的希腊的海外殖民运动。研究者们公认，希腊本土的物产贫乏、人口增长、自然灾害以及特殊的财产继承制度和当时流行于城邦中的贵族专权政制，是希腊海外殖民的主要动因。② 希罗多德的《历史》对这些由种种原因所驱动的海外殖民有着大量史料丰富的记载，例如，吕底亚人在第勒塞尼亚的殖民就是由于当地所发生的自然灾害。希罗多德这样写道：

> 在玛涅斯的儿子阿杜斯王当政的时代，吕底亚的全国发生了严重的饥馑。起初的一段时期，吕底亚人十分耐心地忍受这种痛苦，但是当他们看到饥馑持续下去毫无减轻的迹象时，他们便开始筹划对策来

① 参见柏拉图：《理想国》398E 以下，郭斌和、张竹明译，103 页以下，北京，商务印书馆，1986。

② 参见伯里：《希腊史》I，陈思伟译，92 页以下；B. C. 塞尔格叶夫：《古希腊史》，缪灵珠译，136 页。

对付这种灾害。不同的人想出了不同的办法。……各种各样的游戏全都发明出来了……他们使用这些发明来缓和饥饿。他们在一天当中埋头于游戏之中，以致不想吃东西，而第二天则只是吃东西而不游戏。他们就这样过了十八年。但是饥饿的痛苦仍然是压在他们身上，甚至变得越来越厉害了。最后国王只得便把全体吕底亚人分开，叫这两部分人抽签决定去留，而他将继续统治抽签后留在国内的那一半人。移居国外的人则归他的儿子第勒赛诺斯来领导。抽签之后，应当移居的人们就到士麦拿去，造了船舶，把他们一切可以携带的日用财物放到船上之后，便起程寻找新的生计和土地去了。直到最后，在他们驶过了许多民族的土地以后，他们到达了翁布里亚。他们就在那里建立了一些城市，从此定居下来了。他们不再称自己为吕底亚人，他们按照率领他们到此地来的王子第勒赛诺斯的名字，而称自己为第勒塞尼亚人。①

而斯巴达王子多里欧司的殖民则是由于传统的长子继承制。希罗多德也记述了这一故事：

克列欧美涅斯（按：斯巴达国王阿那克桑德里戴斯的长子）的精神不正常而是疯疯癫癫的。但是多里欧司在与他相同年龄的一切人当中却是出众的。而他自己也深信，他会因他的道德才能而成为国王。既然多里欧司有这样的打算，因此当阿那克桑德里戴斯死去而拉凯戴孟人按他们的风俗习惯立长子克列欧美涅斯为王的时候，他就非常地恼怒，并且不能忍耐做克列欧美涅斯的臣民。于是他便请求斯巴达人拨给他一批人和他一起出去开辟殖民地：他既不到戴尔波伊去请示神托他应当到哪里去开辟殖民地，也不做任何习惯上应当做的事情。他在盛怒之下放海到利比亚去，而以铁拉人为其向导。他来到这里，定居在奇努普司河的沿岸，这是利比亚的最好的地方。②

因此，大致从公元前 8 世纪开始，而它的起源甚至可以追溯得更早，由于

① 希罗多德：《历史》（上），I. 94，王以铸译，49～50 页。

② 希罗多德：《历史》（下），V. 42，王以铸译，362 页，北京，商务印书馆，1959。

这样或那样的原因，一批批希腊人开始远离自己的故土，首先是向东，也就是小亚细亚沿海地区殖民，继而是向西，也就是意大利南部地区殖民，在这些地区的沿海地带先是建立定居点，继而建立自己的城邦。它们与母邦保持着密切的联系，因而也就成为希腊人与其他文明接触和交流的前哨，并且作为商贸的中转站而迅速繁荣起来。在这里，当然首屈一指的就是米利都。

希罗多德在提到米利都时总是不吝赞美的言辞，他把米利都称作"海上的霸主"①，"伊奥尼亚的花朵"②。这座位于小亚细亚南部麦安德河入海口附近、由来自阿提卡和阿尔哥里斯沿岸的伊奥尼亚人所建立的城市，建成时期甚至可以追溯到公元前 11 世纪。③ 它拥有显赫一时的深水良港，从它那里开出的船只向北可到黑海，向南可到埃及，向西可到希腊和意大利，向东经由内河可以深入亚洲腹地。所以，在很早的时候，它就已经是沟通亚、非、欧三洲的大商港了。而在历经数百年的发展中，到公元前 8 世纪希腊殖民运动开展的鼎盛时期，仅米利都自己在黑海沿岸所建立的殖民地就有许多处，这包括辛诺普（Sinope）、特拉佩宗（Trapezus）、阿比多斯（Abydus）、居齐库斯（Cyzicus）、奥尔比亚（Olbia）等。④ 当时，在小亚细亚地区，"米利都是纺织业、染色业、冶金业的生产中心。米利都的纺织品是举世知名的。墨加拉出产的羊毛织品销行甚广。羊毛织品的生产必须有牧羊业，而在这方面，米利都却是首屈一指的"⑤，同时，它还以陶器生产而知名。在小亚细亚沿海地区的商业发展中，米利都占据着首要地位，"米利都对普洛海区、黑海区、意大利（尤其是息巴立斯）以及东方，维持着盛旺的商业"⑥。"米利都商人及其追随者日渐富裕，因为他们是吕底亚人与地中海其他地区交流的中间人。一方面，吕底亚人将

---

① 希罗多德：《历史》（上），I. 17，王以铸译，8 页。

② 希罗多德：《历史》（下），V. 28，王以铸译，355 页。

③ 参见伯里：《希腊史》I，陈思伟译，67 页以下。

④ 参见伯里：《希腊史》I，陈思伟译，97 页；B. C. 塞尔格叶夫：《古希腊史》，缪灵珠译，140 ~ 141 页。

⑤ B. C. 塞尔格叶夫：《古希腊史》，缪灵珠译，147 页。

⑥ 同上书，146 页。

米利都人生产的货物运往小亚细亚内陆及更遥远的东方地区销售；另一方面，米利都的大商船满载货物驶往地中海西部地区及优克欣海沿岸。而且，大约在吕底亚人发明货币为世界贸易打开一片崭新的前景时，新的区域也对米利都人开放，让他们有机会获得更多财富，一直满怀猜忌之心的埃及人也对希腊商人敞开了国门。……米利都人在离萨伊斯不远的尼罗河西岸卡诺比克（Canobic）运河修建了货物加工作坊，围绕这个作坊区兴起了一座希腊人的城市，得名为瑙克拉底斯（Naucratis），即‘海洋女王’。该殖民地成为所有希腊商人共用的港口”①。所以，当谈及公元前8世纪希腊城邦文明的发展时，塞尔格叶夫这样说：“公元前8世纪至［公元前］7世纪期间，人口最稠密的城市，当推东方的米利都城和西方的科林斯城。克里特迈锡尼时代的古城，如迈锡尼，俄科墨诺斯，梯伦，到了那个时代，已经完全荒凉，落入第二等住民地的地位了。”②

这样，在希腊文明进入古典城邦文明的前夜，在小亚细亚西海岸这块由希腊人所开辟的仿佛一条“彩色镶带”（西塞罗语）的殖民地区③，米利都便傲然屹立于其间，俨然是一时的雄长。

【3】僭主政制与古希腊的政治智慧

工商业的繁盛也带来了社会关系的变化。殖民地的社会秩序往往是对母邦旧的氏族宗法关系的承袭，但是毫无疑问，也正由于是殖民地的缘故，其旧有的社会秩序相较于母邦要脆弱得多。从而，在发展着的商品经济的冲击下，原有的各种氏族宗法关系就瓦解了。④ 这也就说明了为什么在希腊海外殖民地的政治进程要比在希腊本土的政治进程发展得快得多。于是，我们看到，在古代城邦向着古典城邦转变中起着重要作用的城邦革

---

① 伯里：《希腊史》I，陈思伟译，126～128页。

② B.C. 塞尔格叶夫：《古希腊史》，缪灵珠译，150页。

③ 参见伯里：《希腊史》I，陈思伟译，72页；B.C. 塞尔格叶夫：《古希腊史》，缪灵珠译，143页。

④ 参见伯里：《希腊史》I，陈思伟译，131～132页；B.C. 塞尔格叶夫：《古希腊史》，缪灵珠译，150～152页。

命首先发生在小亚细亚的诸城之中，而米利都又是首当其冲。因此，在公元前7世纪，米利都率先进入了希腊城邦政治的僭主政制时期。① 而所谓的僭主政制也就是新兴的平民政制对传统的贵族政制的反动。它的基本特征是，某个政治上的强人以平民领袖的身份出现，带领新兴的平民阶层反对原有的贵族阶层的统治，他以暴力的方式取得政权，在社会政策上推行抑制贵族势力、保护平民利益的措施。僭主政制是希腊城邦政治由贵族寡头的政治形式向平民民主的政治形式过渡的特殊历史阶段，它反映了工商业的发展对希腊传统政制的冲击和对城邦民主制的推进。② 也正是在这个时期，希腊的政治智慧开始成熟起来，这也就是所谓的贤哲时期。

第欧根尼·拉尔修在《名哲言行录》中这样说：

> 毕达戈拉斯第一个使用了哲学（φιλοσοφία）这一名称，并且称自己是一个哲学家（φιλόσοφος）……他说因为没有一个人是智慧的（σοφός），除了神。而更为直接的是把哲学称为智慧（σοφία），把专善于她的人称为贤哲（σοφός），这种人可能已臻于灵魂的极境，而把智慧的渴慕者称作爱智者（φιλόσοφος）。……人们曾认为如下一些人是贤哲：泰勒斯（Thales）、梭伦（Solon）、佩里安德（Periander）、克莱奥布洛斯（Cleobulus）、希隆（Chilon）、庇亚斯（Bias）、皮塔科斯（Pittacus）。在这些人之外，人们还算上了西徐亚人阿那哈尔西斯（Anacharsis）、海奈人穆宋（Myson）、叙洛斯人斐瑞库德斯（Pherecydes）、克里特人埃庇美尼德斯（Epimenides）；一些人甚至还加上僭主庇西斯特拉图（Pisistratus）。这些人便是贤哲。③

第欧根尼的这段话是值得注意的，因为，在这段话中他说到了“哲学”和“哲学家”这两个词的起源，并明确地把它们同“智慧”关联在一起，表明“哲学家”是智慧的渴慕者，亦即“爱智者”。但是，同样值得注意

---

① 参见B.C.塞尔格叶夫：《古希腊史》，缪灵珠译，155页。

② 参见伯里：《希腊史》I，陈思伟译，131~132页。

③ Diogenes Laertius, *Lives of Eminent Philosophers*, Vol. I, I. 12–13, The Loeb Classical Library, Harvard University Press, 1950. 据洛布本中古希腊原文直接译出。

的是，他在这段话中还给了另一类人以特殊的地位，这就是所谓的“贤哲”，他们被定义为专善于智慧的人，而且可能灵魂已臻于极境。在所提供的“贤哲”的名单中，我们看到，佩里安德、庇亚斯、皮塔科斯、庇西斯特拉图都是当时著名的僭主。正是在这些僭主身上，由于需要调停于城邦内部各阶层的利益之间，折冲于城邦与邻国、与周边各民族复杂的政治、军事、外交的关系之中，一种本质上是理性主义的政治思维开始发育并且成熟起来。

因此，针对米利都这个对于古希腊哲学的诞生来说至关重要的伊奥尼亚人的殖民地城邦，我们首先要提到的就是它在公元前 7 世纪末期的僭主特拉叙布洛斯（Thrasybulus）。因为，正是关于此人的政治智慧，希罗多德在他的《历史》中曾经做过生动的记述。他在米利都施行的是一种温和的寡头政治①，与当时科林斯著名的僭主佩里安德交好，而泰勒斯也曾同他一起生活过。② 在他执政期间，米利都遭到了吕底亚人持续不断的进攻。由于米利都拥有海上的制海权，因而吕底亚人只能从陆上对其进行封锁，并且采取的是一种劫掠和破坏其田地里的谷物的办法。希罗多德记载，这场战争进行了 12 年之久，在战争的第 12 个年头，吕底亚人焚烧米利都人田地里的谷物，引发的大火烧毁了附近雅典娜的神庙，而在回军的途中吕底亚人的国王阿律阿铁斯便染上了恶疾。按照当时的习惯，他请示了神托，而神托说除非他重建雅典娜的神庙，否则他的疾病是不会好的。于是，阿律阿铁斯就准备派遣使者向米利都人建议休战，以便重建雅典娜的神庙。而此时，特拉叙布洛斯已经从他的好友佩里安德那里得知了阿律阿铁斯的这一计划，于是，他立刻抓住了这一良机，运用自己的政治智慧，使得米利都摆脱了与吕底亚人的长期战争。

他的办法是这样的。他让米利都人将自己在长期被围困下仅剩的所有食物全都拿出来，在吕底亚的使者到来时尽情地饮酒狂欢。这一做法果然使吕底亚人产生了错觉。希罗多德这样写道：“据我所知道的，只有这种

① 参见 B. C. 塞尔格叶夫：《古希腊史》，缪灵珠译，155 页。

② 参见 Diogenes Laertius, *Lives of Eminent Philosophers*, Vol. I, I. 27, The Loeb Classical Library, Harvard University Press, 1950。

情况才引起了后来的和解。原来阿律阿铁斯本来认为米利都非常缺粮并认为它的人民已经困苦不堪了，但他当在使者从米利都回来之后听到和他所料想的完全相反的消息时，不久他便和米利都人缔结了一项条约；由于这项条约，两个国家成了密友和联盟。”① 所以，吕底亚人虽然在公元前7世纪末期征服了当时小亚细亚沿岸的许多希腊殖民地城邦，雄霸小亚细亚，但只有米利都在与吕底亚王国的政治关系中享有特权，而这当然也就是它能够维持长期繁荣的重要原因。

这就是在公元前7世纪至公元前6世纪所谓的贤哲时期希腊的政治理性、政治智慧的发展。由此一来，我们也就必须谈到古希腊的第一个哲学家、同样是米利都人的泰勒斯的政治智慧了。

历史上记载了泰勒斯的多重智慧。他利用他的天文学和气象学知识预知来年橄榄的丰收而预先租用当地的所有榨油机从而获利的故事，既显示了他的自然知识，也显示了他的商业智慧；他帮助吕底亚国王克洛伊索斯通过开挖河道使哈律司河分流而让他的军队可以徒涉过河的故事②，则显示了如一些哲学史家所说的他的工程智慧。至于能够显示他远见卓识的政治智慧的事情则是这样的。因为，在吕底亚人之后，对整个小亚细亚的希腊殖民地构成威胁的就是新兴的波斯帝国。米利都城邦已经凭借特拉叙布洛斯的政治谋略与吕底亚人签订了有利于自己城邦发展的政治盟约。而这时，吕底亚国王阿律阿铁斯的继任者、他的儿子克洛伊索斯，却贸然发动了对波斯的战争。据第欧根尼·拉尔修的《名哲言行录》记载，克洛伊索斯为此曾派使节到米利都人那里商讨建立军事联盟，而正是泰勒斯劝阻了这一联盟，从而也就避免了与波斯为敌。③ 而希罗多德也曾记载说，当居鲁士企图征服小亚细亚的希腊诸城邦时，只有“米利都人和居鲁士缔结了一项单独条约，条件和他们对吕底亚人的完全相同”④，“因此在这些伊奥尼亚人当中，有一个民族即米利都人是没有受攻的危险的，因为他们

---

① 希罗多德：《历史》（上），I. 22，王以铸译，10页。

② 参见希罗多德：《历史》（上），I. 75，王以铸译，38页。

③ 参见 Diogenes Laertius, *Lives of Eminent Philosophers*, Vol. I, I. 25, The Loeb Classical Library, Harvard University Press, 1950。

④ 希罗多德：《历史》（上），I. 141，王以铸译，73页。

已经和居鲁士缔结了协定”①。此外，希罗多德还记载说，当小亚细亚伊奥尼亚人的诸城邦在反抗波斯帝国的战斗中失败因而濒于绝境时，泰勒斯还曾向他们提出一个政治建议，“他劝告他们建立一个共同的政府并以提奥斯作为这个政府的所在地（因为它在伊奥尼亚的中心）；而其他的各城邦则仍然按照往常的方式生活，就仿佛它们是郡区一样”②。也就是说，泰勒斯企图通过让伊奥尼亚诸城邦结成一个政治联盟的方式来抵抗波斯人的入侵，以免被波斯人各个击破。但是，这一建议并未得到采纳。

这是我们现在所知道的有关泰勒斯政治活动的不多的几件事情。从泰勒斯在这些事情中所起到的作用和所提供的建议来看，特别是同当时盛行的通过占卜和神托的方式来进行政治决策的做法相对比，我们不得不承认，在这里一种政治理性开始成熟起来，这也就是以一种理性的方式来考量国与国之间的关系，来就政治力量之间的均衡和对抗关系进行务实的政治谋划，甚至能够对未来政治形势的变化做出富有远见的预测。显然，没有一种理性的发育和这种理性在政治事务上的审慎的运用，所有这些方面都是根本不可能的。

但是，如此一来，在给出了这样一种具体的社会历史环境的背景下，当我们再来思考古希腊哲学的起源的问题时，它的起源就不再神秘，而是完全可以理解的了。政治的理性既已发育，那么对整个城邦生活——自然的、社会的——进行更一般层面和更为深刻的理性反思当然就是不难想象的。因此，我们也就明白了，以往把古希腊哲学的起源归结于古希腊人精神的神秘的禀赋或者民族精神的创造力的灵光一现，所存在的根本问题就是，做这一观察的人只是单纯地考察古希腊哲学本身，而没有考察它所置身的社会历史环境。而一旦把古希腊哲学放到它所置身的社会历史环境中，笼罩在它身上的那层属于神圣精神的神秘主义的面纱就被拂去，我们所看到的仅仅是这样一个最浅显易懂的事实：古希腊哲学不过是公元前7世纪到公元前6世纪逐渐发育成熟的古希腊城邦文明的理智的产物。这一

① 希罗多德：《历史》（上），I. 143，王以铸译，73页。
② 希罗多德：《历史》（上），I. 170，王以铸译，85页。

时期的古希腊城邦文明，由于自身所经历的急剧的社会变革，由于它同周边各大文明的频繁交流与接触，由于它所处的复杂的国际政治环境，它不能不用理性的方式来审理这一切，而这样的理性的运用一旦积累起丰富的经验，对于相关经验的更高层面的理论的反思也就成为可能，而这就是哲学。

【4】哲学智慧的诞生

我们首先可以通过一则有关梭伦智慧的历史记录来考察这样一种对宇宙、人生经验的一般性的理论反思究竟是怎么回事，这则记录还是由希罗多德提供给我们的。

希罗多德说，梭伦从雅典执政官的任上退下来之后，访问过当时还很强盛的吕底亚国王克洛伊索斯的宫廷，而克洛伊索斯在向他展示了自己所拥有的巨大财富之后，便向他询问他是否知道世界上有什么人是最幸福的。克洛伊索斯本来以为梭伦会说他克洛伊索斯是世界上最幸福的人，但是梭伦接连说的两个例子都与他无关，这使克洛伊索斯十分恼怒。他说："雅典的客人啊！为什么您把我的幸福这样不放在眼里，竟认为它还不如一个普通人？"而梭伦便说了如下这段话：

> 克洛伊索斯啊，你所问的是关于人间的事情的一个问题，可是我却知道神是非常嫉妒的，并且是很喜欢干扰人间的事情的。悠长的一生使人看到和体验到他很不喜欢看到和很不喜欢体验到的许许多多的东西。……然而可以说绝对没有一天的事情是会和另一天的事情完全相同的。这样看来，克洛伊索斯，人间的万事真是完全无法逆料啊。说到你本人，我认为你极为富有并且是统治着许多人的国王；然而就你所提的问题来说，只有在我听到你幸福地结束了你的一生的时候，才能够给你回答。毫无疑问，纵然是豪富的人物，除非是他很幸福地把他的全部巨大财富一直享受到他临终的时候，他是不能说比仅能维持当日生活的普通人更幸福的。因为许多最有钱的人并不幸福，而许多只有中等财产的人却是幸福的。拥有巨大财富的不幸的人只在

两方面优于幸福的人；但幸福的人却在许多方面都超过了前者。有钱的人更有能力来满足他的欲望，也更有能力承受大灾难的打击。后者当然不能像前者那样地满足自己的欲望并且也经不住这样的灾难，然而他的幸运却使这些灾难不会临到自己身上，此外，他还会享受到这样的一些幸福：他的身体不会残废，他不会生病，他不会遇祸，有好孩子，又总是心情愉快的。如果在这一切之外，他又得到善终的话，这便正是你所要寻求的人，也就是够得上称为幸福的人了。然而这样的人，在他死之前，毋宁应当称他为幸运的人，而不是幸福的人。诚然，很少有人能够兼备所有这些优点……没有一个人是十全十美的，他总是有某种东西却又缺少另一种东西。拥有最多的东西，把它们保持到临终的那一天，然后又安乐地死去的人，只有那样的人，国王啊，我看才能给他加上幸福的头衔。不管在什么事情上面，我们都必须好好地注意一下它的结尾。因为神往往不过是叫许多人看到幸福的一个影子，随后便把他们推上了毁灭的道路。①

我们这里之所以不吝篇幅地将梭伦的这番回答尽量完整地加以引用，只是因为它堪称古希腊最早的关于人生哲学或伦理学的文献。在这里，梭伦基于他丰富的人生经验、基于他对城邦社会生活的长期观察，对“什么是幸福?”这个最朴素的伦理学问题做出了审慎的、理性的而非神秘主义的解答，这就是：“拥有最多的东西，把它们保持到临终的那一天，然后又安乐地死去的人，只有那样的人……我看才能给他加上幸福的头衔。”这个回答无疑是世俗主义的，因为它看重的并不是什么超越性的、精神性的幸福，而不过是日常的属于物质生活快乐与满足意义上的幸福；同时，它也是现实主义的，因为它充分预见到了生活途程中可能的各种不幸和变故，从而对人生幸福的期望没有做过高的设定；此外，它还是理性主义的，因为它并没有采用神话的方式来对人生加以描述，相反，它诉诸的是日常的经验的观察，是对人生经验观察的理性表达。当然，最后它依然诉诸神，但这与其说是神，不如说是命运，从而，这也就彰显了这一回答本

---

① 希罗多德：《历史》（上），I. 32—33，王以铸译，15～16页。

身在思想上的前古典的性质。因为，它坚持命运是主导性质的，它支配着整个人生，正是在它的支配下，一个人不能够轻易地说自己的生活是幸福的，除非他能够将他的人生幸福保持到他生命的终了，否则，他只能够说他的人生是幸运的，而原因仅仅是，神是好嫉妒的。这与古典希腊哲学时期通过本质上是理想主义的自然目的论的理性光芒驱散了命运的浓重的阴影的世界相比，当然是完全不同的另一个世界，但由此，它也就是对它所置身的那个前古典时期的城邦社会生活的最真实的反映。因为，这一时期的希腊城邦正处于它的历史震荡期，城邦内部各阶层生活的剧烈变动，城邦自身与周边城邦和异民族的激烈碰撞，所有这一切都使得城邦本身以及生活在它之中的每一个人的生活处于起伏不定的命运的波折之中，城邦的荣枯正像人生的荣枯一样，倏忽而至，倏忽而逝。显然，正是基于这样的社会生活的经验，当梭伦来对它加以反思地总结和概括时，他便不能够给它以一种永恒不变的特质，一个和谐完满的目的论的结构，而是另一种完全不同的概括，这就是：没有一天的事情是完全相同的，人间的万事是完全无法预料的。但是，即便如此，这仍然是一个理性的概括，是在成熟的社会生活经验的基础上运用理性反思的结果，它同即将登上思想顶峰的米利都学派从哲学最高原则的角度将世界归之于像水与气一样的不定的流转和变化，显然是如出一辙的，因而，这当然也就是一种哲学，而且不能不是哲学的。

所以，正是在希罗多德所记载的有关梭伦的这则故事中，我们已经看到了哲学思维或者说哲学智慧的诞生，它事实上是古希腊人在城邦生活发展到一定阶段时的必然产物。也就是说，正是急剧动荡的城邦生活造成了人们理性的发育，并且逐渐走向成熟，当他们开始以理性的方式来审视他们自身的生活和他们所置身的整个世界时，哲学就诞生了。

这样，现在，我们就可以来看一看亚里士多德在他《论哲学》的残篇中关于智慧起源的五个阶段或者说五种形式的论述了。在有了前面历史的讨论的基础上，我们现在就可以有充分的理由说，亚里士多德的这一论述实际上是对古希腊哲学智慧产生的历史过程的真实记述，它在它的属于思想臆想的背后有着某种真实的历史基础。菲洛庞努斯在他的《尼各马可伦理学导论注释》中记载了亚里士多德的这段论述：

> 智慧在古人那里被以五种方式把握，就连亚里士多德在《论哲学》十卷中也说到了这些方式。因为，应当知道人们以不同的方式被毁灭；因为，既由于瘟疫、饥馑、地震、战争、各种疾病，也由于别的原因，但更由于大洪水，例如传说是丢卡利翁时代的那场，它虽然大，但还不是最大的。因为，牧人与那些在山顶和山脚度日的人们得救了，而平原和那些居住在其上的人们则被吞没了。……因此，这些幸免之人，由于没有他们由以维生的东西，便出于必然地去发明那些满足需要的东西，这或者是用石磨磨谷子，或者是播种，或者是这一类的别的什么，而且他们把这一类的发明称作智慧，因为它发现了对于生活的必需有益的东西，并且把那个发明的人称作智慧的人。接着他们又发明了技艺，如诗人所说，在雅典娜的启发下，它们并不仅仅止于生活的必需，而是还前行至美与文雅的东西；人们再次把这称作智慧，并把发明者称作智慧的人，如说“一个智慧的匠师所造”——“他在雅典娜的启发下很好地懂得了智慧”。因为，由于这些发现的完满，他们把对它们的发明归于神。接着他们又专注于政治事务，并且发现了法律和一切联结城邦的东西；而且他们再次把这一发明称作智慧；因为那七位贤哲就是这类的人，他们发现了某些政治的德性。接着他们在路上再次前行，到达了物体本身和它们的创造者的本性，他们并且把这门自然的科学更为专门地称作静观，而我们说这样的人在有关自然的事物上是智慧的。第五，在这些东西上他们接着意识到了神圣的、超世的、绝对不变的东西，他们把对这些东西的认识称作最尊贵的智慧。①

在这里，通过对城邦最初起源的追溯，通过对城邦历史发展过程的描述，亚里士多德论述了智慧，也就是人们的理性思维发育所经历的五个具体阶段或五种形式，这就是谋生的智慧、技艺的智慧、政治的智慧、自然的智慧、神圣的智慧。前两者是关于生活的丰富与美好的，而居于中间的就是政治的智慧，亚里士多德明确地把它同历史上的七贤联系在一起，也就是说，将它的产生归于古希腊城邦政治发育的那一关键时期，即以僭主政制

---

① Philop., *in Nicom. Isagogen* Ⅰ.1, in Aristotelis, *Framenta Selecta*, Recognovit W. D. Ross, Oxford University Press, 1988, pp. 76-77.

为基本政治形式的贤哲时期。这无疑与我们之前的认识是一致的。而正是在政治理性发育的基础上，亚里士多德指出，这样的思考进一步深入和扩大，就会使人们的思维触及自然事物本身，也就是对人们所生活于其中的整个自然世界进行理性的反思，而它的产物就是一门有关自然的科学。亚里士多德特别指出，人们专门把这门科学称作“静观”，而这也就是说，它是理论思辨性质的，因为“静观”的希腊词θεωρία所对应的拉丁化的写法正是 theory 和 theoretical。从而，正是在政治理性的基础上，一种理论形态的思维发育起来了。在这个基础上，当对世界的本原做更进一步的思考时，一种本质上是形而上学性质的思维就产生了。从纯粹形而上学的立场出发，亚里士多德把这一意义上的智慧称作“最尊贵的智慧”，也就是最具权威和主导性质的智慧。

这就是亚里士多德对他所理解的古希腊城邦历史上的五种智慧形式的论述。无疑，在这些论述中我们能够看到典型的亚里士多德式的对理智灵魂的静观的（包括第一哲学、第二哲学）、实践的（包括伦理和政治）和创制的（包括技艺和谋生）三分法，从而，它表明这只是亚里士多德自己对古希腊理智发育史的理解。同时，我们也能从中清楚地看到，当亚里士多德最终诉诸神圣的、超世的、不变的东西时，他对城邦生活的理解是完全不同于梭伦的。这是因为，梭伦时代的城邦世界是城邦革命不断发生的时代，从而城邦生活在梭伦看来便在本质上具有了变动不居的特点；而亚里士多德时代的城邦世界则是古典城邦文明的鼎盛时期，社会生活处于相对稳定的阶段，从前古典时代发展而来的各种城邦生活习俗已经达到了它的文明成熟期，从而，区别于梭伦对城邦生活的那种概括，亚里士多德当然会诉诸对城邦生活的某种永恒不变的自然的、目的论的描述。但是，即便存在着这一认识和理解上的差异，我们也不能不承认，亚里士多德对智慧历史发展过程的描述仍然包含着历史的真实。理性正是随着人们社会生活的发展而逐渐产生与发展的。哲学，作为人类理性成熟的最高产物，当然也只有在社会生活发展到更为成熟的阶段才有可能。从而，正是在古希腊城邦政治发展到了一个较高的阶段、即将进入古典城邦文明时代的前夜，古希腊的哲学智慧诞生了。它是对已经积累起来的丰富的城邦社会生活经验的全面反思的结果，它试图把城邦社会生活经验作为一个自然经验的整体来加以总结和概括，并且尝试探究它的根源，亦即给予它一个整体的解释。

因此，我们需要再次强调，哲学之所以被许多学者视作古希腊人精神的奇迹，只是因为他们单独地考察哲学，而忽略了它与它所处的特殊的社会历史条件之间内在的、紧密的联系，而我们一旦把它置于它所处的特殊的社会历史条件中，它的那种奇迹的特点就消失了，现在，它成为古希腊城邦文明、城邦生活成熟的自然的成果。同样，对古希腊文明的观察也是这样。当我们孤立地审视它时，它仿佛是希腊人独特的精神创造；但是，一旦我们把它放到地中海文明圈中，古希腊文明的这种独特性就消失了，它成为地中海文明圈中多种文明积极交流的结果。

【5】古希腊哲学的几个特征

在对古希腊哲学的一般社会历史的起源做了上述探讨之后，我们现在可以就古希腊哲学的一些基本特征做一番简要的说明。

如我们已经指出的，只要我们孤立地考察古希腊哲学，只要我们仅仅就哲学之为哲学对古希腊哲学进行观察，并且把哲学抬高为一种与众不同的、超凡脱俗的思维方式，那么我们就必须从精神奇迹的角度来谈论古希腊哲学。这样一种观察方式一旦与某种文化种族主义乃至文化中心主义的思想结合在一起，我们就只能从希腊人精神气质的独特性和超越其他民族的高贵性来谈论古希腊哲学了，并且由此认为哲学是仅仅属于希腊的，并且因此是仅仅属于西方的。

这样一种思维方式，毫无疑问，主要是根源于19世纪兴起于德国的新古典人文主义，因为，正是这股新古典人文主义思潮塑造了在19、20世纪有教养的欧洲人当中广泛流传的关于希腊人的文化理想。① 例如，黑格尔在《哲学史讲演录》中这样说：

一提到希腊这个名字，在有教养的欧洲人心中，尤其在我们德国

① 参见马丁·贝尔纳：《黑色雅典娜：古典文明的亚非之根》，郝田虎、程英译，第四、六、七章，长春，吉林出版集团有限责任公司，2011。

> 人心中，自然会引起一种家园之感。欧洲人远从希腊之外，从东方，特别是从叙利亚获得他们的宗教，来世，与超世间的生活。然而今生，现世，科学与艺术，凡是满足我们精神生活，使精神生活有价值、有光辉的东西，我们知道都是从希腊直接或间接传来的……我们且把拉丁经典让给教会，把罗马法让给法学，那更高的、更自由的科学（哲学），和我们的优美自由的艺术一样，我们知道，我们对于它的兴趣与爱好都根植于希腊生活，从希腊生活中我们吸取了希腊的精神。如果我们可以心神向往一个东西，那便是向往这样的国度，这样的光景。……科学与艺术的发生、萌芽、发达直到最盛的历程，以至衰落的根源，都纯粹在希腊人自己的范围里面。因为希腊精神的发展只需要外来的东西当作材料，当作刺激，他们在这些材料中自己意识到自己是自由的，并且有了自由的活动。他们加在外来的材料基础上的形式，是一种特有的精神气息——自由与美的精神；这个精神，从一方面看，可以说是形式，但是从另一方面看，事实上却正是更高的实质内容。①

在这里，黑格尔便对希腊文化和希腊哲学做了特殊化的和形而上学化的处理，将它最终联系到希腊人的某种特殊的民族精神，并且不言而喻地又将这种希腊精神与德意志精神联系在一起，其内含的种族主义的、文化中心主义的思想是一目了然的。一旦对希腊文化和希腊哲学做了这样的处理，那么它们的起源无疑就成了一件神秘的事情，只能被解释为希腊人独特的精神创造，仿佛希腊人独享这样的精神气质。

黑格尔对希腊文化和希腊哲学的神化与理想化只是整个 19 世纪德国新古典人文主义思潮的一个典型例证。事实上，德国新古典人文主义在现代古典学研究中的一个主要影响就是，向欧洲有教养的人士传播和灌输了一种实质上是欧洲中心主义与雅利安种族主义的古典文化理念，亦即“理想的希腊人”这一观念。这一观念到了 20 世纪便几乎成了欧洲知识阶层的一个不假思索的信条，例如，在海德格尔那里，这一文化观念的种

① 黑格尔：《哲学史讲演录》，第 1 卷，贺麟、王太庆译，157～158 页，北京，商务印书馆，1959。

族主义的、神秘主义的特质便得到了进一步强化，希腊哲学被看成决定着希腊人乃至决定着西方人的生存命运的东西，是证明他们精神优越性和高贵性的凭证。例如，在《什么是哲学?》中，他这样说：

> φιλοσοφία这个词告诉我们，哲学是某种最初决定着希腊人的生存的东西。不止于此——φιλοσοφία也决定着我们西方—欧洲历史的最内在的基本特征。常听到的“西方—欧洲哲学”的说法事实上是同义反复。为何？因为“哲学”本质上就是希腊的；“希腊的”在此意味：哲学在其本质的起源中就首先占用了希腊人，而且仅仅占用了希腊人，从而才得以展开自己。……哲学本质上是希腊的，这话无非是说：西方和欧洲，而且只有西方和欧洲，在其最内在的历史过程中原始地是“哲学的”。这一点为诸科学的兴起和统治地位所证实了。因为诸科学就来自最内在的西方—欧洲的历史过程，即来自哲学的历史过程，所以它们今天才能对全球的人类历史打上一种特殊印记。①

这样，哲学在本质上是希腊的，因而是西方的，而哲学所秉有的那种超凡和神圣的特征，它的自由特性和思辨特性，也就成为西方人或欧洲文化精神高贵的证明，从而，西方人当然有理由统治世界、统治全人类。这是典型的纳粹言论。事实上，这类言论不时地出现在海德格尔的这部著作或那部著作中，而并不需要专门到他的近几年才被整理出版的《黑色笔记本》中去寻找。由此可见，我们对古希腊哲学精神起源的这样一种神话叙事般探究的内在危险性。

因此，当我们在这里试图着手探讨古希腊哲学的一般特征时，我们将要秉承的是一种历史批判的立场和方法。也就是说，我们将古希腊哲学不是作为一种特殊性质的人类思维来观察和研究，而是把它放置到它所处的特殊的历史时代背景中去，把它看成一般意义的人类理智成熟的产物，亦即人们能够理性地和务实地来处理自己与他人、与周围世界的关系时，也

---

① 海德格尔：《什么是哲学?》，见《海德格尔选集》（上），孙周兴编译，590～591页，上海，上海三联书店，1996。

就能够以一种理性的和务实的眼光来审理自己所置身的这个世界，而这一审理的最高理智果实就是哲学。从而，古希腊哲学当然是它所置身的那个时代的思想的精华，并且因此具有普遍的人类意义，为我们理解一般人类理性的发展及其成就提供了借鉴。但是，它也因此不能不具有它自身所处的那个时代的特殊局限性，亦即，正因为它是人类的思维，而且是生活在一定的社会历史条件下的一定的人群的思维，从而，它也不能不具有作为人类思维的一般局限性和属于特定历史时期的特定人群的思维的特殊局限性。显然，一旦我们这样来观察和研究古希腊哲学，有关它的起源和它的一般特征的种种本质上是神秘主义的与文化特殊主义的解释就消失了，它现在被置于我们历史批判的视野之下。这样，我们就不能不谈及属于希腊哲学的族类假象和洞穴假象。族类假象是就它作为一种古代哲学的一般性特征来谈的，而洞穴假象是就它自身的特殊性来谈的。我们希望以此方式能够说明古希腊哲学的基本特征。

首先，像所有古代哲学一样，作为一种古代的世界观的理性表达形式，古希腊哲学同样是自然主义性质的，也就是说，它尚不能把人与自然分离开来，基于一种主体性的立场来就人与自然的关系进行说明，相反，它将人置于自然整体之中，把人作为自然的内在有机的一部分来说明人与自然的关系。这在环境保护主义盛行的今天，似乎是一种具有优势的思维方式。但是，切记：环境保护主义是现代思维的产物，而不是古代思维的产物，古人并没有环保的思想，而只有现代人才有环保的思想，古人的活动本身也不是环保的，古人经常大面积地破坏自然，只不过由于当时人口的稀少、自然经人手的改造尚少，因此，这种对自然的破坏力是微不足道的。所以，当我们说到希腊哲学将人置于自然的整体之中、把人作为自然的内在有机的一部分时，这与环境保护无关，而只反映出它是怎样来理解人与自然的关系的；同样，当我们说到现代哲学具有了主体性的视角、把人从自然中分离出来时，这也与环境保护无关，也只反映出它对人与自然的关系的特殊理解。前者不必然是环保的，后者也不必然是不环保的。在指明了这一点后，我们自然就能够理解，古代哲学的这一自然主义的特征根源于当时人类生产力水平的低下，小农社会的自然经济的形态决定了人与自然的这样一种关系，即人完全听命于自然。显然，正是这一基本的人与自然的关系或者说人的存在方式，规定了古代哲学如何来理解人与自然的关系，因而，它把人作为自然整体的一个部分来加以思考，并不把人与自然相分离。古希腊哲学是古代哲学，故而它也不能例外。古希腊哲学从其开端米利都学派开始，一直到其结束新柏拉图主义，在本质上都是一种自然哲学。也就是说，它是基于自然来谈论存在的，这从所有早期的古希腊哲学论著都有一个统一的题名“论自然”就可以看出来。它为世界上的万事万物提供的是一个自然本体论的基础，甚至对于人，它也是从人的自然本性谈起，把人作为自然的存在物，而不是作为独立的自由的存在来看待，这与现代哲学例如在康德那里把人根本地奠定在自由而不是自然的基础上是完全不同的。

其次，像所有古代哲学一样，作为一种古代世界观的理性表达形式，古希腊哲学缺乏历史主义的视野，它把世界也就是自然视作永恒的。众所周知的“无中不能生有”这一为所有古希腊哲学家所尊奉的神圣教条就是对此的最为典型的例证，巴门尼德据此否定了一切生成与消灭。而赫拉克利特所说的“世界过去是、现在是、将来是一团永恒的活火”，同样也能够从这一角度来理解。赫拉克利特以讲世界的流变而闻名，一位主张变化的哲学家尚且认为整个自然是永恒的，这样一个古代思想教条的威力也就由此可见一斑了。因此，也正是在这一点上，古希腊哲学与主张世界从无中被创造的基督教思想形成了鲜明的对立。盖伦已经从古希腊哲学的角度表达了对基督教这一思想的惊异。他说：“正是在这里，我们自己的学说，柏拉图的学说，以及所有正确地接受了对自然的这一看法的希腊人的学说，不同于摩西的学说。对于摩西来说，上帝意愿物质被赋予一个形式，这就足够了，而且因此它就获得了那一形式。他认为所有事情对于上帝都是可能的，即使他希望把灰烬变成一匹马或者一头牛。我们并不那样思想，而是说一些事情按照自然是不可能的，这些事情甚至上帝也不会尝试。它只是从可能被造的事物中选择最好的。”① 这就很好地说明了，从

① C. Galen, *De Usu Partium*, XI, 14, 905－906; ed. Helmreich, II, 158. 17－159. 3. 转引自 Joseph Owens, *The Doctrine of Being in the Aristotlian* Metaphysics, Third Edition, Canadian Cataloguing in Publication, 1978, p. 5, n. 19。

一种永恒的自然的观点出发，古代希腊人在面对来自基督教的创世观念时会表现出多大的惊奇！对于古希腊人来说，自然过去是怎样，现在也就是怎样，将来还将是怎样。从而，自然对于古希腊人来说是一个已成和现成的世界，变化只是这个已成和现成的世界的不断循环再现和实现。这个观念在亚里士多德形而上学的潜能和现实的概念中得到了完满的表达，他用来表达事物本质的那个专门术语是τὸ τί ἦν εἶναι（汉译为“是其所是”），其中的那个ἦν所使用的就是系动词的过去进行时态，也就是一个过去在发生、现在依然在发生的永恒存在。因此，严格来说，“创造”这个观念是古希腊人所不能理解的，故而在这一观念基础上的“历史”的观念同样是古希腊人所不能理解的。“历史”（ἱστορία）在古希腊语中的意思是“探究”，它是对一种原因和本原的探究。例如，希罗多德说他的《历史》这一著作是一些“研究成果”，而“他所以要把这些研究成果发表出来，是为了保存人类的功业，使之不致由于年深日久而被人们遗忘，为了使希腊人和异邦人的那些值得赞叹的丰功伟绩不致失去它们的光彩，特别是为了把他们发生纷争的原因给记载下来”①。而修昔底德则认为历史不过是不变的人性的具体体现，人性总是如此，从而总是难免会发生这一类的类似的事情。② 就此而言，亚里士多德甚至认为历史还不如诗歌真实，因为诗歌更能表现普遍性的东西，而历史却只能表现具体的东西。③ 显然，从这样一种世界观出发，对于作为自由存在物的人类基于其实践活动给自己的生活和整个自然界、宇宙所带来的深刻改变，以及这个改变所呈现出来的一个历史的进程，古希腊人像一切古代人类一样是完全不能够理解的。因此，他们当然也就不能具有一种历史的眼光来看待所发生的一切，同时也就不能将他们自己的思想放到历史的背景下。无论存在还是思想，对于古希腊人来说都是永恒的，他们沉浸在一个关于永恒之自然的伟大幻象中。

---

① 希罗多德：《历史》（上），I. 1，王以铸译，1 页。

② 参见修昔底德：《伯罗奔尼撒战争史》（上），谢德风译，18 页，北京，商务印书馆，1960。

③ 参见亚里士多德：《诗学》1151b1 以下，陈中梅译注，81 页，北京，商务印书馆，1996。

自然主义的、非历史主义的世界观，这已经构成了古希腊哲学的两个基本特征。这样一种自然，由于它脱离了一切实际的历史的进程，并且被做了完满化和目的论化的思想构造，因而，它的先验主义特质也就是明显的。从而，我们要谈到的古希腊哲学的第三个一般性特征就是它的先验主义。也就是说，从一种理想化的自然——这当然也就是一种永恒的自然——的观念出发，古希腊人对自然做了一种本质上是先验目的论性质的哲学论证。古希腊哲学古典时期体系性的思想成果，也就是柏拉图理念论的哲学体系和亚里士多德实体论的哲学体系，在本质上都是先验目的论的哲学体系。这一点，对于柏拉图的思想体系来说似乎容易理解。因为“理念”（ἰδέα）的理想性的特征、超出经验的特征和目的论的特征是十分鲜明的。在古典城邦世界的现实经验的基础上，基于对这个经验的理想化构造，柏拉图构想出了一个完满的理念世界，它在各个方面都符合对理念的那些本质上是先验主义的要求，例如，永恒、完满、静止、不动、统一、同一。同时，也是从先验主义的思想要求出发，柏拉图的理念世界不仅是思维的对象，而且是真实的存在，它不是单纯观念论意义上的，而是具有实在论的内涵。中世纪的唯实论也正是在这个意义上而言的。相较于柏拉图的思想体系，亚里士多德实体论的哲学体系看起来似乎更重视经验，从而，当我们说亚里士多德的思想体系依然是先验主义的，可能在一些人看来就是不易理解的。但是，只要我们掌握这个基本见解：在根本上没有人能够超出经验来进行思维，人们所谓的以某种超出经验的方式亦即先验的方式来进行思考，在本质上不过是对现有经验世界的一个合理化论证，那么要发现亚里士多德思想体系的先验特质就是不难的。因为，正像柏拉图理念论的体系在本质上不过是对古典城邦世界经验的合理化论证，柏拉图不能真正超出经验去进行思考；同样，亚里士多德实体论的体系也是对古典城邦世界经验的合理化论证，他和柏拉图的差别仅仅在于，柏拉图把这样论证的世界同经验世界分离了开来，放到了彼岸，而亚里士多德却把它更紧密地建立在了现实经验世界的基础上，存在于他思想体系中的经验实际上已经是经过逻辑分析和综合的、理想化的经验，如此而已。因此，我们说，在古代哲学的范围内，古希腊哲学表现出了突出的先验主义的思想特质。可以说古希腊的哲学家们基于已有的经验倾其全力对他们所生活的世界做了全面的、理想化的构造，并且想要用这样构造的一个理论体系来解释一切，这导致了他们的思想特别富有思辨性。因为，要将世界上的一切事无巨细地涵括在一个一般化的理论体系之中，总是能够从中得到合理化的论证和解释，这当然要求思维的融贯性和逻辑的自洽性，从而，思维的每一个环节都必须是严格演绎性质的，思想体系的思辨性即由此而来。

当然，这样一种先验的、高度思辨性的特征不能离开它的一般社会环境，这样，我们就要谈到古希腊哲学的第四个特征，即它的本质上属于贵族主义、精英主义的思想特征。在总体上，古希腊哲学的思想主体是自由的城邦公民，这里可能包括像苏格拉底那样出身寒微的人，也包括像柏拉图那样出身名门的人；但是，不论他们之间在出身、门第、血统上存在着多么大的差异，在典型的古典希腊城邦的环境下，他们都属于自由公民。但这并不是说，因此古希腊哲学就是平民的哲学、一般大众的哲学。因为，正如托克维尔曾经谈到的："一些古代的最民主的共和国所说的人民，同我们今天所说的人民不是一个含义。在雅典城邦，全体公民都参加公共事务的管理，但在它的35万居民中只有2万人是公民。其余的人全是奴隶，他们所做的工作大部分是我们今天所说的人民和中产阶级所做的工作。因此，尽管雅典人实行普选制度，但他们的城邦仍然是一个贵族共和国，只有全体贵族才有平等的参政权。对古罗马的贵族和庶民之间的斗争，也要用这种观点进行分析，只能把这种斗争看成是同一家族的长辈与少辈之间的内讧。实际上，古罗马的庶民也属于贵族阶级，并具有贵族阶级的精神。"① 托克维尔关于雅典城邦奴隶数量的说法或许是有争议的，但是他却指出了一个重要事实，这就是，古希腊的自由公民实际上都可以被看成贵族，因为在他们自身的等级差别之外还存在着另一个绝对的他者，这就是奴隶。因此，古希腊哲学在根本上反映的就是作为城邦统治者的希腊城邦公民对世界、对生活的理解，这样，作为统治者的德性、作为统治者的智慧等就是古希腊哲学讨论的基本主题，而一种属于少数人、高

---

① 托克维尔：《论美国的民主》（下），董果良译，583页，北京，商务印书馆，1988。

贵者或最优秀者的品质——无论是道德的品质还是思维的品质——才是古希腊哲学着力去建构的思想内容。由此，古希腊哲学也就自然地会假设一种超越性的思维能力，一种绝对性的知识，它们仅仅属于极个别的卓越的人，正是这样的人，他们对整个宇宙真理具有常人所不可企及的洞见能力，这使他们超越了作为凡俗之人的思维与认识的种种局限，而使他们在精神上、思维上能够与终极实在达成完全的融合一致。无论在柏拉图认识四线段中居于最高端的νοῦς——我们把它翻译成理智直观，还是在亚里士多德五种理智德性中居于思维顶点的νοῦς——我们把它翻译成理智，都是这样一种超常的认识能力，并且仅仅属于少数禀赋优异的人。这样的人，他们作为贤哲、作为哲学家、作为品行完美的最优秀的人，当然也就理所应当地居于社会的统治地位，是合理、合法、自然意义上的绝对的统治者。但由此，我们就立刻可以看出，他们之所以有这样的想法，恰恰是由他们自身的那个受局限的社会地位所决定的，这就是，相对于奴隶，他们是绝对的主权者；相对于奴隶的绝对无权，他们的权力是绝对没有限制的。正是在古典希腊城邦自由公民相对于奴隶的这种绝对主权的基础上，一种关于不受限制的认识能力、绝对真理的知识体系、无主体性的哲学才能够建立起来。因为，在世俗的超越者身上，我们还怎么能够谈到任何属于普通人所不可避免地具有的认识能力的限制呢？但是，“世俗的超越者”中的“世俗”二字却恰恰揭示出了这种超越者自身所固有的属于社会历史的局限性。事实上，古希腊哲学关于绝对真理、关于思维与存在的绝对的同一和统一的想法只能是一类特殊人群的想法，这就是关于自身的社会地位拥有无限制的主权意识的那样一部分特殊人群，而这也就是古希腊城邦的公民，尤其是其中那些确实具有贵族地位或贵族意识的人。因此，古希腊哲学所内含的贵族主义、精英主义的特征就是我们需要十分注意的。但是，人们却经常容易忽略它，并且被它俘虏。因为，对于许多古希腊哲学的学习者来说，在古希腊哲学的这种精英主义气质的思想中进行自我投射是再自然不过的事，在那样一种精神的游弋中觉得自己就是那样一类精神禀赋卓越、凌驾于芸芸众生之上的特殊人士，自己的思想飞升天外而可以睥睨一切，不正是许多自诩智力超常的人最容易产生的精神错觉吗？因此，当我们做出一种本质上是绝对主义的知识断言时，我们就必须小心警惕。因为，这很可能是我们逾越了自身社会生活的种种具体限制，对我们自身的权力地位做了无限制的拔高和想象的结果。

这样，自然主义、非历史主义、先验主义和精英主义，这就是我们在观察古希腊哲学时，在对它一般的理性主义思想内容进行学习和思考时，在对其中所深藏的人类智慧表示惊叹时，所需要特别注意的。而在人们通常对古希腊哲学持有尚古的、无批判的崇敬和赞赏态度的情况下，提出古希腊哲学中这些属于其自身思维的内在的、历史的局限性，在对古希腊哲学的研究中从这些方面来对它予以特别的观察，就是无比重要的。它会有助于我们对另一种完全不同的思想的理解和认识，这就是现代思想。就此而言，古希腊哲学作为古代世界观、古代思想的典范，永远具有无比重要的研究价值。

第一部分
前苏格拉底哲学

引　言

古希腊哲学是西方哲学的源头。从时间跨度上说，如果从公元前6世纪早期第一个哲学家泰勒斯的活动时间算起（其盛年在公元前585年左右），一直到公元529年东罗马帝国的皇帝查士丁尼关闭在雅典的希腊学园为止，那么整个古希腊哲学在历史上就延续了近1 200年的时间，几乎占了整个西方哲学史的一半。对于这样长的时段，学者们一般是把它分成三个部分来处理的，这就是：前苏格拉底哲学，主要指从泰勒斯开始一直到智者学派时期的早期希腊哲学；古典希腊哲学，主要指苏格拉底、柏拉图和亚里士多德的哲学；晚期希腊哲学，时间从亚里士多德殁后（公元前322年）到公元529年最后一个希腊学园被关闭为止，包括柏拉图学派、漫步学派、斯多亚学派、伊壁鸠鲁学派、怀疑论学派、新柏拉图主义，以及其他活动于这一时期的希腊、罗马哲学派别。

在对古希腊哲学的内部分期做了上述的简单介绍之后，我们现在就正式进入古希腊哲学的第一个阶段，也就是前苏格拉底哲学。但是，在这里，首先需要解释的就是"前苏格拉底哲学"这个概念。

顾名思义，"前苏格拉底哲学"指的是苏格拉底之前的哲学。人们可能认为这个问题非常简单，但实则不然。原因是，"前苏格拉底哲学"这个概念实际上是一个有问题的概念。它的问题主要在两个方面。首先，不是所有被纳入这个阶段来进行讨论的哲学家都是苏格拉底之前的。实际上，智者学派中的许多哲学家进行哲学活动的时间和苏格拉底同时或者比苏格拉底晚，而原子论学派的德谟克利特则不仅比苏格拉底要年轻一些，而且由于他的寿命很长，他哲学活动的很大一部分是与柏拉图同时的。此外，尤为重要的是，就德谟克利特哲学体系所达到的理智的广博、深邃、宏富来说，把它从古典时期希腊哲学的总体理智成就中轻率地分离出去，这本身就是不合理的。其次，许多被纳入这个阶段来考察的思想人物并不是严格意义上的哲学家。他们对世界做一般性的思考，提供了最初的关于世界的一般的思维模式和一些基本的思想观念，但是他们的思维很难被简单地纳入后世人们所熟悉的这种或那种专门的哲学体系，他们实际上进行的是非常广泛而多样的、带有前哲学性质的思考。例如智者学派中的很多人实际上是修辞学教师，他们写作的很多是语法学或文章学方面的著作，而其他一些哲学家同时还是神话学家和荷马研究者，他们有很多仍然习惯于采用神话诗的方式来展开对世界的一般性的思考。正是基于这两个原因，我们才说“前苏格拉底哲学”这个概念是一个有问题的概念。

追究起来，这个概念最早是在德国哲学史家第尔斯那里被首先使用的，然后才逐渐成为一个通行的概念。而第尔斯形成这个概念则是受到了另一位德国著名的哲学史家策勒的影响。策勒在他那部影响深远的巨著《古希腊哲学史》中，第一次把从泰勒斯一直到智者学派的早期希腊哲学家放在一起构成一个独立的哲学史叙述单元，而把苏格拉底放在另一个叙述单元的开始，这样，显然就在无形中造成了一个哲学史分期的概念，即“前苏格拉底哲学”。① 而策勒对古希腊哲学史的这种分期实际上又是对一个非常古老的思想史传统的继承，这就是从柏拉图开始的西方思想史传统。因为，正是柏拉图开始了哲学的专业化，形成了专业的哲学概念②，并且柏拉图从自己哲学体系思想谱系来源的角度考虑，通过在自己所写的一系列以苏格拉底为主人公的对话中对苏格拉底哲学形象的刻意塑造，确立了以苏格拉底为时间轴中心点的思想史纪年方式。亚里士多德延续了这个传统，从自己体系化的哲学角度出发确定了早期希腊哲学家的名单，也就是从柏拉图式的专业哲学研究的角度来看有资格被称作在进行哲学活

---

① 参见 A. A. Long，“The Scope of Early Greek Philosophy”，n. 11，*Early Greek Philosophy*，ed. A. A. Long，Cambridge University Press，1999，p. 19。

② 参见柏拉图在《理想国》第五卷中对“哲学家”和“爱观看者”的区分，这可以视作对什么是哲学家、什么是专业的哲学研究者的第一次明确的界定。

动的人。①

因此，“前苏格拉底哲学”这个概念就是一个有问题的概念，如果我们不加审查地沿用这个概念，我们就会非常轻易地忽视早期希腊哲学有关世界的一般思想的复杂性、丰富性和多样性，就会把它内在的非常丰富的思想资源与非常不同的思想路线按照在柏拉图和亚里士多德那里成型的哲学路线来加以剪裁，从而形成一种非常单一的思想格局。

正是基于这一立场，为了凸显早期希腊哲学多样化的思想风格，这里，我们虽然仍沿用“前苏格拉底哲学”这个概念，但是在具体叙述中却采用了与以往完全不同的划分方式。我们既不是按照传统的自然哲学和智者学派这两个部分来划分前苏格拉底哲学，也不是按照从米利都学派经过毕达戈拉斯学派、赫拉克利特、埃利亚学派，到恩培多克勒、阿那克萨戈拉以及原子论学派，最后到智者学派的通常顺序来划分它，而是将它划分为如下三个部分：第一个部分——以赫拉克利特为顶峰的宇宙生成论传统，第二个部分——以巴门尼德为开端的形而上学本体论传统，第三个部分——智者运动。分成这样三个部分，就体现了前苏格拉底哲学内部不同的思想路线，体现了这些思想路线各自所经历的发展和变化，并且为理解以后一条以柏拉图和亚里士多德的哲学为代表的形而上学思想路线的形成与发展提供了必要的前提。

① 参见亚里士多德《形而上学》第一卷。这一卷从第3章开始，实际上是一个小型的哲学史，其中讨论了从泰勒斯一直到柏拉图在亚里士多德看来配得上是在进行他所谓的哲学研究的哲学家的思想。

第一章　以赫拉克利特为顶峰的宇宙生成论传统

【1】宇宙生成论

在这里，我们首先要处理的一个问题就是：什么是宇宙生成论？关于这个问题，也许哲学词典或教科书会有一个特别形而上学的介绍，说宇宙生成论是对宇宙起源的探讨，它体现了一种时间上无穷向前追溯的思维方式，还没有达到对世界从本体论或者逻辑上进行解释的思维高度，等等。但是，这并不是对早期希腊宇宙生成论的正确理解方式；相反，其中渗透了太多后来形而上学成熟时期的思想甚至现代宇宙论的思想。

实际上，识别早期希腊宇宙生成论的关键之点并不在于它对宇宙起源的追溯，而在于它对变化的关注。同后来的形而上学的思维方式相比，早期希腊宇宙生成论处理的主题是世界的变化，它不是把世界看成静止不变的，有一个永恒的世界模式；相反，在它看来，整个宇宙充满了变化，不仅不存在一个恒常的世界，而且甚至连世界存在的基本模式都是在不断发生变化的。这是一个从早期神话诗的宇宙生成论传统延续、变化而来的思想传统，发展到米利都学派的哲学之后，一个根本的变化是，米利都学派企图在这个传统内部以理性的方式去理解世界的变化，把握世界的变化之道。从而，变化和变化的原则就是我们把握早期希腊宇宙生成论的关键。肯定世界是变化的，并且肯定世界的变化是有其原则的，这就是从米利都学派的宇宙生成论哲学一直到赫拉克利特的宇宙生成论哲学所达到的最根本的理论见解和理论成就。它深刻地反映了从公元前 6 世纪到公元前 5 世纪早期希腊城邦世界所经历的急剧的社会变化。

如果我们对宇宙生成论有了这样的领会，我们便可以进一步来谈谈古希腊宇宙生成论的传统。我们说，这个传统源远流长，按照亚里士多德在《形而上学》中的说法，它最远可以追溯到赫西俄德（《形而上学》A 4，984b24）。因为，正是赫西俄德在他的《神谱》中第一次系统而详尽地描画了一个生成论的宇宙模型，把宇宙看成一个经历了一系列的变化、有一定的原则可循的系统。但是，赫西俄德还具有神话诗人的特征，他并不企图从理性的角度来对世界进行描画，而是更多地诉诸神话的传统和自己诗性的想象。因此，经过“贤哲”这个希腊理智逐步成熟的特殊时期，到米利都学派的泰勒斯那里，一种对世界的初步以经验和理性为基础的、一般的思维方式就发展起来了，它表现为不是从神话想象的、象征的、比喻的角度，而是从经验的和推理的角度来对世界进行思考，它不仅企图经验地描述世界的变化，而且企图理性地把握住世界变化的内在机制和原则。而米利都学派这一最初的思想努力就首先凝结在泰勒斯的那个著名命题“水是万物的本原”中。

【2】泰勒斯与水

人们通常是从形而上学甚至现代自然科学的角度来看待泰勒斯的“水是万物的本原”这个命题的，由此认为这个命题的含义是：万物是由水构成的，水是构成万物的基本元素。但是，这种形而上学色彩浓厚的元素论的思维显然不可能是作为希腊第一个哲学家的泰勒斯所能够具有的，因为这需要一种更为抽象的分析事物和结构事物的思维能力，而这只是在巴门尼德以后，在逻辑的、分析的思维真正成熟起来以后，才成为可能的。所以，我们绝不能从事物构成元素的角度来理解泰勒斯的水。对于泰勒斯，水不是首先以一种物质元素的形态向他呈现出来。他想到水，所想到的首先不是作为一种物质元素的水；相反，它就是我们可以直接经验到的水，也就是河水、溪水、井水、泉水、海水，总之，是与我们日常生活息息相关的、给生命万物带来滋养的、自身流转不定的水。把世界万物归结于水，这就不仅意味着把世界万物看成由于水的滋养才获得生生不息的自然生命，而且意味着把世界万物同水的流转变化、周流不息紧密地联系在一起，把世界万物看成本质上变化不停的。

因此，对于泰勒斯来说，基于他所处的早期希腊宇宙生成论的思想传统，“水”不过是对一个处于永恒的生成变化之中的世界的总体象征。泰勒斯用水来表达世界，把水作为把握世界的根本原则，不过是强调世界本质上是在变化的，它就像水一样处于不断的循环、往复、生成、变化之中。这样，变化就是泰勒斯基于宇宙生成论的眼光对世界的最深刻的理解，他把这一切凝聚在了一个初步具有经验实证性的意象之中，这就是“水”，并且以此对整个世界的变化做了一个总体原则性的表达，这就是“水是万物的本原”。这样，现在我们就明白了，“水是万物的本原”这个命题不是在对构成世界的基本元素进行说明；相反，它是在对支配世界的根本原则进行说明，它表明世界是不断变化的，变化是世界的根本原则。这就是泰勒斯“水是万物的本原”命题的真正内涵。

如果我们领会了这一点，那么我们也就能够给古代归之于泰勒斯的第二个命题——“大地浮在水上”——以一种特殊的理解。因为，在传统上，人们或者是以一种亚里士多德式的方式来理解这个命题，认为它不过是表达了水是一种基本的物质载体的观点，或者认为它是对近东创世神话的反映，即大地从水中产生。① 但是，按照上面的看法，也许还存在着这样一种理解的可能：它不过是对人类生活经验的一个更具概括性的表达。因为，正像水不是一种抽象的物质元素一样，在早期希腊宇宙生成论中，大地也不是一个抽象的物体，而是人类生息繁衍的居所。当这样一个居所被建立在流转不定的水的基础上，这就意味着人类生活也是流转不定的，正是由于像水一样的流转不定，人类生活才成其为人类生活，同时，大地也才成其为大地。从而，与“水是万物的本原”这个命题相配合，就存在着这样一种理解的可能性：泰勒斯通过“大地浮在水上”这个命题，对他所经验的城邦生活的本质做了类似的刻画。

由此一来，我们也就能够以同样的方式来理解古代归于泰勒斯的第三个哲学命题，这就是“万物充满了灵魂”。实际上，这个命题不过是对上

① 参见 G. S. 基尔克、J. E. 拉文、M. 斯科菲尔德：《前苏格拉底哲学家——原文精选的批评史》，聂敏里译，140 页以下，上海，华东师范大学出版社，2014。

述第一个命题的内涵的更为明确的宣示。因为，“灵魂”（ψυχή）这个词，按照一种古老的希腊传统，它并不是指我们现在所理解的某种抽象的精神或者道德品质，而就是指生命本身。从而，当泰勒斯说“万物充满了灵魂”，不过是在说，万物充满了生命，它们是活的、生生不息的，是处于永恒的、不竭的生成运动中的。显然，只是在这个基础上，下面一句据说也是泰勒斯说的话才是可以理解的，这就是：“世界的心灵是神，一切都是活的同时充满了精灵；而正是通过元素般的潮湿贯穿着一种能够推动它的神圣的力量。”① 这句话虽然具有非常明显的晚期希腊哲学尤其是斯多亚派哲学的特点，但是透过它还是深刻地表明了，对于泰勒斯来说，水与其说是构成万物的元素，不如说是构成万物生命的不竭动力，正是它渗透于宇宙万物之中，使宇宙万物处于生生不息的变化和生成之中。它作为宇宙万物的灵魂，实际上表明了宇宙万物的永远生成变化的本质。

【3】阿那克西曼德的“无定”

泰勒斯构成了古希腊宇宙生成论的哲学传统的开端，而我们可以说，整个米利都学派，也就是由泰勒斯及其学生阿那克西曼德以及阿那克西曼德的学生阿那克西美尼所构成的第一个古希腊哲学学派，都是属于这个哲学传统的，是这个传统的真正奠基者。

罗素在他的《西方哲学史》中曾经讲过这样一段话：“当一个人想到，一位现代哲学家如果仅仅通过他的对手的攻击才被知道，这对于他来说会是怎样，那么他就可以明白前苏格拉底哲学家必定是多么值得崇敬的了，因为通过由他们的敌人所散布的恶意的迷雾，他们仍然显得那么的伟大。”② 这段话是针对前苏格拉底哲学家群体而言的，但是却特别适用于阿那克西曼德。阿那克西曼德留给我们的思想资料不多，但是从遗留下来

① 转引自 G. S. 基尔克、J. E. 拉文、M. 斯科菲尔德：《前苏格拉底哲学家——原文精选的批评史》，聂敏里译，146 页。

② Bertrand Russell, *A History of Western Philosophy*, New York, 1945, p. 45.

的一星半点儿思想资料以及他人的记载中我们仍然可以发现，这是一个伟大的思想家，一个在哲学史上理应具有非常崇高、非常重要地位的思想家，因为古希腊宇宙生成论哲学传统的基本理论模式是由他奠定的。与泰勒斯只是从总体变化的角度给予了宇宙一个一般的原则性的表达不同，阿那克西曼德第一次深入宇宙生成变化的内部，对宇宙生成变化的内在机制进行了详尽的研究，从而可以说对早期希腊的宇宙生成论做了全方位的理论建构。

古代曾经流传这样一种说法：哲学史上第一个基本的哲学概念ἀρχή（“本原”）是由阿那克西曼德提出来的。这个说法虽然并不准确①，但也多少反映了阿那克西曼德在哲学史上所具有的崇高地位。更不要说，古代的许多哲学史家都一致认为，阿那克西曼德而不是泰勒斯是希腊本土哲学的真正开端，伊奥尼亚学派以及由伊奥尼亚学派而来的雅典各哲学派别都是从阿那克西曼德而来的。② 但是，撇开这些不太严谨的说法不论，仅仅从阿那克西曼德留给我们的ἄπειρον这个概念以及一条不长的原文，我们就可以见出阿那克西曼德思想的深邃了。

ἄπειρον这个概念，过去的哲学史教材习惯于把它翻译成“无限”，这是受了亚里士多德的影响，因为亚里士多德是从数量上和空间上的无限来理解阿那克西曼德的ἄπειρον的。但如果我们追究这个词的本义，那么它真正的意思应当是指“无限定”，也就是“无定”。因为，由否定前缀α所限定的πειρον，其词源πεῖραρ或πεῖρας的本义就是“界限”“规定”的意思，从而，ἄπειρον就是“没有限定”“没有规定”，它更多的是指一种质上的不确定，亦即自身规定性的缺乏，因此，我们将这个哲学概念翻译成“无定”。如果我们这样理解这个概念，并且将之结合进对早期希腊宇宙生成论传统的理解之中，那么，显然，阿那克西曼德所提出的这个概念就是大有深意的。因为，如果说泰勒斯是通过“水”这个意象来从总体上

---

① 这方面的讨论，参见G. S. 基尔克、J. E. 拉文、M. 斯科菲尔德：《前苏格拉底哲学家——原文精选的批评史》，聂敏里译，165页。

② 参见第欧根尼·拉尔修：《名哲言行录》1. 13，徐开来、溥林译，13～15页，南宁，广西人民出版社，2010。

象征世界处于不停的变化之中，那么阿那克西曼德提出这个概念的真正的思想史意义就在于，他不再是借助象征，而是直接用一个概念表达出了世界的这个根本特征，这就是“无定”。在阿那克西曼德看来，我们所生活于其中的世界的一个根本特征就是，它是变化的，处于不断的生成和变化之中，变化是它的本质，只是由于变化，世界才成其为世界。从而，世界的这样一个根本的面貌，就可以用“无定”这个概念来做最准确的揭示；也就是说，世界就是“无定”。这样，取代泰勒斯的“水”这个含混不清的意象，阿那克西曼德就用一个远为准确的概念对世界做了根本的界定。

传统的解释并不是这样来理解阿那克西曼德的ἄπειρον，亦即，它们并不把ἄπειρον（“无定”）看成对世界的处于不断变化之中这一根本特征的一个明确的概念表达，而是按照在后的元素论的观点，将它理解成一种特殊的元素，这或者是一种性质上介乎水与气或者火与气之间的“居间物”，或者是一种数量上、空间上无限的基本元素，以避免生成的被耗竭。这是受亚里士多德学派主导的解释。但是，我们说，这仍然是一种从在后的思想来理解在前的思想的方式。因为，从构成元素的角度来理解世界的万事万物的生成的思维模式，这尚待对事物做形而上学的抽象分析的方法进一步发展之后才成为可能，而这确实是要在巴门尼德之后、在巴门尼德所奠定的基础存在的平台之上才有可能，因而，也只是在恩培多克勒、阿那克萨戈拉之后才有可能。所以，传统的、在亚里士多德学派支配之下的解释，它所犯的时序倒错的错误就是明显的。对于米利都学派的思想家，我们绝不能从元素论的立场来理解他们的基本思想，这不仅对于泰勒斯是适用的，而且对于阿那克西曼德甚至阿那克西美尼也是适用的。

但如前所说，阿那克西曼德不仅提出了ἄπειρον这个重要的哲学概念，而且还留下了一句意味深长的原话，这就是：“对于诸存在物生成出自于其中的，也就有毁灭归于其中，**按照必然性；因为，它们向彼此交付不正义的赔付和补偿，按照时间的安排。**”① 这句话中，一般认为，从“按照

① 转引自 G. S. 基尔克、J. E. 拉文、M. 斯科菲尔德：《前苏格拉底哲学家——原文精选的批评史》，聂敏里译，163～164页。

必然性”起的后半句话是阿那克西曼德的原话。因为，古代亚里士多德的注释者辛普里丘在他的《物理学注》中，在讲完这句话之后便说，“他就这样以较富诗意的词语说这些”，这就意味着，在此之前必有一些话是出自阿那克西曼德的原文，而在确定了前半句话更像是亚里士多德学派在讨论质料问题时经常使用的观点之后，后半句话特别是其中的“向彼此交付不正义的赔付和补偿”的诗意和古风就显露出来了，从而，它属于阿那克西曼德的原文就是无疑的。

这是唯一保存下来的阿那克西曼德的一句原文残篇。它不仅是珍贵的，而且是重要的，因为，在这句话中，阿那克西曼德针对世界的生灭变化说了一些特别富有深意的东西，一些超出了泰勒斯的“水”和他自己的“无定”概念的东西，而正是这些东西可以说奠定了早期希腊宇宙生成论有关宇宙变化的最基本的原则和原理。

为什么这样说呢？因为，如果仅仅是“无定”这个概念，那么这只不过是比泰勒斯更为准确地刻画了世界的根本特征，但从观察的深度来说仍然是一样的，即仅仅看到了世界处于不断的变化之中。然而，如果再加上上面的这句话，情况就大不一样了。因为，正如这句话中的“按照必然性”和“按照时间的安排”这两个短语所暗示的，对于阿那克西曼德来说，世界不仅是变化的，而且是有其变化规律的，“必然性”这个词向我们指示的正是世界变化的这种内在的原则机制，而“时间的安排”则进一步将这个原则机制同时间联系在了一起，赋予了其时间的特性。从而，我们可以这样说，阿那克西曼德不仅把握住了世界在变化这一总体特征，而且还深入其内部，认识到这不徒然只是变化而已，而是有着内在变化的原则机制，正是这一原则机制才规定着变化并且实际地造成了变化，使变化不仅是可能的，而且是必然的。这样，我们就看到了在阿那克西曼德那里对世界的更为深入的理性认识能力的进一步增强，他并不停留在世界变化的表面，而是企图深入其内部去把握更具一般性的规律。

但这具体是什么样的规律呢？很显然，残篇的后半部分，特别是“向彼此交付不正义的赔付和补偿”，就是对“必然性”的解释，它以一种特殊的方式向我们暗示了阿那克西曼德所说的有关世界万物生灭变化的规律、原则究竟是什么。那么，我们应当如何理解它呢？假如我们在这里能够借用一点儿属于古代自然哲学的最基本的观察和原理，例如，在老子《道德经》那里所经常表述的原理，那么我们就会很容易地发现，阿那克西曼德在这里针对宇宙的变化所讲的不是别的什么，就是关于事物在对立面之间相互转化和生成的原理。因为，如老子在《道德经》里所讲过的，“飘风不终朝，骤雨不终日”，任何一个事物的过度都会被它的对立面所代替，它不可能在时间中占有过分的长度，对立面相互之间的转化和生成才是真正的自然，因此，老子才进一步谈到所谓“天之道，损有余而补不足”，谈到“有无相生，难易相成”，等等，在这里讲的都是古代自然哲学的这一最基本的原理。从这一角度来观察，那么，很显然，所谓“它们向彼此交付不正义的赔付和补偿，按照时间的安排”，正是在描述和刻画这一根本的自然变化之道，这就是：任何一个事物在时间秩序上的过度，都将以向它的对立面转化、让出自己在时间中所占有的过度的位置的方式，来做出赔付和补偿，而这才是真正的自然，也就是变化的必然性。这样，我们就看到，对于阿那克西曼德来说，世界不是仅仅在变化，相反，世界是按照一定的原则在变化，这就是对立面相互之间的转化和生成，正是由于存在着对立面，由于不得不发生的事物向其对立面的转化，变化才发生了，而且是不得不发生和必然发生了。这样，被确定为宇宙生成论的前提的变化的必然性就得到了解释，对立面相互之间的转化就构成了宇宙生成论的基本原则和原理，宇宙就是在按照这一原理不断地发生变化，在生成和消灭之中达成事物相互之间的交换与补偿，并且因此保持了宇宙整体的存在。

ἄπειρον（无定）和一句仅存的原文残篇构成了阿那克西曼德宇宙生成论思想的内核，它的深度我们已经清晰地看到了。但是，阿那克西曼德并没有将对宇宙变化的讨论仅仅限于这样一种抽象的、概念式的理解，相反，如古代思想史的文献材料所表明的，阿那克西曼德还运用这个基本的原理对各种自然现象进行了解释和说明，从而等于是丰富和深化了这个基本原理。这样，我们就有必要再进一步来考察阿那克西曼德更为具体的自然哲学的研究，尽管这仅仅是通过古代哲学史家的转述得到记载的。

我们看到，在“无定”这个概念的基础上，阿那克西曼德又创造性地引入一个“分离”的概念和一对基本的对立面“热”与“冷”，用以具体地说明宇宙如何从一个混沌的统一体分裂、变化成更为复杂的世界，世界的变化究竟是按照什么原则进行的。

阿那克西曼德的这一思想是由伪普鲁塔克的《汇编》所记载的，由于其中用到的“树皮包裹着树”的比喻带有明显原创的性质，因而，尽管这是一条转述，但它来自阿那克西曼德的思想却是无疑的。记载是这样的：

他说，出于永恒的那热与冷的创生者在这个世界生成时被分离开来，并且一个出于它的火球包裹着环绕大地的空气被生成，就像树皮包裹着树一样；当它被破裂开来并被关闭进一些圈环中时，太阳、月亮和星辰便造成了。①

在这里，宇宙的创生机制被更为具体、更为明确地用“分离”和“热”与“冷”的对立转化来做了说明。在阿那克西曼德看来，宇宙最初是一个混沌的统一体，这也就是“出于永恒的那热与冷的创生者”，它在世界生成之时被分离开来，由此就生成了“热”与“冷”这一对最初的对立面，而这具体来说就是一个像树皮包裹着树一样地包裹着环绕大地的空气的火球。这样，由火球所代表的“热”与由空气和比空气更冷的大地所代表的“冷”就构成了一个基本的对立统一体，它实际上正对应着在希腊人的天文观察中的整个天球世界，这就是由炽热的以太所构成的最外层的天、大气以及大气所包裹着的大地。而正是这个对立统一体内在的相互作用以及分离机制的进一步运用，产生了日、月、星辰这些更为具体的天体。而它们同样是一个热与冷的统一体，但不同的是，这时，不再是热包裹着冷，而是冷包裹着热，亦即，气包裹着火。这样，很清楚，“分离”以及从“分离”而来的对立面的生成，“热”与“冷”这两个基本对立面的相互作用，就构成了阿那克西曼德解释宇宙的最基本的模型。

---

① 转引自 G. S. 基尔克、J. E. 拉文、M. 斯科菲尔德：《前苏格拉底哲学家——原文精选的批评史》，聂敏里译，196 页。

阿那克西曼德不仅把这个模型用于对各种天文现象和气象现象的解释，例如，他认为闪电就是风撕破包裹它的云层而发出的闪光，而且他还把这个模型用于解释其他生物和人的生成，从而创造出了一个生物进化的理论模式。来自埃修斯的一则材料记载："阿那克西曼德说，最初的生物在潮湿中被生出来，周身包裹着多刺的树皮，但随着年龄增进，它们便上到较干的地方，当树皮裂开，在短时间内它们便不同地生活。"① 另一则材料则进一步说，阿那克西曼德曾经认为，"从加热的水和土中产生了或者鱼或者非常像鱼的生物；在这些之中人生出来，以胚胎的形式保留在其中直到成熟阶段；接着，最后，鱼样的生物破裂了，已经能够照料自己的男人和女人走出来"②。看着这些材料，你很难相信这是在公元前 6 世纪会产生的思想。但是，鉴于它关注的正是事物的变化以及它是如何变化的，关注的是事物在其变化之中的特定的形态，这正是宇宙生成论的思想主题，从而它必然只能属于早期希腊宇宙生成论的哲学传统。因为，在古典时期的希腊哲学中思想家们已经不再这样思想，他们更倾向于寻求不变的东西——事物永恒不变的本质。

通过上面的讨论，现在我们对于阿那克西曼德那个似乎语焉不详的"必然性"就有了更为具体的理解。显然，它绝不是一个抽象的道德概念或者界限概念，相反，它所指的正是宇宙生成变化的基本规律和原则，它包括的是一整套详尽的关于宇宙生成变化的机制、机理。由此我们也就清楚地认识到，在米利都学派时期，在宇宙生成论的思想模式下，哲学家的思维达到了怎样的认识世界的深度，他们不仅企图把握世界变化的现象，而且企图更为准确地把握世界变化背后的一般规律和原则。这无疑是理性认识能力发展的表现。

【4】阿那克西美尼与气

阿那克西美尼是米利都学派的第三位哲学家，关于他，实际上也值得

①② 转引自 G. S. 基尔克、J. E. 拉文、M. 斯科菲尔德：《前苏格拉底哲学家——原文精选的批评史》，聂敏里译，211 页。

我们大书特书。因为，他不仅用一种更具经验实证性的物质代替了泰勒斯具有象征性质的“水”和阿那克西曼德过于抽象的“无定”，这就是“气”，一种中国古代哲学同样视为世界本原和根本构成原则的物质，而且他还凭借“气”这个本原对世界变化的内在机理做了更为深入的研究。他在自己老师阿那克西曼德“分离”概念的基础上提出了有关宇宙生灭变化机理的更为细致的理论模型，即气的“凝聚”和“疏散”这一对概念。

我们说，气的“凝聚”和“疏散”这一对概念之所以重要，不仅是因为它是对阿那克西曼德的对立面之间相互生成与转化的原理的直接继承和发展，而且还因为它深入事物变化的内在动力机制层面，从一种动力学的角度刻画了对立面是如何相互生成与转化的。我们可以注意到，以后的自然哲学凡是在讲到事物的生成变化的时候，实际上都是在运用这一对概念，只不过更为精致、更为合理、更不诉诸猜测和想象而已。因为，不仅后面赫拉克利特的火和逻各斯的对立与斗争同阿那克西美尼的这一思想有关，而且以后阿那克萨戈拉和恩培多克勒的元素理论、元素的结合与分离，实际上也可以被看成对阿那克西美尼在这里所讲到的气的凝聚和疏散这一基本宇宙变化机制的运用，而在此之后的原子论学派所讨论的原子的结合和分离同样是对这个基本机制的进一步发展。从而，我们可以说，阿那克西美尼通过他的深入研究实际上奠定了宇宙生成论哲学传统探讨宇宙变化的一般理论模型，它对后世自然哲学的影响是极其深远的。

在具体的理论研究中，几乎可以说，阿那克西美尼运用“气”以及“气”的“凝聚”和“疏散”机制解释了宇宙中一切事物的生成与变化，所有实体性的变化在他这里最终都可以归结于气的凝聚和疏散。例如，据塞奥弗拉斯特和希波吕特各自的记载，在阿那克西美尼看来，当气被疏散时，火就被生成了，而当气被凝聚时，首先生成的是风，接着是云，再接着就是水、土、石头。① 我们可以注意到，在这个过程中，气的疏散与热

① 参见G. S. 基尔克、J. E. 拉文、M. 斯科菲尔德：《前苏格拉底哲学家——原文精选的批评史》，聂敏里译，218～219页。

相对应，而气的凝聚与冷相对应，从而，阿那克西美尼继承了阿那克西曼德热与冷的对立面的相互作用机制是无疑的。但是，阿那克西美尼却把热与冷看成气的疏散和凝聚的结果而不是原因。按照一个古代的文献记载，他甚至还用一个生活中的例子对此做了论证，这就是，当我们缩紧嘴唇吹气时，气是冷的，而当我们松开嘴唇哈气时，气却是热的。① 这样，气的疏散与凝聚就成为相较于热与冷更为基本的宇宙生成变化机制，宇宙万物的生成与变化正是在极富变化性的气的基础上、通过气的疏散与凝聚来实现的，这当然不能不说是对早期希腊宇宙生成论思想的更进一步的深化与发展。

当然，除了这个基本的理论模型的奠定以外，就像阿那克西曼德一样，阿那克西美尼还具体运用这个理论模型对各种自然现象进行了初步的、完全可以说是“科学的”解释。例如，他说到了风、雨、雹、雪的原因，而显然，用他气的疏散和凝聚的模型是非常容易解释这些原因的。他这样说：“当气变得更加浓厚时云就产生了，当再更多地聚集时，雨水就被挤压出来，而一旦下降的水聚合在一起，冰雹就形成了，而当某种风样的东西被包容进水中，雪就形成了。”② 我们必须承认，即便是在现代气象学的水平上，这样解释的合理性成分也是很多的。

但是，现在的问题是，如果世界上的万事万物、一切自然现象都可以通过气、通过气的疏散和凝聚来加以解释，那么神在哪里呢？因为，在从前，这些东西都是神的专利，神是它们的原因。但现在，它们却都通过一个完全可以凭借经验来把握的东西亦即气得到了合理的解释，那么人们还到哪里去寻求神呢？所以，从阿那克西美尼的这种解释出发，人们就很容易推论出一个彻底无神论的世界，而这就是希腊理智史上的一个巨大的进步。实际上，阿那克西美尼自己就大胆地得出了这个结论。奥古斯丁在《上帝之城》中这样记载阿那克西美尼的思想：“阿那克西美尼将事物的所有原因都归于无限的气，并且不否认有诸神，或者在沉默中忽略他们；

① 参见G. S. 基尔克、J. E. 拉文、M. 斯科菲尔德：《前苏格拉底哲学家——原文精选的批评史》，聂敏里译，223页。

② 转引上书，236页。

但他不相信气是由他们所造，而是相信他们从气中产生。”① 这样，诸神不仅不再是万物的原因，而且他们自己都要通过气来得到解释。所以，阿那克西美尼甚至断言，“气就是神”。我们只要看看这个理论在后来的自然哲学学派那里的进一步发展，以及它给希腊普通人的宗教信念所带来的巨大恐慌，就可以明白阿那克西美尼的思想所具有的革命性意义了。这就是发生在公元前 6 世纪的以米利都学派为代表的希腊世界的理智革命。

这样，米利都学派的三位哲学家作为古希腊哲学的开端，以其对世界变化的深入研究，就奠定了希腊宇宙生成论的哲学传统，对整个宇宙变化的内在机制和原则做了根本的理论阐明，以后希腊的宇宙生成论都是借鉴了他们所奠定的这样一些基本原则和模式来展开的，例如恩培多克勒和阿那克萨戈拉的元素论，留基波、德谟克利特的原子论，只不过由于以巴门尼德为开端的形而上学本体论思想路线逐渐形成的缘故，这些后来的理论站在了一个全新的立场上，具有了和早期的宇宙生成论完全不同的哲学视野。

【5】赫拉克利特的逻各斯

米利都学派仅仅是开端。实际上，早期希腊宇宙生成论哲学传统的真正集大成者和最伟大的哲学家另有其人，这就是被称作爱菲斯的晦涩哲人的赫拉克利特，他的哲学盛年约在公元前 500 年，亦即第 69 届奥林匹亚赛会时。赫拉克利特是这些早期希腊哲学家中明确记载有著作传世的思想家。据说苏格拉底在读了赫拉克利特的著作后说了这样一句话：“我所理解的部分是高贵的，我想我尚未理解的部分也当如此；但这需要一位德罗斯的潜水者。”② 黑格尔在他的《哲学史讲演录》中讲到赫拉克利特时这

① 转引自 G. S. 基尔克、J. E. 拉文、M. 斯科菲尔德：《前苏格拉底哲学家——原文精选的批评史》，聂敏里译，225 页。

② Diogenes Laertius, *Lives of Eminent Philosophers*, Vol. I, II. 22, The Loeb Classical Library, Harvard University Press, 1950. 据洛布本中古希腊原文直接译出。

样说："这里我们看见了陆地；没有一个赫拉克利特的命题，我没有纳入我的逻辑学中。"① 这就是赫拉克利特的思想对后世产生的巨大影响。这绝不是空穴来风或者后人的附会。因为，赫拉克利特是前苏格拉底哲学家中存世残篇最多的思想家之一，我们完全不必通过后人的转述来了解他的思想，我们在对他的残篇的直接阅读中就可以发现他思想的深邃和广阔，发现从米利都学派而来的早期希腊宇宙生成论的哲学传统在他那里被发展到了最高峰。

我们说过，宇宙生成论的核心就是肯定世界在变化，并且研究世界的变化，企图把握世界变化的一般原则。而赫拉克利特的独特之处就是，他深刻地领会了宇宙生成论的这一核心精神，从而，他不仅研究世界变化的一般原则，而且还进一步自觉地将有关世界变化的一般原则本身置入发展和变化之中，在对立与统一之中来把握这一原则，从而使它成为真正具有灵活性和生命力的原则。赫拉克利特以多种多样的方式来论述这一原则，并且给予了它多种多样的概念表达。但是，有一个概念表达是根本性的，并且对后世的思想产生了深远的影响，这就是"逻各斯"这个概念，赫拉克利特把他对宇宙变化的根本原则的领会集中而凝练地灌注到了这个概念之中。从而，对于我们来说，在某种意义上，我们只要理解了这个概念，也就把握住了赫拉克利特思想的精髓，同时也就更能深入地领会为什么说赫拉克利特是早期希腊宇宙生成论哲学传统的集大成者。

赫拉克利特是在（据说是他的）那部伟大的书的第一段话中提出"逻各斯"概念的，他这样说：

> 对那永恒存在着的逻各斯，人们总是不理解，无论是在听到之前还是最初听到之时。因为尽管万物根据这逻各斯生成，他们却像是对此全无经验的人一般，甚至在他们经验了我所讲过的那样一些话和事情时，而我已按照自然分别了每一个东西并且指明了这是如何。至于其余的人，他们醒来后所做的觉不到，正像他们不觉到睡时所做的一

① 黑格尔：《哲学史讲演录》，第1卷，贺麟、王太庆译，295页。

般。(残篇 1)①

这段话初读之下无疑十分神秘、晦涩，彰显了赫拉克利特特有的语言风格。但是，它并不是不可理解的，因为，不管怎样，我们至少可以从初步的阅读中获得这样一个印象，这就是，逻各斯是同万物的生成有关的，它是万物生成的法则，因为“万物根据这逻各斯生成”。在赫拉克利特的其他一些残篇中，我们还读到了这样一些直接与逻各斯有关的话，例如，残篇 2：“因此，必须跟随那共同的东西，而逻各斯就是共同的，但大多数人却活着像是有着自己的考虑。”② 残篇 50：“不听从我而听从这逻各斯，同意一切是一，这就是智慧。”③ 残篇 72：“对那个他们最经常打交道的、驾驭着万物的逻各斯，他们是格格不入的，而那些他们每天碰到的东西，在他们看来是生疏的。”④ 这样，从这些零零星星的对逻各斯的直接论述中，我们至少可以获得这样一些有关逻各斯的信息，即：逻各斯是万物生成的原则，逻各斯是共同的原则，逻各斯是统一的原则，它是智慧，它支配着万物，它和我们的日常生活息息相关，它不是人们不需要深入思考就可以把握的。这些就是赫拉克利特告诉我们的有关逻各斯的内容，但它们表明了什么呢？什么是赫拉克利特在这里所说的逻各斯呢？

有一种非常流行的说法是把赫拉克利特的逻各斯等同于不变的自然规律，这似乎解释了逻各斯作为万物生成的原则的内容，也解释了逻各斯是共同的原则、统一的原则的内容。但是，这样一种理解很自然地也就将赫拉克利特的思想、他的逻各斯的概念置于后来的关注永恒不变的本质世界的形而上学的视野之下，从强调变化和变化的法则的早期希腊宇宙生成论的传统中剥离了出来，但这恰恰是赫拉克利特的思想所不具有的特征。因为，只要我们阅读赫拉克利特的残篇，我们就可以注意到，赫拉克利特在强调“一切是一”的同时，更强调的是对立和差别，以及事物基于彼此之间的对立和差别而产生的各种具体入微的变化，而且这似乎从数量上

①②③ 转引自 G. S. 基尔克、J. E. 拉文、M. 斯科菲尔德：《前苏格拉底哲学家——原文精选的批评史》，聂敏里译，277 页。

④ Hermann Diels, Walther Kranz, *Die Fragmente Der Vorsokratiker*, Erster Band, Weidmannsche Verlagsbuchhandlung, 1960, S. 167.

来说被强调得更多一些。从他那些强调对立、差别的残篇中我们可以看到，赫拉克利特特别擅长在一个看似统一、简单、凝固、不变的事物中发现内在的差别、矛盾以及随之而来的发展和变化，他特别擅长把一个看上去单纯的事物置于对立和差别之中。当他以这样的方式来揭示事物时，我们发现，他并没有因此使事物陷入分裂和冲突；相反，他揭示了事物中最具现实性、最真实，也最生动、丰富的内涵。

例如，在著名的残篇60中他这样说："向上的路和向下的路是一且同一。"① 在这里，赫拉克利特似乎只讲了一个最简单的、人人都懂的道理，但是却由此将一个在一般人眼里看来单纯、统一的事物置于一种对立的关系中，置于一种由此而来的运动的状态中，这就是路。因为在人们的日常思维中，路就是路，人们习惯于把它作为简单、单一的事物来把握，很少想到任何一条路都具有两个方面，这就是向上的方面和向下的方面，或者向前的方面和向后的方面。任何一条路实际上都具有这样的两个相互对立的方面，它是在这两个方面的彼此对立、彼此冲突、彼此斗争的动态关系中才实际地延伸成为一条"向上的路"或者"向下的路"。但即便如此，在每一方中、在每一个时刻中都还含有对立的因素，具有随时向自己的对立面转化的可能。显然，只是在这样的对立关系中被把握住的路，才是一条真实的路，并且毫无疑问具有了人生的教益，因为，人生的路不是也像真实的路那样具有随时向自己相反的方面转化的可能吗？而唯有智慧的人才能注意到这一点，并且时刻保持小心与警惕。相反，在日常思维理解中的那样一条保持在凝固的单纯性中、保持在单一的向度中的路，我们又到哪里去寻找呢？它难道不是一个彻头彻尾的抽象吗？但因此它也就不再是一条现实的、活生生的路。

这样，我们看到，对于赫拉克利特的逻各斯，如果我们不从事物变化的方面、对立统一的方面来理解它，掌握它，而轻率地认为它指的是抽象普遍的自然规律本身，是事物根本不变的方面，那么我们就真正误解了赫拉克利特，误解了赫拉克利特的作为"驾驭万物"的生成与变化的根本

---

① 转引自G.S. 基尔克、J.E. 拉文、M. 斯科菲尔德：《前苏格拉底哲学家——原文精选的批评史》，聂敏里译，282页。

原则的逻各斯。实际上，赫拉克利特的逻各斯不是一种取消一切对立和差别的、抽象单一的原则，相反，它恰恰活动在对立和差别之中，并且只是在对立和差别的不断地形成与发展之中才实现了它对万物生成的作为原则的支配作用。

例如，在残篇 51 中他这样说：“他们搞不懂如何区别而又统一于自身；拉紧的和谐，正像弓和琴一样。”① 弓和琴，这样两个在古代生活中最为常见也最富象征意味的东西，它们现实功效的正常发挥正是有赖于对对立的力量的在持续的斗争的紧张之中的维持；一旦破坏了这种紧张对立的统一，也就不再有弓和琴了。毫无疑问，这个例子形象而生动地说明了，为什么说只有在对对立与差别的维系中，而且不是静态的维系而是动态的维系中，真实的事物才出现了。

而在残篇 67 中，赫拉克利特以更为精妙的言辞表达了如何在对对立与差别的保持、跟随、沉浸和体察之中达到对事物最生动、最鲜活的把握，而这也就等于是揭示了他逻各斯的真实所指，这就是，他的逻各斯不过是事物最内在、最精微的变化之理。他这样说：“神是昼也是夜，是冬也是夏，是战也是和，是饱也是饥（一切相反对，这就是精义）；它变化自己，如同火在和香料混合时根据每一种气味命名自己一样。”② 这段话讲得无比精妙，它的精妙之处就在于，它通过一个巧妙的比喻准确地表达了事物是如何在对立面的斗争以及这种斗争关系的保持之中变化的，这个比喻就是关于混合的香料如何随着火的温度的变化以及自身混合比例的变化而不断变化出各种有着细微的差异，但又有着难以觉察的过渡和关联的香气的例子。因为，我们知道，以各种成分混合在一起的香料在燃烧的过程中，它自身的比例会不断发生变化，而这会造成它所散发出来的香气的变化。但事情还没有这么简单，让事情变得更为复杂的是，火的温度本身也在不断地发生变化，从而这就进一步加剧了香料燃烧散发出来的香气的变化，使得它更富于变化。显然，赫拉克利特正是用这极端富有变化性

① 转引自 G. S. 基尔克、J. E. 拉文、M. 斯科菲尔德：《前苏格拉底哲学家——原文精选的批评史》，聂敏里译，87 页。

② 转引上书，284 页。

的例子来说明宇宙万事万物的变化，和渗透于这变化之中、可以说是实际地造就了这一变化的无比细微、无比生动、无比丰富的内涵的逻各斯。因为，火就是这逻各斯，就是神，它在香料的燃烧之中，在昼与夜、冬与夏、战与和、饱与饥的无穷无尽的转化之中彰显自己，这也就是所谓的“命名自己”。显然，我们只有深入这样的变化，体察变化的每一细微转折之处，并且就置身于这一无比丰富多样的变化之中，我们才真正掌握了作为事物变化之理的逻各斯，并且因此也就在最生动、最具体、最丰富、最真实的关系中掌握了事物本身。从而，逻各斯就是事物变化的精微之理，事物正是在对立面的相互之间的对立关系的不断变化与调整中才彼此区别开来，各自成为自身，但是又具有内在的统一性。

这样，很清楚，赫拉克利特的逻各斯作为变化的原则，不是表现为对对立与差别的取消，而是表现为对对立与差别的维持，它通过将对立与差别置于一个实际上是斗争的统一体中，使它们彼此限制而摆脱了自己的单纯性和片面性，从而有力地诠释了万物的生成和变化。因此，赫拉克利特的逻各斯与其说是一种抽象的原则，不如说是一种分别而又结合的力量，它在本质上不是静止和统一，而是运动和斗争，它将事物维持在一种对立面彼此斗争的生动的变化、发展的统一之中。

正是由于这一点，赫拉克利特在著名的残篇 30 中对整个宇宙才做了这样的表达：“这个世界（一切皆同）既不是某个神也不是某个人创造的，而一直总是并且现在是而且将来是：永恒的活火，一些分寸上点燃，一些分寸上熄灭。”① 这句话不仅对世界以火为象征从变化的角度做了总体的表达，而且就把世界与火等同起来，将世界看成不过是一团永恒的活火和这团永恒的活火的各种变形；同时，也等于是给他的逻各斯赋予了明确的物质的形态，表明逻各斯并不是像人们所错误认为的那样，是一种抽象的原理、原则，相反，它就是变化本身，它就是这团永恒的活火，火的无穷无尽的燃烧、熄灭与变化就是这逻各斯。

但除此之外，在这句话中值得我们格外重视的还有“分寸”这个概

① 转引自 G. S. 基尔克、J. E. 拉文、M. 斯科菲尔德：《前苏格拉底哲学家——原文精选的批评史》，聂敏里译，295 页。

念。赫拉克利特使用这个词，正是要表达变化的活动于对立面的对立与统一之中的那种特殊限制关系，表明变化不是任意的变化，而是有着它内在的具体限制关系的变化，正是这种内在的具体限制关系造就了变化，并且造就了具体、生动和真实的变化。一旦我们忽略了变化的这一具体限制关系，那么甚至就连变化本身也成了抽象之物，并且不再可能了。这也就解释了，为什么在著名的“河流残篇”中赫拉克利特说的是人不能两次踏入同一条河流，而不是像克拉底鲁（据说是赫拉克利特的学生）所说的人甚至不能一次踏入同一条河流。因为，前者正显露了变化的内在的分寸、节制性，而后者却完全是任意的、无原则的变化，从而实际上取消了变化，使变化本身成为不可能。这样，对于理解赫拉克利特的逻各斯来说，不仅变化是重要的，而且变化的内在分寸亦即基于对立面的对立与统一的那种特殊限制关系也是重要的，只是在变化的具体限制关系之中，逻各斯这个概念内核的精微之处才显露出来。

这样，现在我们便可以明确地说，赫拉克利特通过逻各斯这个概念深入到了宇宙万物生灭变化的内部。他不仅认识到世界是在变化的，认识到世界的变化是有其原则的，而且更为重要的是，他认识到变化是世界的本质，对立和斗争是世界的本质，它作为根本的原则自身也投入变化之中，投入不断的对立和斗争之中，从而真正成就了宇宙的永恒的发展和变化。

这就是赫拉克利特逻各斯的真正内涵。如果我们领会了这层内涵，那么我们当然也就能够懂得，为什么说赫拉克利特构成了早期希腊宇宙生成论哲学传统的顶峰，因为，正是凭借这个逻各斯概念，他深入到世界变化的中心，对其最内在的原则做了最精确的表达。

第二章　以巴门尼德为开端的形而上学本体论传统

【1】伊奥尼亚学派与意大利学派

在对前苏格拉底哲学的研究中，我们必须首先知道这一事实，这就是，古希腊哲学最初的发展并不是在希腊大陆本土，而是在希腊的海外殖民地展开的。例如，米利都并不是希腊大陆本土的一个城邦，而是希腊在小亚细亚的一个殖民地。赫拉克利特所生活的爱菲斯也是一样。由于它们都是希腊人中的伊奥尼亚人在海外开辟的殖民地，所以建立并活动于它们之中的米利都学派和赫拉克利特学派，虽然是不同的哲学学派，但是在哲学史上却习惯于把它们合起来称作伊奥尼亚学派。古希腊哲学最初就是在伊奥尼亚学派中发展的，他们对变化的关注是同当时正在蓬勃兴起的、处于同周边文明广泛交流和冲突之中的工商业城邦文明的发展分不开的。

但是，随着萨摩斯岛的毕达戈拉斯以及克罗丰的克塞诺芬尼这两个人于公元前 6 世纪中期先后漂泊到南意大利，即希腊人在意大利半岛的殖民地，希腊哲学就开始了在南意大利的发展。其中，毕达戈拉斯在克罗同开创了神秘的毕达戈拉斯学派，而按照一种古代说法，克塞诺芬尼是埃利亚学派真正的开创者。这样，哲学史上就把毕达戈拉斯学派和埃利亚学派合起来，相对于伊奥尼亚学派而称作意大利学派，它构成了早期希腊哲学中重要的一支，并形成了完全不同的哲学风格和思想路线。

如果说伊奥尼亚学派的哲学家关注他们所置身于其中的世界的发展与变化，不仅从经验上细心观察世界的发展与变化，而且企图运用自己的理性来发现世界变化的内在规律，使自己能够更好地参与到整个世界的变化之中去，那么意大利学派的哲学家则完全不同。他们虽然也体现出了公元前6世纪希腊世界普遍理智觉醒的特征，即运用理性而非想象来对世界进行思考，但是他们却普遍具有否定现世宗教神学的倾向，更为关注自己仿佛超越现实的内心生活，而完全无视周围世界的发展与变化。从而，如果说在伊奥尼亚学派的哲学家那里，理性与经验相结合，理性得到了更具物质形态的发展，那么在意大利学派的哲学家那里，由于对变化的世界的鄙弃和对心目中永恒的世界的关注，理性却得到了抽象的发展，理性在超验的运用中逐渐具有了先验的特质。

【2】毕达戈拉斯学派与克塞诺芬尼

意大利学派哲学家的这一特点从毕达戈拉斯和克塞诺芬尼这两个人的行迹就可以看出来了。毕达戈拉斯学派在很大程度上是一个秘传的宗教团体，在古代围绕毕达戈拉斯本人有着许多神秘的传说。克塞诺芬尼则是作为一个游吟的神学诗人的形象出现的，他从不固定居住于任何一个城邦。在他们身上，宗教的超凡脱俗的思想倾向都表现得非常鲜明。毕达戈拉斯学派追求灵魂的净化和死后的生活，而克塞诺芬尼则对一个道德上无限完满的神给予了最大限度的称赞。因此，我们说，与伊奥尼亚学派哲学家关注变化的现实生活、思想具有强烈的经验性不同，意大利学派的哲学家却表现出了一种强烈的超凡脱俗、先验运思的思维特征。同伊奥尼亚学派哲学家企图深入到世界的变化中去探寻世界变化的机制的思想追求不同，意大利学派的哲学家总是企图否定变化的世界，而去构筑一个超出变化的世界之上的永恒的世界。

在这个方面，毕达戈拉斯学派的这一思想倾向是不言而喻的。普罗克鲁斯说："通过考察几何学的最高本原和追寻非物质的、理智的思维对象，毕达戈拉斯将有关几何学的哲学转化成了自由教育的形式。"① 尽管，我们完全不能将毕达戈拉斯学派的数学成就归于毕达戈拉斯一个人，我们

---

① Hermann Diels, Walther Kranz, *Die Fragmente Der Vorsokratiker*, Erster Band, Weidmannsche Verlagsbuchhandlung, 1960, S. 98.

也不能将普罗克鲁斯这段话中的明显柏拉图主义的因素时序倒错地归于毕达戈拉斯的思想，但是几何学在希腊逐渐地从一门实用科学转化成为一门理论科学，对几何学的研究表现为对隐藏在事物内部的神秘的数学比例关系的发现，以及企图通过这一发现来寻求宇宙的终极秘密和实现灵魂的净化与得救，这却确实是可以一直追溯到毕达戈拉斯本人的毕达戈拉斯学派的一个传统。所以，塞克斯都在《反学问家》中记载说，毕达戈拉斯学派的一个可以确信是来自毕达戈拉斯本人的基本教义就是“万物类似于数”，他们认为整个世界是按照数的和谐法则构成的，并且坚信由头四个自然数构成的所谓“四元”是“永恒流动的自然的泉源与根苗”，因为1加2加3加4产生了最完满的数10。① 这样，我们就不能将毕达戈拉斯学派对数学的研究仅仅看成一种单纯的算术研究，相反，它是和他们对另一个世界的神秘宗教追求联系在一起的，他们在对数学的研究中包含着对绝对永恒的世界的形式法则的追求。正是这一宗教的追求，才使毕达戈拉斯学派离开了经验世界，按照数学的法则构想整个世界，这也就在客观上使得数学在古希腊朝着理论化的方向发展，成为一门理论科学。

至于克塞诺芬尼，他的哲学思想同样表现出了倾向于沉思冥想的特征。他反对希腊传统的多神论，而企图寻求一个唯一的神，认为这个神不仅在道德上应当是纯洁的、神圣的，而且在位格上也应当是绝对唯一的，他全视、全思、全听，永恒不动，构成了一个超然于变化世界之外的绝对领域。他这样说：

> 一神，在神和人中是最伟大的，在身体和思想上都不类似于有死者。
>
> 总是待在同一个地方不运动，对于他在不同时候不同地方来回并不适合，而是远离辛劳以心思摇动万物。
>
> 他全视，全思，全听。②

在这些残篇中，一种先验神学的思维已经具有了最初的雏形，因为，关于

---

① 参见G. S. 基尔克、J. E. 拉文、M. 斯科菲尔德：《前苏格拉底哲学家——原文精选的批评史》，聂敏里译，354～355页。

② 转引上书，253页。

神是不运动的设想，显然只有通过单纯地诉诸一种有关神圣存在的合理性的推论才能够获得，这就是：神，按照最理想的状态来设想，当然是不运动的。按照这样一种思维来构想，无疑，神也就具有了超验的品格。所以，克塞诺芬尼的上述思想已经为一种仅仅通过理性推论来构想世界的思维模式奠定了基础，而这也就是一种形而上学本体论的思维。

所以，我们看到，正是对现实变化世界的否定和对一个永恒不动世界的追求，构成了意大利学派迥然不同于伊奥尼亚学派的哲学气质和哲学追求，由此也就开辟出了一条完全不同于伊奥尼亚学派宇宙生成论传统的思想路线，这就是形而上学本体论的思想路线。毕达戈拉斯学派和克塞诺芬尼的哲学活动构成了这个传统的开端与萌芽，因为在二者那里都表现出了对一个永恒世界进行先验构想的企图。这在毕达戈拉斯学派那里体现为神秘的数的和谐构造，而在克塞诺芬尼那里则是对一个独一神的完善性的指认。我们说，正是这两种因素的结合造就了巴门尼德的思想，由此奠定了一个形而上学本体论的新传统。

【3】巴门尼德的“存在”

巴门尼德是埃利亚人，他的哲学盛年约在公元前 480 年，相比于赫拉克利特要晚了约 20 年。按照来自亚里士多德的说法，巴门尼德是克塞诺芬尼的学生，从而这也就向我们提供了巴门尼德思想同克塞诺芬尼思想之间联系的直接证据。[①] 至于巴门尼德和毕达戈拉斯学派之间的关系，第欧根尼·拉尔修的《名哲言行录》也为我们提供了一条重要的证据。他说，巴门尼德曾同“毕达戈拉斯学派的阿美尼亚斯交往，一个贫穷的人，但却高贵。他更多地追随于此人，并在他死后为他修建了一个祭堂，因为他属于一个显赫而富有的家族，而且，他是被阿美尼亚斯而不是被克塞诺芬尼劝说进入宁静的……”[②] 这样，说巴门尼德的思想曾经受到毕达戈拉斯

---

① 参见亚里士多德：《形而上学》A 5，986b22。

② 转引自 G. S. 基尔克、J. E. 拉文、M. 斯科菲尔德：《前苏格拉底哲学家——原文精选的批评史》，聂敏里译，366 页。

学派的影响，这恐怕也是没有问题的。而且重要的是，这条证据给我们提供了一条重要的思想史线索，表明巴门尼德思想的宗教气质，表明正是毕达戈拉斯学派的那种特殊的宗教氛围感染了巴门尼德，将他的思想引入到一个“宁静的”领域。这是一个什么样的领域？我们说，这就是形而上学本体论的领域，一条先验主义的思想路线，一种围绕永恒不动的世界的沉思冥想。所有这一切都集中体现在巴门尼德对“存在”这个哲学概念的分析上，而我们现在就要进入这个分析。

我们知道，“存在”是西方哲学的一个核心概念。所谓本体论，实际上就是存在论，因为ontology中的on在古希腊语中就是“存在”的意思，它指向真实的存在。同时，这个词又是古希腊语中系词“是”的分词形式，从而，它又和我们关于真理的判断联系在一起，它表示一个真实的判断，而这个判断同样指向一个真实的存在。显然，正是在“存在”这样的概念含义中就隐含着形而上学本体论的全部思想要素，从而，从理论上讲，我们只需要对这个概念进行最严格的基于语义学的分析，就可以从根本上奠定一条全新的形而上学本体论的思想路线。巴门尼德正是哲学史上从事这个工作的第一位哲学家。他在有关“真理之路”的残诗中第一个严格而深入地分析了“存在”概念的全部内在含义，从中引出了一条形而上学本体论思想路线的全部必要的规定，并且借助“存在”概念在我们的思想判断中所具有的那样一种不容置疑的真理断定的特征，就反驳了以伊奥尼亚学派为代表的重视世界变化的宇宙生成论的思想传统，而为一个永恒不动的本质世界的存在做了强有力的辩护。

如上所说，巴门尼德是在一部被保存下来的残诗中展开对“存在”的分析的。这部残诗除了开始的“序诗”以外，分成两个部分，一个部分叫作“真理之路”，另一个部分叫作“意见之路”。巴门尼德对“存在”的分析就是在“真理之路”部分进行的。在这个部分，巴门尼德达到了纯粹概念思维的思想高度，撇开了一切具有对象内容性质的考察，而径直抓住我们思维判断中的一个核心词，这就是西方语言所特有的系词“是”，也就是我们一再说到的那个“存在”，展开分析。实际上，整个“真理之路”就是对系词“是”的逻辑内涵的分析，而通过这个分析，巴门尼德也就一举奠定了形而上学本体论的基本概念架构。

那么，巴门尼德是怎样分析这个词的呢？巴门尼德认识到，我们对世界的全部真实的认识是通过我们关于世界的种种具体判断来实现的，而在这些具体判断中，系词“是”起到了一个至关重要的作用，这就是，它不仅具体地将主词和谓词联系在一起，构成一个具体的关于某个对象的判断，而且更重要的是，它还通过它的断定功能来表明这个判断是关于某个对象的真实判断，即表明这个判断是真的。这样，撇开判断的具体内容，也撇开具体判断可能出错的问题，单单对系词“是”的这一判断功能加以分析就可以表明：第一，对于思维来说，无论如何存在一个可以最终被确定为真理的真实的认识；第二，对于思维来说，无论如何存在一个可以最终被确定为实在的认识的对象。前者是对认识的绝对的真理性而言的，后者是对存在的绝对的真实性而言的，而这二者合在一起就构成了形而上学本体论的基本理论架构，也构成了形而上学本体论的基本理论追求。因而，形而上学本体论就是活动在“是”中的思维，它通过运用“是”的绝对断真的功能，不仅实际地构造了一个真实的认识，而且实际地构造了一个真实的存在。对先验主义的一个永恒不动的本质对象世界的认识和追求，这就是形而上学思维的全部旨趣和目标。这样，很显然，通过对系词“是”判断功能的严格语义学的分析，巴门尼德就有可能绕过同伊奥尼亚学派就具体的宇宙生灭问题的争论，而为一个永恒不动的世界的存在提出十分有力的辩护。由此一来，当然就奠定了一条不同于宇宙生成论哲学传统的、全新的思想路线。

但除此之外，我们说，巴门尼德对系词“是”的分析也奠定了形式逻辑的基本规律。因为，当我们运用系词“是”进行判断时，我们不仅是在对一个真实的对象的存在进行断定，而且还同时意味着，“是”就是“是”，“不是”就是“不是”，“是者”不能不是，“不是者”不能是。一旦我们运用系词“是”进行断定，我们就是在做绝对的肯定或否定，我们不容许把“是”说成“不是”，也不容许把“不是”说成“是”，同时，更不容许既“是”又“不是”。显然，在这里就蕴涵着逻辑的同一律、矛盾律和排中律，巴门尼德正是运用系词“是”中所隐含的这一逻辑规律来为形而上学本体论的本质对象世界的绝对真实的存在进行论证的，但是与此同时无疑也就奠定了形式逻辑的基本规律。

这样，我们说，通过巴门尼德对系词“是”的语义学分析，通过对系词“是”的内在逻辑规则的揭示，一个永恒不动的本质主义的对象世界就被理论地确立了起来；而相应的，在米利都学派哲学家和赫拉克利特看来充满了丰富变化的那个宇宙生成论的世界，就被作为单纯动变生灭的世界、就被作为不真实的现象世界排除了。这就是巴门尼德对伊奥尼亚学派哲学的完全反动。从这样一个立场出发，巴门尼德就得出了一个大胆的思维跨越，这就是：既然一切都是“存在”，一切都可以归于“存在”，那么世界的多样性和变化性就不存在，只有“存在”存在，换一句话说就是，只有那个被“是”这个系词所对象化地肯定了的永恒不动的本质世界存在；如果它是真正的实在，那么变化和生灭就是不存在的。因此，巴门尼德说：

> ……全都是名称，
> 凡有死者们所确定而信以为真的，
> 生成和毁灭，存在和不存在，
> 位置的改变，光色的变换。①

在巴门尼德看来，伊奥尼亚的思想家们只是一些沉浸在现象世界中、被动变生灭的假象所蒙蔽、不能透视真实的存在的人，而理性的任务就是透过现象去认识本质。这样，巴门尼德对“存在”的分析中就已经暗含了现象和本质这一对对立的哲学范畴，他的理论工作实际上开启了支配整个西方哲学传统 2 500 多年的围绕现象和本质这一主题的漫长的形而上学之思。

---

① 转引自 G. S. 基尔克、J. E. 拉文、M. 斯科菲尔德：《前苏格拉底哲学家——原文精选的批评史》，聂敏里译，391 页。

【4】芝诺悖论与辩证法

巴门尼德通过他的“存在”之思将整个动变生灭的世界归于单一的“存在”，并激进地断言只有“存在”存在，即只有“存在”所断定的对象存在，而且是永恒不动地存在，而与此有别的事物的生成与消灭以及种种变化均不存在，均为虚幻。他的这一思想一经提出，就立刻招致了众多的反对。因为，一个永恒不动的本质对象世界，这超出了人们日常的经验认识，经验认识所直接把握住的总是各种各样具体变化的事物；同时，这也与伊奥尼亚学派哲学传统对世界动变生灭的重视相反对，在伊奥尼亚学派看来变化是世界的本质。这样，针对形形色色的反对意见，为巴门尼德的基本思想进行辩护，就成为埃利亚学派的一个主要任务，而这实际上也就是对巴门尼德所奠立的本质主义思想路线的更进一步的阐明。承担这个任务的就是巴门尼德的学生芝诺。芝诺明确地说，他的所有论证都是为巴门尼德的思想做辩护，都是在努力证明，巴门尼德所主张的那个永恒不动的世界的存在不可笑，相反那些反对巴门尼德的观点，主张世界是多、是运动的人们的观点才是荒唐而可笑的。从这一目的出发，芝诺写了一系列的论文来具体地反驳人们关于世界是多、是运动的观点，而他反驳的关键就是运用在巴门尼德那里刚刚成型的严格的逻辑同一律，指出只要我们坚持逻辑的原则，那么主张世界是多、是运动的人们的观点就存在着明显不可避免的矛盾。

我们首先来看记载在柏拉图《巴门尼德篇》中的一个经典的芝诺反驳“多”的论证。在那里，芝诺指出，如果我们承认世界是多，亦即承认世界上有着多种多样的、彼此差异的存在者，那么依照巴门尼德的逻辑同一律，我们的思想就不得不发生矛盾。因为，当我们承认世界上有着多种多样的、彼此差异的存在者的同时，我们也必须承认，这些存在者可以通过运用巴门尼德的逻辑同一律而被归结为一，也就是说，它们最终可以被归结为存在者这一类，它们不外乎都是存在者，从而，它们在作为存在者上是一且同一。这样，承认世界是多的思想就发生了矛盾，它不可能既坚持世界是多，亦即存在多种多样的、彼此差异的存在者，又坚持世界是一，亦即在根本上归于单一的存在。而如果矛盾是不可能的，那么存在者就不可能是多，而只能是一。①

这就是芝诺运用巴门尼德建立的逻辑同一律通过对“存在者是多”的命题的逻辑分析而对世界多样性的否定。在这里，我们就接触到了所谓芝诺的辩证法。这就是关于同一个对象，例如这里所说的存在者，建立起两个完全相反的命题，每一个命题就其自身而言都是成立的，但是因此就以其自身的绝对的肯定构成了对另一个命题的绝对的否定。这样，思维就陷入矛盾之中，而思维为了避免这个矛盾，就不得不在这两个命题之中做出一个单一的选择，承认其中一个命题的真理性，而否认另一个命题的真理性。在这里，芝诺由于在“存在者是多”的命题中发现了矛盾，于是就承认了“存在者是一”的命题的真理性。

但是，现在的问题是，假如每一个命题各自就其自身而言都是真的，而它们又都是针对同一个对象所做的判断，那么我们究竟应当做何选择呢？例如，就这里所说的存在者而言，它究竟应当是一还是多呢？当我们承认是一时，显然，它就被另一个命题所否定，因为存在者就其是具体的存在者而言无疑是多；但是，当我们承认是多时，它同样也被另一个命题所否定，因为存在者就其是存在者而言无疑是 。显然，正是在思维深入到事物的内部所面对的这种两难困境之中，我们发现，事实上，这每一个命题都是片面的，它们不是因为各自的相对性而片面，而恰恰是因为各自的绝对性而片面。事实上，存在者既不是绝对的多，也不是绝对的 ，它们正是在各自那种片面的绝对性中才陷入到彼此的反对中，但是，它们一旦建立起对自身的限制，也就是将对立面纳入自身中来，使得自身不是一

① 参见柏拉图：《巴门尼德篇》127D－E：“如果存在者是多，那么因此必然它们是既类似又不类似，但这是不可能的。因为不类似者既不能类似，类似者也不能不类似……如果不类似者类似和类似者不类似不可能，是多也就不可能。因为如果是多，就会遭受各种不可能。”（据洛布本中古希腊原文直接译出。）在这里，“类似”和“不类似”实际上就是运用逻辑同一律对事物的综合与区分，事物既可以运用逻辑同一律在共性上综合为一，也可以运用逻辑同一律在个性上区分为多。而由于多总是可以被归结为一，因此，在芝诺看来，根据逻辑同一律，说存在者是多就是不可能的，而必须说存在者是一。

个绝对的肯定，而是一个相对的肯定，即在承认存在者是多的同时也承认存在者是一，反过来，在承认存在者是一的同时也承认存在者是多，则属于存在者自身的那种具体的真理性就显露出来了。这时，我们可以合理地说，存在者既不是绝对的多，也不是绝对的一；恰恰相反，存在者同时既是多又是一，它是多和是一都不是绝对的，而总是保持在一定的限度以内。这样，我们就将我们对事物的认识保持在对立面的统一之中，这是我们在赫拉克利特那里已经揭示出来的辩证法。但是，显然，由于芝诺不能够接受思想的矛盾，他必然会因为对思想的矛盾的发现而否定多、肯定一。

因此，假如我们要对芝诺的这个论证加以评论的话，那么我们必须说，芝诺在这里实际上是以严格形式逻辑的方式揭示出我们关于对象的思维中所固有的矛盾性。这就是，针对存在者，我们既可以就其一般的共性来加以考虑，这时，存在者就作为类、同一、统一被把握住，并且建立起“存在者是一”的判断；但是，假如存在者具体的多样性不容被否认，那么有关“存在者是一”的判断就必须得到限制，从而“存在者是多”的判断就相应地必然要被建立起来。但是，这两个判断之间并不像芝诺所以为的那样，构成一种绝对的彼此否定的关系；相反，它们构成的是一种彼此限制的关系，它们通过这种彼此有效的限制，而使事物保持在由矛盾的对立统一而来的那样一种具体的生动性和现实性中。但是，芝诺显然仅仅是在一种单纯的对立与否定之中来把握这种矛盾性，因此，对于他来说，相反的判断，即“存在者是多”是不可能的，世界就只能被归于单一了。

相比于对世界的多样性的否证，芝诺对世界的运动性的否证要更为著名。在这里，他所运用的方法同他在否证世界的多样性时所采用的方法是一致的，即通过运用严格的逻辑同一律来指出，在承认世界是运动的认识中存在着矛盾，从而否定运动。根据亚里士多德的记载①，芝诺提出了四个证明，对运动中存在的矛盾现象进行了分析和论证，由此他就最终否定了运动，将宇宙万物归于静止。在这四个反驳运动的证明中，以“阿基

① 参见亚里士多德：《物理学》Z 9，238b9 以下。

里斯追不上乌龟”和“飞矢不动”这两个证明最为著名，我们通过这两个证明就可以对芝诺否定运动的思想有一个清楚的了解。

在“阿基里斯追不上乌龟”这个证明中，芝诺做了一个极为有趣的设想，他假设在《荷马史诗》中以善跑著称的希腊英雄阿基里斯正在追赶一只跑在他前面的乌龟。那么，阿基里斯能不能追上这只乌龟呢？从我们的经验来看，跑得快的当然能追上跑得慢的，这是毫无疑问的，但是经过芝诺的一番理论分析，这却成为不可能。何以然呢？芝诺指出，当阿基里斯赶到乌龟起跑的那一点时，乌龟已经向前跑出了一段路程；而当阿基里斯再赶到乌龟的下一个起点时，乌龟显然又向前运动了一段，尽管是非常微小的一段。这样的起点是无限的，因为乌龟总是在运动，而运动过程是可以无限分割的，这就决定了阿基里斯永远也不可能追上乌龟，因为他始终必须首先到达乌龟起跑的那一点，才可能继续追赶乌龟。这样一来，阿基里斯在运动吗？如果说他在运动，他怎么连乌龟也追不上呢？因此，结论必然是，运动只是假象，实际上并无所谓运动。芝诺由此就否定了运动的可能性。

在“飞矢不动”的证明中，芝诺则是通过对一支飞行中的箭的运动过程的分析否定了运动的可能性。他指出，这支箭的运动过程可以被分割成一系列的空间上的点，而飞矢在经过每一个空间点的那一瞬间无疑都可以被看作在这个点上是静止的，因而显然，飞矢在整个运动过程中的每一个点上就都是静止的，而这些静止的点累加起来还是静止，从而，这就意味着飞矢虽然看起来是在运动，但是实际上却自始至终处于静止状态。那么，运动还存在吗？显然，运动只是假象。

毫无疑问，这是一些奇怪的论证，它们的结果是令人吃惊的。通过这些论证，在我们日常经验看来是那么明显的事物的运动就被证明不过是假象而已，它没有任何真实性可言，真实的只有静止。

实际上，芝诺之所以能够做出否定运动的结论，关键在于他对运动做了基于逻辑同一律的完全机械的分割。这样，连贯的运动过程、内在紧密联系的运动过程的各个环节，要么就会被分解为一个一个的孤立的点，要么就会陷入一种连续的、无限的可分性中，而无论是哪一种情况，结果都会使运动成为不可能的。因为，从一个孤立的点无法到达另一个孤立的点，而基于连续的无限性，甚至连开始运动都是不可能的。这样，运动自然就会在根本上被证明是不可能的。所以，我们只要严格地运用逻辑同一律来对变化的世界进行分析和抽象，那么不仅变化是不可能的，而且由于变化而来的世界的多样性也是不可能的，世界最终会被归结为一个静止、单一、抽象的存在上去。

这就是我们对芝诺否定运动的论证所做的评论。但不管怎样，一个不可否认的事实就是，芝诺通过他反驳运动的论证在根本上是要维护巴门尼德所确立的本质主义的思想路线，要证明有一个绝对的、永恒的、不动的世界超出动变生灭的世界存在着，前者是本质世界，而后者是现象世界。他只不过是贯彻了巴门尼德极端反现象的本质主义立场，即通过对本质世界的存在的极端肯定而企图完全否定被归为现象的事物的动变生灭。

【5】拯救现象运动和元素论者

这样，我们说，在埃利亚学派这个极端本质主义立场的刺激下，一场拯救现象的运动就在希腊知识界兴起了。它核心的理论目标就是，如何在承认巴门尼德所奠定的形而上学本体论思想路线正确性的同时又能够有效地保存经验现象的实在性，使它们不至于像在埃利亚学派极端本质主义思想路线中那样作为假象而被否认。也就是说，人们企图既保存被视为现象的世界的动变生灭，又保存被视为本质的世界的永恒不变的存在，而方法就是用不变的本质来说明变化的现象，使它们得以被拯救。这样，在巴门尼德之后的早期希腊哲学中就兴起了所谓的“拯救现象”的运动，这是一场范围广泛的思想运动，绝大部分希腊思想家都被卷入这场运动中，其中具有代表性的思想家和思想流派有，主张“四元素说”的恩培多克勒，主张“种子说”的阿那克萨戈拉，以及以留基波和德谟克利特为代表的原子论学派。

恩培多克勒是意大利西西里岛人，主要活动的时间是在公元前 5 世纪中期，大约比巴门尼德晚 20 年。他是一个拥有多重身份的人，根据古代记载，他是诗人、哲学家、医生、政治家、先知甚至还是魔法师。恩培多克勒的思想受到了毕达戈拉斯和巴门尼德的影响，他正是从巴门尼德所开创的形而上学本体论的哲学传统出发，尝试用不同于巴门尼德学派的方法来对经验现象进行解释，这就具体体现在他的四元素说上。

简单来说，在恩培多克勒看来，既然巴门尼德已经通过他的存在之思无可辩驳地证明了变化的世界有其静止不动的本质，那么发现这一本质并用它来说明变化的经验现象也就是哲学首要的工作。基于这样的考虑，再结合早期希腊宇宙生成论传统中的思想范式，恩培多克勒便认为，构成世界的不变的基础的有四个元素，也就是他所说的“四根”，即水、土、火、气。世界上的万事万物都可以还原为这四个元素，都是这四个元素按照不同的比例关系的结合，而这种结合的消失也就构成了事物的消灭。根据这样一种解释，很显然，世界的生成和消灭以及事物的多样性就成为现象，它们实际上只是这四个元素结合或分离的结果，从而，在根本上便没有生成和消灭，有的只是四个基本元素以及它们的结合和分离。四个基本元素的结合在造成一个东西生成的同时也造成了另一个东西的消灭；反过来，四个基本元素的分离在造成一个东西消灭的同时也造成了另一个东西的生成。生成和消灭彼此循环不已，而在这生灭变幻的现象的背后是不变的四个基本元素。所以，恩培多克勒这样说：“它们从不停止连续的变换，就此而言按照循环它们永远是不动的。”① 此外，为了解释四个在本质上是不动的元素如何又能够彼此结合或者相互分离，从动力学的机制考虑，恩培多克勒在他的“四根”之外又提出了另外两个重要的原则，这就是友爱与斗争。恩培多克勒认为，正是友爱造成了元素彼此之间的结合，而斗争则造成了元素彼此之间的分离。他这样说：“它们从不停止连续的变化，时而通过友爱万物聚集为一，时而又通过斗争之憎恨每一个被分开。”② 恩培多克勒认为，正是友爱和斗争所引起的四元素的结合与分离产生了世界上的万事万物：

> 请看无处不在的炙热、明亮的太阳，
> 而你也看到沐浴在灿烂与光线中的神圣事物，

①② 转引自 G. S. 基尔克、J. E. 拉文、M. 斯科菲尔德：《前苏格拉底哲学家——原文精选的批评史》，聂敏里译，447 页。

在万物之中的雨水黑暗又冰冷；
从土中流出有根和坚固的东西。
在仇恨中它们全都是殊异而两分的，
而在友爱中它们又走到一起并且彼此渴望。
由它们构成了一切过去存在、现在存在和今后存在的东西，
树木萌发，男人和女人，兽类和鸟儿，由水滋养的鱼儿，
以及长生的、无上荣耀的众神。
因为就是这些东西，彼此贯通
生成不同样式的东西；混合最终变化了这么多。①

这样，通过运用水、土、火、气这四个基本元素以及友爱和斗争所产生的结合与分离的运动，恩培多克勒就在坚持和维护巴门尼德所奠定的形而上学本体论思想路线的基础上解释了经验世界的变化和生灭，解释了经验世界的多样性，使这一切能够作为被合理解释的现象保存下来。

恩培多克勒的“四元素说”毫无疑问是一种宇宙生成论，因为，它关注的是宇宙的生灭变化，并企图为它提供解释。但是，我们说，这又是一种全新的宇宙生成论。它和早期希腊宇宙生成论的根本不同之点就在于，它是站在巴门尼德所奠定的形而上学本体论的平台上来思考和解释宇宙的生灭变化的，与早期希腊宇宙生成论肯定世界的生灭变化，把它看成世界的根本原则不同，这种新的宇宙生成论实际上是不承认世界的生灭变化的，它用元素的结合与分离来解释宇宙的生灭变化，看起来像是使宇宙的生灭变化得到了保存，实际上却是以一种巧妙的方式取消了宇宙的生灭变化，代之以为数不多的几个元素的简单运动。对此，恩培多克勒自己是有着非常清楚的意识的，他从他的新理论出发，针对传统的把万物看成有生有灭的观点，明确地这样说：

我将告诉你另一件事：出生不属于任何一个
有死者，也没有任何终结属于可憎的死亡，

① 转引自 G. S. 基尔克、J. E. 拉文、M. 斯科菲尔德：《前苏格拉底哲学家——原文精选的批评史》，聂敏里译，457 页。

而是唯有混合和混合者的交换
存在，而出生由人命名给那些东西。
当它们按照人被混合来到空气中
或者按照野兽的种类或者按照植物
或者按照鸟，这时他们就说这个在生成，
而当它们被分开，便又说这是不幸的厄运；
他们不是按正确的来称呼，而就连我自己也按照习俗。
傻子们：因为他们没有深谋远虑的思想，
他们以为那从前不存在的在生成
或者一个东西死掉了而且彻底被毁掉了。
因为从绝不存在中无法生成
而存在被毁掉也是无效的和不可听闻的；
因为，只要有人将它永远固定，它就将永远在那里。①

很清楚，在这里不仅生成与消灭被明确否定了，而且人、动物、植物的存在也被明确为只是各种元素混合的产物，真实的是各种元素及其混合，而并不是人、动物或植物。恩培多克勒承认，我们只是按照习俗才能够谈起它们的生成与消灭。同时，值得我们重视的是最后几句话，因为，正是在这几句话中，很显然，恩培多克勒重复的不过是巴门尼德的思想。因为，正是在著名的残篇8中，巴门尼德这样说：

但存在者怎么可能在以后存在呢？又怎么可能被生成呢？

因为如果它曾被生成，现在便不在，如果它将要存在，现在也不在。

这样生成便消灭了，而毁灭也不可听闻。②

显然，正是根据这种表达方式上的高度的相似性，我们可以断定恩培多克勒对巴门尼德思想的继承关系，他正是在巴门尼德所开创的形而上学本体

① 转引自G.S.基尔克、J.E.拉文、M.斯科菲尔德：《前苏格拉底哲学家——原文精选的批评史》，聂敏里译，453～454页。

② 转引上书，386页。

论的思想路线之后来展开自己的哲学活动的新一代思想家，他实际上改变了早期希腊宇宙生成论的基本思想模式，形成了一种解释宇宙生成变化的自然哲学的新模式。这个模式的影响有多么深远，我们只要看看经典物理学的原子理论就清楚了。

如果我们对恩培多克勒的思想有了这样深入的认识，那么阿那克萨戈拉和原子论学派的观点也就不难理解了，他们实际上都采用了类似于恩培多克勒的新宇宙生成论模式来解释宇宙的生灭变化，只不过在具体的理论构造上有所不同而已。

阿那克萨戈拉是小亚细亚的希腊城邦克拉佐美奈人，他年纪比恩培多克勒稍大，但是开始哲学活动的时间要晚于恩培多克勒，正是从他开始，希腊哲学又再次从意大利回到了伊奥尼亚。他是把哲学带到希腊本土雅典的第一个哲学家。他于公元前480年左右来到雅典，在雅典待了近30年，在那里开展他的哲学活动。由于他的自然哲学思想和雅典的宗教传统不合，在大约公元前450年他被雅典人所驱逐。据亚里士多德所说，当有人问他为什么要选择生而不是不生时，他说："为了思考天和宇宙的整个秩序。"①

阿那克萨戈拉有许多在他那个时代惊人的天文学思想。他是最早明确地提到月亮的光芒来自太阳的哲学家，同时也是最早认识到月蚀原因的哲学家。他这样说："月亮没有自己的光，而是得自于太阳。……当大地遮挡时，月亮就发生了蚀……"② 他还根据他对陨石的观察，明确地指出在希腊人心目中的太阳神以及各个神圣的星辰实际上只是燃烧的石头。③ 他认为月亮不仅是土做的，而且在它上面还有平原和山谷。④ 对于今天的我们来说，也许他的天文学思想中最令人感到吃惊的是，他认为宇宙中有无数个世界存在，在这些世界中有着与我们相同的人和相同的生活。他这样说：

---

① 参见亚里士多德：《欧德谟斯伦理学》1216a13－14。

② 转引自G.S.基尔克、J.E.拉文、M.斯科菲尔德：《前苏格拉底哲学家——原文精选的批评史》，聂敏里译，601~602页。

③④ 参见上书，601页。

……人和其他有灵魂的动物被构造出来了。城邦为人所共同居住了，田地被建造了，就像在我们这里一样，而且他们也有太阳、月亮和其他东西，就像在我们这里一样，并且大地为他们生长许许多多各种各样的东西，他们将其中有益的东西收获进家里加以利用。①

这就是希腊天文学和宇宙论在阿那克萨戈拉这里所达到的成就，它确实是几乎令人难以置信的。

阿那克萨戈拉主要的宇宙生成论思想就是他所提出的“种子说”。这个理论和恩培多克勒“四元素说”的差别仅在于，它没有把宇宙万物的生灭变化归结于四个元素，因为在阿那克萨戈拉看来，仅凭四个元素的结合与分离不足以解释宇宙万物千差万别的多样性。他认为，宇宙万物是由无数同质的微粒，也就是他称为“种子”或同素体的东西混合而成的。这些微粒的性质各不相同，但是每一个就其自身而言在性质上都是单纯的。由于它们小到了极致，并且彼此均匀地混合在一起，因此，无论就它们每一个来说还是就它们的混合所造成的那个原始的混合体而言，其性质都是难以分辨的。只有当其中相同性质的微粒以很大的数量聚合在一起，在那个原始的混合体中占据了绝对的优势，大到可以被我们知觉的程度，具有特殊性质的事物才表现出来；但就是这样，其中也还是蕴涵着所有其他性质的微粒，只不过在数量上不占优势而已。所以，阿那克萨戈拉的一个很重要的观点就是：万物混同，一切在一切之中。他这样说：

万物一体，多也无限，小也无限；因为，就连小也是无限的。当全部存在者是一体时，由于微小，没有一个是明显的。②

而且既然大的和小的部分在数量上是相等的，这样，一切也就会在一切之中；它们也不可能分离存在，而是一切分有一切的部分。③

这样，阿那克萨戈拉就构造了一个由他所设想的数量无限多、体积无限小

① 转引自 G. S. 基尔克、J. E. 拉文、M. 斯科菲尔德：《前苏格拉底哲学家——原文精选的批评史》，聂敏里译，598 页。

② 转引上书，564 页。

③ 转引上书，578 页。

的种子或同素体所构成的原始的混合体，它是无生无灭的，生成和消灭不过是这些种子的彼此的结合与分离而已。也就是说，当一类性质的种子在数量上聚集到了一定的程度，一个具体的事物就生成了，而当另一类性质的种子在数量上聚集到一定的程度，取代了前一类性质的种子在数量上的优势，这个事物就表现为性质的变化或者事物本身的消灭。由于原始混合体表现为无数种子的结合与分离，从而，它也就表现为整个宇宙范围内的生成和消灭。所以，阿那克萨戈拉在某种意义上又重新恢复了阿那克西美尼的基于气的疏散和凝聚的宇宙生成论的模式，例如，在谈到宇宙生成的开端时，他这样说：

> 浓厚、潮湿、寒冷与阴暗聚集在这里，这里现在是土，而稀薄、温暖、干燥（与明亮）散开到以太的更远处。
>
> 从这些被分开的东西中大地凝固；因为从云中水被分开，从水中土被分开，从土中石头被寒冷所凝固，而它们散开得远甚于水。①

在这里，如果我们读得稍微粗糙一些，我们还以为是阿那克西美尼在重新开口讲话呢。因为，阿那克西美尼也讲过类似的话，说气的疏散是火，气的凝聚是风、是云，而云的凝聚就会产生水、产生土甚至产生石头。我们绝不能够时序倒错地从基本物质元素的角度来理解阿那克西美尼的气，他的气在更多的意义上只是宇宙整体变化的物质形态的体现，他的疏散与凝聚仅仅是就变化整体所赖以进行的运动机制而言的，而不是就元素的结合与分离而言的。而阿那克萨戈拉却是活动在巴门尼德以后的形而上学本体论的平台上的，从而，他讨论的不是变化以及如何变化，而是不变的本质和如何用不变的本质来解释变化的现象。所以，如同恩培多克勒一样，阿那克萨戈拉也同样是否定生成和毁灭的真实性的，他这样说：

> 希腊人对生成和毁灭认识得不正确；因为无物生成也无物毁灭，而是来自存在物的混合和分离。因此将生成称作混合、毁灭称作分离

---

① 转引自 G. S. 基尔克、J. E. 拉文、M. 斯科菲尔德：《前苏格拉底哲学家——原文精选的批评史》，聂敏里译，587 页。

就有可能是正确的。①

这当然依旧是对巴门尼德否定生成与毁灭的思想的重述。因此，我们可以确定地说，巴门尼德的存在之思奠定了希腊思想乃至西方思想之后发展的基本模式。在巴门尼德之后，西方思想家要离开一个有关基本存在的形而上学本体论的平台来进行思考，是非常困难的。

实际上，在哲学史上，阿那克萨戈拉更为人们所称道的是他第一个提出了 νοῦς（“心灵”）这个概念。他不仅用这个概念从动力学的角度说明种子微粒的结合与分离是怎样发生的，以此来解释世界的物理的形成过程，而且还用这个概念来强调这一过程的理性秩序甚至理性知识的内涵。具体来说，阿那克萨戈拉认为，所有的事物都是彼此混合、一切在一切之中的，但只除了一种东西，这就是心灵。只有心灵是不与其他东西相混合而独立存在的，所以，“它在一切事物中是最精细、最纯粹的”②。阿那克萨戈拉认为，正是心灵自身的旋转引起了宇宙中其他东西的旋转，而正是宇宙的这一旋转运动造成了我们前面所谈到的无数种子的结合与分离，和宇宙范围内的万事万物的生成与消灭。这样，毫无疑问，阿那克萨戈拉的心灵便首先具有物质的内涵，它并不是像现代心灵哲学中的心灵概念那样仅仅具有思维的内涵。阿那克萨戈拉使用这个概念，一方面是要从物理的方面来说明世界生灭变化的原因。但是，另一方面，阿那克萨戈拉又并不拒绝心灵这个概念自身所具有的思维的内涵。他不仅说它“具有关于一切的所有知识”③，而且说它“知道一切混合的东西、分开的东西和分离的东西”④，也就是说，在这里他强调的恰恰是心灵思维的、认知的功能，他赋予它具有理性知识的内涵。而我们说恰恰这一点是重要的，因为这使得心灵在作为一种物质存在的同时也具有思维的存在，同时，也使它摆脱了仅仅从动力学的角度来对宇宙的生灭变化加以说明的片面性，而具有对宇宙的生灭变化从其理性秩序的角度来加以解释的功能。因此，阿那克萨

---

① 转引自 G. S. 基尔克、J. E. 拉文、M. 斯科菲尔德：《前苏格拉底哲学家——原文精选的批评史》，聂敏里译，565～566 页。

②③ 转引上书，574 页。

④ 转引上书，575 页。

戈拉就心灵的这一内涵才这样说："凡是过去将要存在、曾在、现在以及将在的一切，心灵都予以安排，也包括星辰、太阳、月亮、气、以太这些分开的东西现在所旋转的那种旋转。"① 这样，同恩培多克勒单纯作为动力学原则的友爱与斗争相比，阿那克萨戈拉的"心灵"概念包含了更丰富的内涵，通过这个概念，对世界从理性原则的角度来加以说明的任务便提上了议事日程，它直接导致了后来的苏格拉底和柏拉图对事物的定义即形式因的哲学追求。

最后，我们来谈谈原子论学派。这个学派有时又被称作阿布德拉学派，因为它的两个主要代表——传说中的留基波和德谟克利特——都是阿布德拉城邦的人。现存留基波观点的来源多少有些不可靠，所以我们主要谈的就是德谟克利特基于原子论的宇宙生成论。

德谟克利特可以说是古代世界第一位百科全书式的哲学家。从保存下来的他著作的目录来看，举凡当时人类知识的各个领域，他都有过深入的研究。他通晓物理学、伦理学、数学、天文学、气象学、解剖学、地质学、地理学，等等。据第欧根尼·拉尔修记载，"他曾前往埃及向那里的祭司学习几何学，也曾前往波斯拜访迦勒底人，并抵达过波斯湾。……他还同印度的裸体派哲学家相熟，并前往过埃塞俄比亚"②。他的哲学就是建筑在这广博的经验之上的。他比阿那克萨戈拉小 40 岁，从而，研究者推算他大约出生在公元前 460 年，这样，相比于出生于公元前 469 年的苏格拉底，他就大概小了 10 岁。而他的寿命又很长，有的说法甚至说他活了 109 岁。如果是这样，那么他就不仅活动在与苏格拉底同时，而且在很大一部分时间上甚至与柏拉图相重叠。一个古代记载也证明了这一点。这个记载说他曾经到过雅典，并且知道苏格拉底，而苏格拉底不知道他，因此，他留下了这样一句话："我到过雅典，但无人认识我。"③ 而另一个古代记载则说，"柏拉图曾想烧毁他所能收集到的德谟克利特的所有著作，

① 转引自 G. S. 基尔克、J. E. 拉文、M. 斯科菲尔德：《前苏格拉底哲学家——原文精选的批评史》，聂敏里译，575 页。

② 第欧根尼·拉尔修：《名哲言行录》1.13，徐开来、溥林译，900～901 页。

③ 同上书，901 页。

但毕达哥拉斯学派的阿密克拉斯和克雷尼阿斯阻止了他，说那样没有任何用处，因为那些书早已经广为流传了”①。这样，如我们前面已经说过的，虽然德谟克利特被归于前苏格拉底哲学家，但是按照他哲学活动的实际时间，他并不在苏格拉底之前，相反，甚至还在苏格拉底之后，因为在苏格拉底于公元前399年去世时，他才61岁。而就他著作的广博和成熟而言，我们甚至更应当把他的思想成就归属于古典希腊哲学的总范畴之列。柏拉图以德谟克利特的哲学作为自己的一个强大对手，就是充分的证明。

在德谟克利特的自然哲学著作中，有两本著作最为重要，这就是《大系统》和《小系统》，原子论学派宇宙生成论的主要观点就记载在其中。同恩培多克勒和阿那克萨戈拉的宇宙生成论相比，德谟克利特更为彻底地贯彻了巴门尼德的理论原则，将纷繁复杂、形态万殊、生灭流转的事物全部归结为两种最为简单的本原——原子（存在）和虚空（不存在）。原子是没有任何性质的、不可分割的因而在体积上无限小的空白质点，它的希腊文ἄτομον本义就是指不可分割者，唯一能够区别它们的就是它们的大小和形状。它们在虚空中相互碰撞，这种碰撞所造成的涡旋运动以及由此而来的彼此的结合与分离产生了我们通常所见的各种事物以及这些事物的生灭变化。经验事物在性质上的差异是由构成它们的原子的数量和形状所决定的。虚空既为原子的运动提供了空间，又为原子的排列组合提供了空间。这样，原子和原子活动于其中的虚空就构成了事物的不变的基础，而涡旋运动所造成的原子在虚空中的一定的排列组合的必然性就构成了我们经验中的各种具体事物的运动、变化和生灭。德谟克利特以此便解释了所有的经验现象，同时也就把一切都归于经验现象，除了原子和虚空。因此，针对各种经验事物的性质，德谟克利特才这样说：“在习俗上是甜的，在习俗上是苦的，在习俗上是热的，在习俗上是冷的，在习俗上是颜色，但在实际上是原子和虚空。”② 这样，以世界上纷繁复杂的事物

① 第欧根尼·拉尔修：《名哲言行录》1.13，徐开来、溥林译，904～905页。

② 转引自G.S.基尔克、J.E.拉文、M.斯科菲尔德：《前苏格拉底哲学家——原文精选的批评史》，聂敏里译，649页。

的多样性为一端作为现象，以原子和虚空这两种最简单的原则为一端作为本质，德谟克利特的原子论就做到了巴门尼德的哲学所不可能做到的事情，这就是解释了世界的运动、变化和生灭，使它们作为被本质合理解释过的现象得到了拯救。

实际上，在巴门尼德的埃利亚学派之后，希腊思想的一个重要理论工作就是，如何用不变的东西来解释变化的东西，如何将变化最终归结于不变。以恩培多克勒、阿那克萨戈拉和原子论者为代表的元素论者们尝试用不变的物质元素来对变化的世界进行解释，而我们后面将会看到，苏格拉底、柏拉图和亚里士多德则走了另外一条不同的路线，这就是尝试用不变的形式法则来对变化的世界进行解释。这就是发生于公元前 5 世纪初的那场拯救现象的运动。这场运动从根本上改造了早期希腊的宇宙生成论，在一种本体论的新框架下形成了全新的宇宙生成论模式，以后发展起来的自然哲学甚至自然科学都是在这个模式上展开的，而本质与现象这一对属于形而上学基本范畴的概念也就构成了西方思想的一个恒常主题。因此，我们才说，巴门尼德所奠定的形而上学本体论传统彻底改变了希腊思想的格局，是希腊思想乃至西方思想的转折点。

第三章　智者运动

【1】公元前 5 世纪的希腊社会

早期希腊宇宙生成论传统和巴门尼德所开创的形而上学本体论传统奠定了古希腊哲学基本的思想格局，古希腊哲学以后的发展可以说都是在这两个传统的基础上对它们进行综合、改造的结果。发生于公元前 5 世纪下半期的智者运动并不构成早期希腊哲学的第三种传统，但是却构成了从早期希腊哲学向古典希腊哲学也就是苏格拉底以后的哲学转变的关键环节，从而也就需要我们特别注意，它也是历来古希腊哲学研究的一个重点。

但是，在对智者运动所涉及的主要哲学问题进行讨论之前，我们首先应当对智者运动所处的公元前 5 世纪希腊社会的生活及其特殊的思想氛围有一个具体的了解，由此我们才能够深入地领会这场运动的内在精神实质，以及其中所产生的哲学问题的真正内涵。

智者运动是发生在公元前 5 世纪中期到公元前 4 世纪初期的一场希腊理智变革运动，而这个时期也是希腊历史的一个特殊时期。对于这个时期，如果我们予以简单的概括，就是繁荣与危机并存，兴盛与衰败交错。为什么这样说呢？因为，就是在这一时期，在公元前 449 年，希腊人和波斯人签订了《卡利阿斯和约》，从而，从公元前 500 年开始，延续了 50 年的希波战争以希腊人的胜利而宣告结束，希腊取得在爱琴海地区的霸权。这一胜利给希腊人无论在精神上还是在物质上都带来了巨大的收益，从而希腊城邦生活步入它的全盛时期。但也正是在这个过程中，由于利益的角逐，希腊逐渐分成了以斯巴达为代表的传统的陆上势力集团和以雅典为代表的新兴的海上势力集团，这两个集团明争暗斗，最终在公元前431年引发了希腊民族全面的内战，即伯罗奔尼撒战争。这场规模空前的内战持续了27年，于公元前404年以雅典的战败和投降而告终。这样，伯罗奔尼撒战争就标志着希腊城邦社会的衰落。由此，我们就清楚地看到，正是希波战争的胜利和伯罗奔尼撒战争的爆发这两个标志性事件，深刻地揭示了公元前5世纪中期到公元前4世纪初期希腊社会生活的特殊性。

希波战争的胜利给希腊带来的利益是空前的，不仅原先在小亚细亚的殖民地得到了恢复，而且，由于在亚洲方面失去了主要的竞争者以及对整个地中海、黑海航路的控制，希腊在海外的殖民利益得到了空前的扩张，从而也就促发了希腊大陆本土城邦工商业的迅速繁荣和发展。雅典正是在这个过程中崛起的，并且由于自己在整个希波战争中建立的卓著功勋和获得的实际权力而成为希腊新兴城邦集团当然的、无可争辩的盟主与领袖。

工商业的发展带来的是希腊整个城邦生活的空前繁盛和活跃，同时也对旧的城邦体制产生了巨大的冲击。旧的、以门阀世家为主的贵族政治体制瓦解了，而以工商业阶层为主的民主政治体制纷纷建立起来。随着工商业生活的繁盛，享乐的、私人的生活也得到了发展，原先那种宗族的、宗法的生活被活跃的个人生活所取代，或者说暂时退到了幕后。显然，随着政治制度、社会生活的这种种变化，道德的、习俗的、宗教的、文化的、思想的、观念的种种变化也就随之发生。这样，我们看到，在民主的理念、个人价值的理念被广泛传播的同时，享乐主义的观念、利己主义的观念、强权政治的观念、霸权主义的观念也迅速发展起来。总之，这是一个旧的生活体制瓦解、新的生活体制涌现的时代，但是由此也是一个危机四伏的时代。

工商业的繁盛首先引起的是希腊城邦内部由于海外利益的争夺而频频爆发的战争，这样，我们看到了雅典以提洛同盟为手段对其他同盟城邦在经济上的掠夺和控制，也看到了雅典对其他竞争的城邦例如埃癸那①所进行的毁灭性的战争。但是，更重要的是，以雅典为代表的新兴的城邦集团直接损害了在政治上传统保守的城邦的利益，这首先就是斯巴达在希腊大陆本土的传统利益。这样，斯巴达就和其他传统城邦联合在一起，并且也和新兴的城邦集团中固有的保守政治力量联合在一起，同以雅典为首的城邦联盟展开了旷日持久的战争。这场战争以传统的政治势力战胜了新兴的政治势力，在各个城邦建立起了寡头制的政权而告终，而之后希腊这个曾经称雄于地中海的、城邦文明的中心也就黯然退出了世界历史的舞台。

因此，以希波战争和伯罗奔尼撒战争为标志的希腊社会所经历的就是一次深刻的社会变革，而构成这场变革的关键就是在海外利益刺激下城邦工商业的发展。随着工商业的发展，个人开始从依附于某个整体的、旧的宗法制的社会关系中慢慢解放了出来，新兴的私人生活逐渐取代了古老的宗族生活。这是具有重大历史意义的现象，它造成了古代世界的动荡，不仅使社会生活发生了深刻的变迁，而且由此也对人们的价值观和世界观产生了巨大的冲击。

我们可以看看当时的文学家是怎样表现这一时期希腊的社会生活和精神生活的，从中我们便可以一窥高高在上的哲学思想的世俗起源。

我们所选择的就是古希腊著名喜剧家阿里斯托芬的《云》。撇开其略嫌老套的情节安排和难登大雅之堂的搞笑手法，引起我们关注的是作者以拟人方式虚构的一场发生在传统习俗和当代时尚之间的辩论。作者的立场和好恶是明显的，他把代表传统习俗的逻辑叫作“正直的逻辑”，把代表当代时尚的逻辑叫作“歪曲的逻辑”。他让“正直的逻辑”这样来描述昔日风俗淳厚的生活：

---

① “我们必须记住，雅典的霸权在其极盛时期需要在希腊的其他地方付出巨大的牺牲，即使像埃癸那这样的著名城邦也开始拒绝成为其霸权的一个部分，成为雅典的绊脚石。那时候埃癸那十分繁荣，气势很盛；它十分富有，拥有很多三列桨舰船，还有很多重要的艺术作品；但是它与雅典的敌意由来已久，很难判断孰是孰非。在公元前457年，雅典人来了，蹂躏了这个岛屿，从城镇强行征税，后来驱逐了那里的居民，代之以来自阿提卡的殖民者。”（布克哈特：《希腊人和希腊文明》，王大庆译，298页，上海，上海人民出版社，2008）

> 我要谈谈旧时代所制定的教育：那时代我很成功地传授正直的德行，人人都遵守贞洁、谨慎、廉耻和节制。首先一层，孩子们不许说话只许听；甚至大雪天，同区的学生都只穿着贴身衣集合得整整齐齐，一同穿过大街前赴乐师家里。他们在那儿张开腿站着，学习唱歌，不是唱“远扬的战歌”，便是唱“可畏的毁灭城堡的雅典娜”，大家的声调都很和谐，这和谐原是由他们的祖先传下来的……①

如果我们不计较文学家的言辞缺乏深度，那么我们必须承认，这是一段极富表现力的描述，它用具体的细节将古代生活栩栩如生地展现了出来。稍一分析我们就能发现，这个社会强调服从，崇尚权威，越是古老的东西越具有崇高的价值。个人是不重要的，整体和这种整体价值的抽象人格代表——祖先——才是重要的。从社会学的角度来看，很明显，这是一个典型的传统社会，一个一切价值只诉求过往的社会。但这样的社会现在却遇到了挑战，它必须面对来自当代时尚的反驳。

也许是由于作者立场的缘故（阿里斯托芬明显是保守派），作为反方的“歪曲的逻辑”的辩论是苍白无力的，但就是这样，作者也不得不安排那典雅庄重的“正直的逻辑”败下阵来，起到瓦解作用的不是别的，就是享乐。我们知道，个人主义不等于享乐主义，但是享乐却无疑是最具个人性的。作为保守派，阿里斯托芬不可能理解个人生活的兴起所具有的历史意义，因此，他只能从享乐的水平上来理解这种新兴的、瓦解传统权威的个人生活。他让“歪曲的逻辑”这样说：“年轻人，你想节欲有什么意义，你不能享受一切的快乐；没有娈童、女人，没有酒，没有食，没有笑，缺少了这些乐趣，你的生命还有什么价值?”② 也许这样的辩驳确实是苍白的，但它直接诉诸个体生命的价值以及个体生命的体验——这是传统习俗向来所忽略的，因而在这样的辩驳之下，那古老的、高尚的习俗便瓦解了，作者让它这样说道：“我失败了！你们这些淫邪的人啊！快接受

---

① 阿里斯托芬：《云》，960—972，见《阿里斯托芬喜剧集》，罗念生译，221页，北京，人民文学出版社，1954。

② 阿里斯托芬：《云》，1066—1082，见《阿里斯托芬喜剧集》，罗念生译，225页。

我的外衣，我要来加入你们！”① 这无疑是讽刺性的一笔，作者对时代的全部愤懑与不满溢于言表。

阿里斯托芬的喜剧可以说是对公元前5世纪雅典社会生活所发生的深刻变化的生动写照。对于整个希腊世界来说，这种变化是具有代表性的，其他的希腊城邦多多少少也正在发生着同样的变化。如果我们深究其原因，那么我们就必须承认，正是工商业的发展以及随之而来的工商业阶层社会地位的迅速上升造成了传统社会结构的根本变化，进而使建立在宗法家族联合基础上的古代希腊城邦制度失去了存在的基础，开始逐渐走向没落。社会生活、道德风尚的种种变化即根源于此。因此，和通常所认为的伯里克利时代是雅典的黄金时代，而民主制带来了雅典的繁盛这一观点相反，我们的观点是，伯里克利时代是古代希腊城邦制度由盛而衰的转折点，民主制从根本上瓦解了城邦制度。

【2】智者运动及其基本问题

这些便是公元前5世纪希腊社会生活所经历的特殊变化，很显然，社会生活的种种变化必然要在思想观念层面上反映出来。这样，在公元前5世纪中期，在希腊知识界可以看到的一个引人注目的新现象就是，在希腊各个城邦广泛地出现了一批新型的知识分子，与传统的知识分子多出身世家大族、主要在一个固定的城邦从事往往带有神秘色彩的哲学活动不同，他们出身并非世家大族，也并不定居于某个城邦，而是游走于希腊世界各地，在各个城邦开科授徒，招徕听众，靠收取学费来维持生活、积累财富。他们向公众传授关于辩论、诉讼、演讲、修辞的技巧以及有关城邦治理和家政管理的新知识，并且积极参与当地的政治活动，在公开场合宣讲自己关于宇宙、人生以及人神关系的新看法，也包括关于城邦政治、法律和道德的新看法。由于他们观点的新颖、独到，并且具有强烈的反传统色彩，他们的学说一经传播便立刻引起了轰动，形成了一股席卷整个希腊世

---

① 阿里斯托芬：《云》，1097－1104，见《阿里斯托芬喜剧集》，罗念生译，226页。

界的新思潮。这批人被时人称作σοφίστης，也就是所谓的智者，而他们所掀起的这场思想运动也就被称为智者运动。

可见，智者运动是和当时希腊世界高涨的民主运动以及迅速发展的工商业生活紧密联系在一起的，它从思想观念的层面上冲决着旧有的种种习俗、风尚、法律、制度，表达新的人生观和价值观。在这里，如果我们列数这些智者，那么有名的智者有普罗泰戈拉、高尔吉亚、普罗狄科、希庇亚、安提丰、卡利克勒斯、色拉叙马库斯，等等，他们各自所持有的立场观点不尽相同，但是他们都擅长辩论，多以教授修辞术为业。

这样，我们就一般地了解了智者运动出现的具体社会历史背景和思想状况，在此之后，我们就可以从思想内部来观察这个时期在哲学层面所产生的一些重要问题。

我们说，巴门尼德所奠定的形而上学本体论传统开辟出了一条本质上是先验主义的思想路线，它仅仅从思维出发，将经验世界的变化看成现象，转而去寻求思维所关注的绝对唯一的东西，并把它看成现象背后不变的原则，用这些原则来对变化的现象进行说明和解释，最终将变化的世界归于不动。我们说，这是希腊理智史上的一个重大转折，它将人们的思维由一种经验直观的思维导向了一种纯粹逻辑推理的思维，由对具体经验现象的把握转为对一个逻辑的对象世界的先验建构。这当然意味着人的思维能力的深化和发展。但是，由此一来，也就产生了一个非常重要的、实际上是认识论的问题，这就是：既然我们通常的思维正是经验性质的，它完全活动在各种经验的局限性中，特别是活动在经验认识所特有的主观性和片面性中，那么我们如何能够摆脱这些经验认识的局限性而达到对那个永恒的、不动的、本质上是先验的对象世界的认识呢？更进一步，我们作为经验思维的人是否具有那种非经验的、实际上是先验的认识能力呢？再进一步，那个通过运用系词“是”而断定出来的本质世界是否真实呢？巴门尼德所说的那个永恒不动的存在是否仅仅是理智的一种虚构呢？我们说，这些就是在巴门尼德及其后学宣布有一个永恒不动的本质世界存在，它是我们认识的唯一目标之后，随着希腊社会生活的进一步发展和变化，人们从思想内部针对它所提出的无疑具有挑战性的问题。显然，如果不解决这些问题，巴门尼德所奠定的形而上学本体论传统就会遭到根本的倾覆，而思想在巴门尼德所开辟出来的这条先验主义路线上的进一步深入和发展将成为不可能。

无疑，巴门尼德自己并没有意识到这一问题，他通过对系词“是”的用法的逻辑分析而独断地断定有这样一个属于思维先验运思的本质对象世界，它不仅作为认识的真理目标而存在，而且本身就是永恒不动的，从而，他丝毫没有考虑到我们如何认识以及能否认识的问题。至于他的后继者，如恩培多克勒、阿那克萨戈拉、原子论学派，虽然已经多多少少从认识论的角度触及了这个问题，但是由于对这个问题的广度和深度认识不足，因此在这个方面也没有提供更多的深刻思考。但是，智者学派在哲学史上的意义就在于，充分意识到了这个问题的重要性，把这个问题作为一个核心的、根本的问题提了出来，并且在最普遍、最广泛的范围上阐发了这个问题的内在意义，用基于主观主义和感觉主义的认识路线来质疑甚至否定巴门尼德所开辟的那条先验主义的思想路线，由此也就造成了巴门尼德所开创的形而上学本体论新传统内在的严重理论危机。这也就激发了苏格拉底、柏拉图、亚里士多德更为深入、更为系统、更为全面的思考，以回应智者学派提出的挑战，捍卫巴门尼德开创的这一新传统，由此才达到希腊形而上学本体论传统的顶峰，结出真正的体系性的硕果。这就是智者运动在希腊理智史上的真正意义，它实际上是希腊理智的深化，它以否定的方式推动了希腊思想朝着形而上学体系化的方向发展。

但是，由此一来，首先需要解决的问题就是：针对巴门尼德所开辟的先验主义思想路线，智者学派是怎样从认识论的角度提出自己的问题并对此加以质疑的？在这里，我们就涉及了普罗泰戈拉“人是万物的尺度”的学说和高尔吉亚著名的三个否定“存在”的命题。

【3】普罗泰戈拉与“人是万物的尺度”

普罗泰戈拉是智者运动时期的头号智者，同时也可以说是最老的一批智者之一，在当时的希腊世界享有极高的声誉。他的鼎盛年约在公元前441年，据此我们可以推算他大约出生在公元前481年，比苏格拉底大了约10岁。从柏拉图的对话作品中可以看出，苏格拉底对普罗泰戈拉是十分尊重的。普罗泰戈拉是原子论故乡阿布德拉人，据说他早年做过搬运工，德谟克利特看到他捆绑柴捆很有技巧，就把他收为学生。他写有很多著作，例如《论城邦》《论德性》《相反论证》《论命令句》等，这些著作广泛涉及了政治学、伦理学、修辞学、语言学的内容。而“人是万物的尺度”的命题就是在他的题名为“论真理”的著作中第一次得到阐发的。

这个命题在塞克斯都·恩披里柯的《皮罗学说概要》一书中有过较为详细的记载。在那里，塞克斯都·恩披里柯这样说：“普罗泰戈拉认为，人是万物的尺度，既是是者说它是的尺度，也是不是者说它不是的尺度。”然后他进一步解释说：“尺度是指标准，物是指事情。正像可以说人是所有事情的标准，既是是者说它是的标准，也是不是者说它不是的标准。因此，他也就设置了单独针对每一个人的现象，并且引入了相对者。”① 而类似的话也在柏拉图所写的对话作品中得到了证实，例如《泰阿泰德篇》，在那里，苏格拉底不仅指出普罗泰戈拉提出过这一命题，而且还举了一个具体的例子来说明这个命题，他说：“每一个事物这样对我显现，它对我就是这样，而那样对你显现，它对你又是那样；而你和我都是人。他不就是这样说的吗？……但是，或许智慧的人不是在讲蠢话；因此就让我们紧紧跟随他。难道不是有时候当同样的风在吹，我们当中这个人感到冷，而那个人则不然吗？而且这个人略微感到冷，而另一个人则格外感到冷。……那么这时我们说这个风它本身在其本身究竟是冷的还是不冷的？还是我们将为普罗泰戈拉所说服，认为对于这个感到冷的人是冷的，对于那个不感到冷的人则是不冷的？”② 最后，苏格拉底对这一命题提出了强烈的质疑，说：“但对于这一论证的开始我感到惊奇，为什么他在开始《论真理》时不说野猪、狗头怪或其他有感觉的东西中更奇怪的是万物的尺度。”③

这样，通过上面这些材料，我们现在对普罗泰戈拉的这个命题就有了

① Hermann Diels, *Die Fragmente Der Vorsokratiker*, Zweiter Band, Berlin, Weidmannsche Buchhandlung, 1922, S. 223.

② 柏拉图：《泰阿泰德篇》152A－B。据洛布本中古希腊原文直接译出。

③ 柏拉图：《泰阿泰德篇》161C。据洛布本中古希腊原文直接译出。

更为正确的理解。它显然不能够被认为是在说人类是宇宙的中心，暗含了人类主体意识的觉醒。像这样一个明显具有现代思想痕迹的人类中心主义的观念是生活在公元前5世纪的希腊思想家所不可能具有的。事实上，如上述材料所明确指出的，这个命题不过是在宣扬一种基于人的主观感觉经验的相对性的认识上的相对主义。也就是说，根据这个命题，并不存在什么绝对、唯一、普遍、永恒和客观的东西。每一个人，由于自己认识能力、认识方式、认识角度的不同，事物就向他表现出不同的面目，呈现出不同的状态。在这里，没有任何一个人能够超越自己认识的主观经验的局限性，而达到对客观实在的正确认识。事实上，个体的主观感觉经验构成了每一个人判断对自身有效的真理的尺度和标准。这就是普罗泰戈拉这个命题的真正内涵。显然，这是一种主观主义、感觉主义的认识论，它的相对主义的特征是明显的。按照这样一种从每一个人的主观感觉经验出发的认识论的标准，显然，不仅关于事物的普遍共识是难以达到的，更为重要的是，人们是否能够超越自己认识的主观经验的局限性而达到客观真理，这也成为一个难题。因此，针对巴门尼德那个永恒不动的本质世界的存在，实际上也是针对人们普遍认同的各种具有极大确定性和权威性的原则，普罗泰戈拉就以如下一段话表达了他的从人的个体经验认识的主观局限性出发的怀疑主义立场，他说："关于神，我既不知道他们存在，也不知道他们不存在，也不知道他们在形式上是怎样；因为阻碍认识的东西有很多，认识是不确定的，人的生命是短促的。"①

这样，在巴门尼德那里所奠定的形而上学本体论的思想路线，进入公元前5世纪中期以后，由于认识论方面的问题没有解决，就遭遇到了强大的质疑和挑战。普罗泰戈拉命题的核心就在于，他是从每一个人的认识的主观感觉经验的限度出发的，而这是确实的，因为人的认识正是具有主观经验的局限性，它不仅是片面的、不完整的，而且还具有主观色彩。这就是人们经验认识的基本特征。而一旦从这样的认识出发，那么很显然，客观事物的存在、巴门尼德所说的那个永恒不动的本质对象世界就很自然地

① Hermann Diels, *Die Fragmente Der Vorsokratiker*, Zweiter Band, Berlin, Weidmannsche Buchhandlung, 1922, S. 229－230.

被置于可疑的境地，因为它们的客观性和普遍性显然超出了人的单纯的主观感觉经验。但是，既然人的感觉经验的主观限度被认识到，并被绝对化为人的认识的根本依据，那么从这样的认识出发要达到客观普遍的真理和存在，当然就是不可能的。因此，当普罗泰戈拉从这样的认识路线出发，指出了人的认识的主观局限性，巴门尼德形而上学本体论的思想路线就遭遇到了空前的理论危机和挑战。

针对这一困难，在这里我们仅仅简要地指出，普罗泰戈拉的这种主观主义和感觉主义认识论路线的根本问题在于，既然已经揭示出了人感觉经验的内在主观局限性，那么人的感觉经验认识本身就是相对的，而不是绝对的，从而，它也就必须被相对地来把握，而不能够被绝对化。但正是在这里，普罗泰戈拉对这种本质上是相对的认识做了绝对化的处理，把它树立为对于每一个人来说的认识的绝对的标准，从而，本身相对的认识对于每一个人就成了绝对的认识，人与人之间在认识上就被彻底隔绝开来，人的认识也就仅仅活动在各自感觉经验的片面性和主观性中，感觉经验没有因其相对性而成为认识得以扩展的桥梁和途径，却成为每一个人思想的囚笼。

因此，在思想上发现人的认识的相对性，这并不可怕，它并不必然导致极端的相对主义的真理观，即宣称只存在对于每一个人的真理，真理本身并不存在。相反，正是由于自觉到认识的相对性，一个人才会对自己有局限的认识加以限制，不做独断的判断，并且力图通过扩大自己的经验来消除这种相对性。这包括听取不同人的意见，同其他人进行经验交流，以使自己的经验获得实际的扩展，而这当然也就是认识的相对进步。同时，也正是实际经验的这种扩大，才使一个人能够自觉到自己曾经的认识的局限性，认识的相对性由此才被发现。这就是认识的相对性在认识论上的真正积极的意义。所以，对于本身相对的认识，本身就应当相对地来把握，而不能够将它绝对化。人和人之间思想的对立与偏执，不是来自他们各自思想的相对性，而是来自他们将本来相对的认识当成了绝对的真理。但是，很显然，普罗泰戈拉没有认识到这一点，他“人是万物的尺度”的命题正是对认识的相对性这一属于人的认识的客观事实所做的一个独断论的曲解。

【4】高尔吉亚论“非存在”

如同普罗泰戈拉从他的师承关系上表明他受到了巴门尼德以后的新兴的自然哲学的影响，同样根据一种古代说法，高尔吉亚是恩培多克勒的学生，从而也表明了他置身于这种新的传统之中。他和普罗泰戈拉是同批的智者，在希腊以雄辩的演讲而闻名，并以教授修辞术而积累了巨额财富。正是这个高尔吉亚，从智者学派所熟悉的主观主义和感觉主义的认识论立场出发，对于巴门尼德用以奠定形而上学本体论传统的“存在”概念提出了著名的反驳。他的这个反驳在塞克斯都·恩披里柯的《反学问家》中被保存了下来，题名为“论非存在或自然”。显然，这是直接针对巴门尼德的，目的就是要否定巴门尼德的那个“存在”。

在这篇论文中，高尔吉亚提出了三个互相关联的命题：第一，无物存在；第二，即使有物存在，我们也无法认识它；第三，即使我们能够认识，我们也无法把它告诉别人。第一个命题是一个本体论命题，直接从存在本身来反驳存在；第二个命题是一个认识论命题，从认识的可能性的角度来反驳存在；第三个命题是一个语言学命题，从语言的角度来反驳存在。

这三个命题，高尔吉亚都运用了相当烦琐的论证。在这里，如果我们要进行概要的介绍的话，那么可以这样说，对于第一个命题，高尔吉亚主要是运用了巴门尼德的逻辑同一律，就存在、不存在、存在又不存在这三种与巴门尼德的“存在”概念有关的内容进行了分析。其中，“不存在”和“存在又不存在”是巴门尼德自己就已经予以充分反驳的。在巴门尼德看来，存在就是存在，不可能不存在，也不可能既存在又不存在，因此，真正能够成立的哲学主张只有“存在”，而且是绝对、唯一、永恒的存在。高尔吉亚在他的第一个命题中实际上主要反驳的就是巴门尼德的这个观点，而反驳的关键就是利用了巴门尼德“存在”概念所特有的那种极端的先验主义立场。

因为，我们说过，正是巴门尼德在对“存在”概念的论证中的那样一种极端的先验主义的立场，才使得在他的理论中本质和现象尖锐地对立起来，现象被完全视为不存在，从而被予以否定，而本质则被归结为仅仅是抽象单一的存在。高尔吉亚正是利用了这一点。因为他认识到，对于具有日常经验思维的人来说，恰恰各种经验现象构成了他们理解一切存在的基石，从而，一个超出了一切经验现象而被极端断定的本质对象恰恰也就失去了它在经验现实中存在的可能性，对于这样一个在经验现实中完全没有存在位置的对象，我们当然也就只能认为它是不存在。这就是高尔吉亚第一个论证的关键。在具体的反驳中，他明确地指出，如果“存在”按照巴门尼德的说法是永恒的，那么一个当然的推论就是，它就不可能是生成的，但由此一来，立即就会产生一个问题，这就是：在我们实际经验的生成的世界中，这样一个没有生成的“存在”也就失去了它现实存在的可能性，它将不在任何地方。这样，很显然，“存在”最终就被证明是“不存在”，他由此反驳了巴门尼德的“存在”。

高尔吉亚的第二个命题，即“即使有物存在，我们也无法认识它”，则是一个典型的认识论命题，它从认识论的角度对巴门尼德那个作为绝对真理的“存在”提出了反驳。和前面普罗泰戈拉利用每一个人的感觉经验的主观性来反驳客观真理的存在的方法一样，在这里，高尔吉亚同样对人的感觉经验的主观性做了分析，由此来对巴门尼德的“存在”予以反驳。他指出，在根本上我们的思想是主观的，因为我们常常能够思想许多不存在的东西，例如一个飞行的人或者一辆在海上奔驰的马车，这样一些事物明显是不存在的，但却可以被我们思想，这就充分说明了我们的思想是完全主观的，它同客观真实的存在有着无限的距离。如果我们不能摆脱我们认识的这种主观性，我们又如何能够把握巴门尼德那个普遍、唯一的“存在”呢？这样，由于我们自身思维的主观性，结论就是：“即使有物存在，我们也无法认识它”，我们被局限在我们的主观思维之中。这就是高尔吉亚这个命题论证的实质。显然，高尔吉亚以此就表明了我们的思想不是如巴门尼德所认为的那样与存在直接同一的，在我们的主观思维和事物的客观存在之间还有着一道需要跨越的鸿沟。从而，高尔吉亚的这个命题虽然从消极的方面来说取消了认识的客观性和绝对性，但是从积极的方面来说却向思想者显示出了要达到客观、绝对的认识的全部困难所在，而这必然会激发出更为深刻的思想，这就是他这个命题的理论价值。

最后，高尔吉亚的第三个命题，“即使我们能够认识，我们也无法把它告诉别人”，则强调了我们语言的相对性、主观性，揭示出了我们语言中所存在的各种歧义以及它作为语言本身与存在的天然界限。正是这种内在的歧义和天然的界限使得我们即使认识到了存在，但是当我们试图表达存在的时候，也在运用语言的过程中丢失了存在本身。从而，结论当然就是，“即使我们能够认识，我们也无法把它告诉别人”。

这样，我们说，高尔吉亚就以他卓越的思辨向我们展示了巴门尼德所开创的形而上学本体论新传统内在的种种困难，而显然，这对于理论的深化不是消极无益的，而是积极有益的。所以，智者学派在认识论上对巴门尼德本体论思想所提出的种种质疑和挑战，不是理论思维的倒退，而是理论思维的深化。它深入到问题的真正核心，从而为更深刻、更具创造性的思想的开展创造了前提，而这也就是苏格拉底和柏拉图的思想，实际上，他们正是在智者所开辟的问题域中进行思想的。

【5】φύσις和νόμος之争

智者学派从主观主义和感觉主义认识论的角度对巴门尼德所开辟的先验主义思想路线提出了严重的挑战。但是，智者学派的理论活动并不仅限于认识论领域，还广泛涉及伦理学、政治学的领域。作为希腊城邦生活巨变的产物，智者从自己扩大了的经验观察出发，对传统的社会伦理道德也提出了深刻的质疑。

我们说，截止到公元前 5 世纪中期，希腊人航海贸易的足迹已经遍及地中海周边地区，并且还深入到亚洲和非洲的腹地，从而积累起了大量有关各地风土人情的见闻；而且智者就是四处游历的人士，以博闻多识著称，他们相比于一般的希腊人经验过更多各地的风土人情；同时，公元前 5 世纪中期以后的希腊城邦社会，由于工商业生活的繁盛，也对旧的体制、旧的风俗产生了方方面面的冲击，而这同样带来了思想观念上的种种变化。这样，在智者那里，我们就看到，他们根据自己对新的社会生活的观察和思考，便认识到道德具有非常大的相对性。道德不像人们通常所认为的那样是自然而然形成的，具有确定的标准和原则，相反，它是习惯和教育的产物，因时、因地而异。由此，在伦理道德领域，智者就挑起了所谓的φύσις和νόμος之争，也就是自然和法律之争，并且提出了“德性可教”的命题。

首先，便是所谓的φύσις和νόμος之争。就这个主题而言，具体来说，智者意识到，人类行为的道德准则不是自然的产物，相反它们是通过风俗习惯和立法活动建立起来的，从而，自然和道德、自然和法律是有着根本区别的，我们在认识上绝对不能把它们混淆起来，相反，应当把它们明确地区分开来。自然所代表的是一些与人的主观意志无关的东西，它们具有自己的法则，这些法则是人类的主观意志所不能影响也不能改变的。相反，道德和法律则可以通过人为的约定来加以改变，人们不是由于生来就有的自然本性而从事某种道德活动、遵守某种法律的，而是由于对规则的服从和习惯。

显然，智者的这一认识是同他们对当时处于剧烈变革之中的城邦生活的观察分不开的，而这一认识毫无疑问赋予了道德极强的相对性。因为，按照这个观点，如果道德完全是约定和习惯的产物，那么显然，也就没有了绝对的善和正义，善和正义不仅是相对的，而且完全是人为约定的，而这无疑就取消了善和正义自身的价值。由此出发，显然，我们就会得出两个彼此有所区别的理论主张，这就是：要么人们是完全从自己的私人愿望和需要出发，甚至是从自己的私利出发来规定什么是善、什么是正义的，从而善就是强者的利益；要么善和正义由于它们的人为约定性和强制性，特别是由于它们与人的自然本性相敌对，就不仅不是善和正义，而且还是对人的自然本性的戕害和压抑，从而，真正的善和正义是人的自然本性，而通常的人与人之间的种种道德规范则是恶。我们说，这就是智者在φύσις和νόμος之争中所产生的两个不同的、相互敌对而实际上又彼此联系的理论主张，它们分别为一些有名的智者所持有，前者如柏拉图《理想国》中所描写的色拉叙马库斯，后者如安提丰。但无论哪一种，无疑都否认了道德自身价值的正当性，实际上是彻底消除了道德本身。我们说，这就是智者的相对主义在道德领域所产生的理论效应。

如果我们对此予以评论，那么可以这样说：首先，把自然和道德、自然和法律区分开来，这是智者的一个重要理论贡献，由此他们也就把道德问题放在了人类社会生活的领域中，把它同人的社会性联系在了一起，这显然是探讨道德问题的真正论域。但是，其次，他们把道德完全相对化和主观化，这就取消了道德与人类社会生活的客观规定的内在关联。他们不知道，道德虽然从表面上看似乎是习惯和教育的产物，但实际上却是人们社会生活的种种客观规定性的反映，它实际上体现了人们在社会生活中作为人而生活所必须遵循的一些基本的社会生活规范和原则，这些规范和原则虽然是可以变化的，但是却并不依赖人的主观意志，并不是任意约定的产物。智者忽略了道德的这种基于人的一般社会性的规定，从而就从主观化和相对化的角度否定了人的社会存在。

假如我们掌握了φύσις和νόμος之争的主要观点，那么我们对于普罗泰戈拉提出的“德性可教”的命题也就可以理解了。这个命题的意思不过是说，德性是教育的产物而不是人的自然禀赋，所以人们不仅可以通过教育来养成德性，而且可以通过教育来提高自己的德性。这就是普罗泰戈拉这个命题的基本意思。显然，仅就这一点来说，它是正确的。无论苏格拉底、柏拉图还是亚里士多德，都明显继承了普罗泰戈拉的这一观点，强调道德教育的重要性。

但是，这只是这一命题非常表面的意思，实际上，“德性可教”这一命题还具有两层潜在的意思，这就是：第一，它是一个民主的命题。因为按照古希腊的传统，德性作为一种贵族品质，是同血缘、出身、门第联系在一起的，是作为贵族的自然禀赋而存在的，因此，它是不可教的，是天生就有的。但是，“德性可教”却无疑宣布了德性并不是人天生所有的，并不是某些人的特权，人人都可以通过接受教育而具有德性，显然，这就是一个民主的命题。所以，贵族出身的品达才在一首诗中说：如果德性是可教的，那么社会动乱的日子就指日可待了。① 第二，这又是一个相对主义的命题。因为“德性可教”就意味着德性是可以任意改变的，换一种教育就会造就一种德性，从而，最终，一个人不是根据德性自身的价值来

① 参见G. B. 科费尔德：《智者运动》，刘开会、徐名驹译，41页，兰州，兰州大学出版社，1996。

决定是否接受这种德性，而是根据自己偶然受到的教育。这样，教育者所施展的教育手段就具有了决定意义，教育者可以通过富有魅惑力的手段来影响受教育者，从而达到任意塑造一个人的德性的目的。显然，如此一来，德性本身的价值就丧失了。以上就是普罗泰戈拉这个命题的两层潜在含义。显然，一个是积极的，一个是消极的，而这正显示出智者思想的复杂性，他们的思想是那个繁荣与危机并存的时代的真实写照。

这样，我们现在就可以说，相对主义是智者的基本理论立场，他们通过这个立场就对巴门尼德所开创的形而上学本体论新传统构成了挑战。但我们不应完全从否定的方面来看待智者，而应有正面的评价，这就是：这是思想的深化，智者深入到本体论的论域，抓住了关键的问题，并做了积极的探索，由此就为后面苏格拉底、柏拉图、亚里士多德的工作开辟了道路。

第二部分
古典希腊哲学

引　言

在历史学上，城邦时代的希腊历史通常被分为三个时期：公元前11世纪到公元前9世纪的黑暗时代或前城邦时期；公元前8世纪到公元前6世纪的古风时期，这是城邦国家形成的时期；公元前5世纪到公元前4世纪的古典时期，这是城邦文明的繁荣和鼎盛时期。① 古典希腊哲学所指的就是这第三个时期。因而，正像“前苏格拉底哲学”这个概念是一个并不十分准确的概念一样，“古典希腊哲学”同样也是一个所指含混的概念。因为，如果按照历史学的上述分期，我们在“前苏格拉底哲学”这个范畴下所讨论的部分哲学家就应当被归于古典时期，从而应当被列入“古典希腊哲学”的范畴。

但是，尽管希腊历史的古典时期是从公元前5世纪开始，也就是要从希波战争讲起，但城邦文明的鼎盛时期却应当从公元前5世纪中期算起。伯罗奔尼撒战争虽然使希腊在爱琴海地区的霸权受到了削弱，但是城邦文明却并没有因此而衰落。相反，在大约1个世纪的时间里，它保持了自己的繁荣和昌盛，直至希腊历史进入另一个阶段，这就是马其顿帝国的时代，也就是所谓的希腊化阶段。因此，严格来说，我们谈论古典希腊哲学，就是从公元前5世纪中期以后的希腊哲学谈起，而且毫无疑问集中于古典时期希腊文化的首都——雅典。因为，诚如伯里克利所说，“我们的城邦是全希腊的学校”②，在这个时期，雅典确实集中了全希腊最有智慧、最有文化的人。许多智者到雅典来访问，许多有学问的人在雅典开科授

---

① 参见B. И. 库济辛主编：《古希腊史》，甄修钰、张克勤等译，4页，呼和浩特，内蒙古大学出版社，2013。

② 转引自修昔底德：《伯罗奔尼撒战争史》（上），谢德风译，133页。

徒，传播各种文化知识，以至于伊索克拉底这样说：“我们城邦的思想和演说术远超出其他人类，以致其学生们已成为整个世界的教师。”① 伊索克拉底自己就是当时雅典著名的演说家，他所开创的伊索克拉底修辞学校与柏拉图的学园并称于公元前 4 世纪的雅典。正是在这样的文化背景下，雅典孕育出了自己的哲学家，并且迎来了自己哲学的黄金时期。

因而，在哲学史上，古典希腊哲学所指的正是这个时期的雅典的哲学。我们看到，正像策勒在自己的哲学史研究中实际地塑造了“前苏格拉底哲学”这个概念一样，他也实际地规定了古典希腊哲学所要研究的主要哲学家，这就是：苏格拉底及其学派、柏拉图及其学园和亚里士多德及其学派。这样，对于我们来说，在“古典希腊哲学”这个范畴下所要探讨的主要内容，也就仅限于苏格拉底、柏拉图和亚里士多德的哲学思想。

我们前面说过，智者运动从主观主义、感觉主义的认识论角度对由巴门尼德所开创的形而上学本体论新传统提出了严重的挑战和质疑，使巴门尼德所奠立的那条先验主义思想路线处于深刻的理论危机之中。但是，与此同时，我们又特别强调，我们不能从完全否定和消极的方面来看待智者运动；相反，我们应当认识到，它实际上是从另一个角度丰富了形而上学本体论的思考，深化了对人自身认识能力的认识和了解。因此，如果说巴门尼德开创了形而上学本体论的理论视域，那么对这个新的理论视域本身进行真正严肃而深入思考的反倒是智者学派，是智者学派将潜藏于形而上学本体论领域中的种种内在理论难题提了出来，并做了非常富有启发性的思考，由此才激发出在这个领域中的更为深刻的思想工作，以期全面解决这些问题，而这也就是在巩固和发展巴门尼德所开创的形而上学本体论新传统。

而在智者学派所全面敞开的这个问题域中继续开展深入的思考，提出新的方法、新的思路以发展和完善巴门尼德的思想路线的不是别人，就是和智者学派大致在相同时期活动的苏格拉底。苏格拉底以他开创性的思考

① 转引自威尔·杜兰：《世界文明史·希腊的生活》，第 2 卷，幼狮文化公司译，627 页，北京，东方出版社，1998。

进一步深化了巴门尼德的思想路线，从而为形而上学本体论在柏拉图和亚里士多德那里以理性主义体系化的形式出现打开了新局面。或许，正是在这个意义上，苏格拉底表现出了思想的独特性和创造性，从而才被柏拉图树立为希腊思想史时间轴上的中心转折点。

因此，我们将以苏格拉底的哲学开始我们对古典希腊哲学的研究。但是，由于我们关于苏格拉底的研究材料主要来自柏拉图早期的对话作品，因此，当我们转至对柏拉图哲学的探讨时，我们便不是从柏拉图的早期对话作品开始，而是从他的中期对话作品开始，并且以他的晚期对话作品作为结束。我们将主要集中于柏拉图哲学中的形而上学本体论的思想和认识论的思想，兼及他的辩证法思想。至于亚里士多德，他研究范围的广博和体系化是众所周知的，在他那里形成了知识体系的明确划分和各学科的专门研究。我们不能全面展现他的这些思想成就，从而，我们将集中于他思想的两个重要方面：他的形而上学思想和他的伦理学、政治学思想。

第四章　苏格拉底

【1】苏格拉底的形象和使命

由于多方面的记载，苏格拉底的生卒年是明确的，他生于公元前469年，卒于公元前399年，享年70岁。与他的许多朋友和学生出身于雅典的名门望族不同，苏格拉底出身贫寒，据说他的父亲是一位石匠，他的母亲是一位接生婆。据各种记载，苏格拉底相貌丑陋，他面部明显的特征，按照柏拉图对话作品中的描述，就是“扁鼻露睛”。他服过兵役，并因在战斗中表现勇敢而获过军功。他也曾当选雅典五百人议事会的议员，因敢于坚持己见而受到他人的忌恨。从这些方面看，苏格拉底是一个地地道道的雅典民主城邦的公民，他既不是一个贵族，也不是一个离群索居的隐修士。他活跃于城邦的公共政治生活中，爱好交谈，喜欢和人们讨论同城邦的政治、道德等有关的各种话题，并因言辞的犀利而招来人们的嫉恨。他生活简朴，鄙视钱财。色诺芬在《回忆苏格拉底》中这样谈论苏格拉底：“他的实际行动比他的言论更好地表现出他是一个能自制的人。因为他不仅制服了身体的私欲，而且也战胜了与金钱有关的一切事情。他认为一个从任何人收取金钱的人就是给自己树立了一个主人而使自己处于极其卑鄙的奴隶地位。”①

我们现在所能够获得的有关苏格拉底思想使命的历史记载，主要来自柏拉图的《申辩篇》，在其中，苏格拉底面对审判他的雅典法官和公民，

---

① 色诺芬：《回忆苏格拉底》，吴永泉译，33～34页，北京，商务印书馆，1984。

对他自己日常所进行的思想活动的使命进行了说明。这就是：他听从他心中一个神灵的命令，四处与人交谈，目的是教化、警醒世人。他把他自己比作一只牛虻，要使腐化享乐从而趋于懒散怠惰的雅典城邦由于受到叮咬而重新焕发活力。他说："只要我还活着，还有力量，我就永远不会放弃哲学，或停止劝告你们，对你们之中每一个我所碰到的人指出真相，以我惯常的口吻说：最优秀的人啊，最强大、最以智慧和力量著称的雅典公民，你只关心钱财、名声和荣誉，却不注意也不想到智慧、真理及你的灵魂的完善，难道你不觉得羞愧吗？"① 这就是苏格拉底的思想使命。显然，它是富有现实意义的，它是针对雅典当时复杂的社会现实状况的，但因此，它也就与当时人们所崇奉的享乐主义的、利己主义的人生观发生了剧烈的冲突，与整个败坏的社会风气发生了剧烈的冲突。因此，苏格拉底由于毫不顾忌地对雅典的社会生活进行批评，引起了城邦中主流势力的憎恨，在公元前 399 年，他因引入新神及败坏青年两项罪名被起诉，最终通过投票表决的方式，以 281 票对 220 票被判处死刑，方法是服毒。

【2】苏格拉底的方法

苏格拉底的方法也就是所谓的"苏格拉底的问答法"（Socratic Elenchus），这是在柏拉图早期对话作品所描写的苏格拉底与他人的对话中最经常地使用到的一种方法。这个方法的基本特点就是：苏格拉底通过一种巧妙的情景设计将某人引入一种探讨的语境，在此基础上，他针对某人讲话中的一些关键词，通常是一些与德性有关的词，提出自己的问题。问题的模式一般是："什么是 X？"

很显然，"什么是 X？"这个问题是有关一个被称作 X 的事物的定义，它期待被问者给出关于这个被称作 X 的事物的一个经过判断谓词"是"的严格界定的、就其本身而言的本质定义，而这实际上也就是将这个被称作 X 的事物置于巴门尼德所奠定的那个形而上学本体论的领域之中，使

---

① 柏拉图：《申辩篇》29D－E，见苗力田主编：《古希腊哲学》，206 页，北京，中国人民大学出版社，1989。

其作为在这个领域中的一个不动的本质对象而存在。因此，很显然，苏格拉底的问答法和他的定义法相通，它所启发、引导和要求的实际上正是智者从主观感觉经验出发所缺乏的一种有关事物本质的认识能力和认识方法，这也就是针对感觉经验的素材进行分析和综合的理性认识能力，它实际地展示了一种克服人感觉经验认识的主观局限性的有效途径。

但是，情况往往是，由于被问者通常是沉浸在自己的主观感觉经验之中的，他们具有关于事物的广博而杂乱的感觉经验知识，却还不善于通过运用理性来对自己的感觉经验进行分析和综合，以获得有关事物本质的正确认识。因此，当苏格拉底向他们追问“什么是X?”这个问题时，他们便不能迅速、准确地领会苏格拉底这个问题的真实所指，亦即不能准确地就所问的这个被称作X的事物的本质进行定义；相反，所给出的却是这个被称作X的东西在感觉经验中的种种表现，也就是他们对它的种种具体的经验认识。他们说这个是X或那个是X，认为这就构成了对苏格拉底“什么是X?”这个问题的回答，但实际上，他们所给出的只是被称作X的事物的这样一种或那样一种偶然的表现，丝毫没有抓住它的本质，亦即这个被称作X的事物的普遍适用于一切经验的永恒的、唯一的、绝对的“所是”。这就迫使苏格拉底来纠正他们，提醒他们对自己的问题的正确的回答方式。

这就是，我不是要你给出随便什么同这个被称作X的事物有关的东西，而是要你给出它本身是什么的定义。因为，同一个是X的事物，它可以在这种情况下是这样，在那种情况下又是那样，但很显然，所有这些都只是它的偶性，而不是它本身。因此，我要你给出的是撇开了它的种种偶性的这个被称作X的事物本身的定义。否则的话，当你给出这样一种具体情况下的X，说这就是那个被称作X的事物，那么你也就否定了在那样一种情况下的X，但它同样也是那个被称作X的事物。这样，为了保证你的定义的严格性，你就必须寻求在这所有种种表现中的那个始终保持自身同一性的被称作X的事物本身的定义，而这就是它的本质，也就是对我所说的“什么是X?”的问题的正确回答。很显然，苏格拉底的这样一番教导实际上就是在尝试教会对话者通过定义法、运用理性来对经验材料进行分析和综合，以获得有关一个事物的普遍适用于一切经验的本质定义，而这当然也就是对巴门尼德的思想路线的针对智者学派的认识论难题的丰富和发展。

在这样的纠正下，聪明的对话者会有所领会，从而会尝试给出一些有关一个被称作 X 的事物的本质定义，而这也就是在试图对既有的经验进行分析和综合，以超出之前狭隘的感觉经验，从而获得关于一个事物的较为客观、较为普遍的认识。但是，由于他们还是不能将事物的偶性同它的本质严格地区分开来，因此，他们所给出的定义虽然具有了本质定义的普遍性特征，但实际上给出的却依然还是事物的偶性，从而不可避免地会发生思想上的自相矛盾。而苏格拉底在对话中是毫不留情的，他总是通过敏锐的分析揭示出对话者回答中的矛盾，不断地迫使他们修正自己的定义，以达到对所定义的事物的本质的认识。这样，苏格拉底的问答法又具有了盘诘（cross-examining）的特征，它通过反复的盘诘令对话者最终陷入思维的困境。从而，对话的结果就往往构成了苏格拉底对他的对话者的一种反讽（irony），即所有的对话者在对话的开始都表现出无所不知，但是结果却证明他们恰恰是在最重要的知识上，也就是关于他们所企图认识的事物的本质的知识上一无所知，他们对问题的回答实际上是答非所问。

这就是苏格拉底问答法的一般模式。很显然，这种方法从其结果来看并不是要解决问题，而是要揭露问题，它并不是要消除被提问者心中的疑惑，相反，却是要使被提问者更深地陷入疑惑，从而最终承认自己的无知。这是苏格拉底问答法的精神实质。因为，Elenchus 在希腊语中本义就是“盘诘”（cross-examining），它是一个法律用词，它指的是法官用一系列的盘诘来让罪犯低头认罪。在 Socratic Elenchus 中，这个词便具有通过反复的盘诘、辩难来揭示谈话者论证中内在的逻辑矛盾，彰显谈话者观点的错误的内涵。它在本质上属于一种逻辑检验，归谬法与之相关。就此而言，苏格拉底问答法当然是消极的。但是，不容否认的是，苏格拉底问答法自始至终又有一个明确的目标指向，这就是某一事物的本质定义，也就是它在形而上学本体论领域中的根本的“是”或者“存在”。它实际上是在引导被问者对自己的感觉经验进行理性的分析和综合，以形成关于事物的本质定义。这样，显然，苏格拉底在他的问答法中就不仅坚持了巴门尼德的思想路线，而且实际上还深化了巴门尼德的思想路线，为它提供了认识方法上的有力支持。

如果说巴门尼德仅仅是指出了有那么一个本质对象的领域存在，除此之外并没有对这个领域本身以及如何认识这个领域做更多的说明，而且还由于极端的先验主义立场而激起了智者学派从主观主义、感觉主义角度所发起的反驳，那么苏格拉底则通过他的问答法具体地展示了我们如何逐渐扬弃我们关于事物的有限经验认识，通过理性对经验的分析和综合而达到对事物本质的认识。这显然就是对智者学派所提出的认识论难题的正面回应和解答。就这个意义来说，很显然，苏格拉底问答法又是积极的。正是在它的启发下，才有了柏拉图从正面对本质主义理论体系的论述，并且在此基础上形成了所谓的柏拉图辩证法，以达到对巴门尼德“存在”所标示的那个本质对象世界的认识。这就是苏格拉底问答法的真正积极的意义。

正是由于这一点，苏格拉底问答法在柏拉图的对话中又有另一个著名的名称，这就是所谓的苏格拉底助产术。在《泰阿泰德篇》中，柏拉图专门安排苏格拉底以最明确的语言阐明了他这一特殊方法的特点。他让苏格拉底把他的技术和接生婆的技术相对比，然后这样说：“我的助产术与她们的助产术大致相似。不同的是，我的实施对象是男人而不是女人；我照料他们分娩时的灵魂，而不是他们的身体。我这种艺术最伟大的地方在于它能够以各种方式考察年轻人的心灵所产生的是幻想错觉还是真知灼见。……同我交往的人，在这方面正似即将分娩的女人，他们终日痛苦、日夜不安，有时比产妇更厉害。我的艺术可引起这种痛苦，也可使其停止。……我给你们讲这许多的原因，亲爱的朋友，是因为我相信——你自己也相信——你孕育着一些事物，正处于阵痛之中。到我这里来吧，记住我是一个产婆的儿子，并且我自己也会助产术，尽力回答我问你的问题，就像我问他们一样。如果我要悄悄地摘除并抛弃你的胎儿，那是因我考察它之后发现它只不过是幻觉而已，是不真实的。请你不要像那些第一个婴儿被拿走的妇女那样大吵大闹。”① 很显然，柏拉图对苏格拉底助产术的

① 柏拉图：《泰阿泰德篇》150B－151D，见苗力田主编：《古希腊哲学》，211～212页。

这一论述清楚地表明了苏格拉底问答法在本质上是积极的，它是真理的助产术。它正是在一往一复的问答中，在对经验认识的内在局限性和矛盾性的揭露中，超越了经验的主观性和片面性，达到了认识的在理性层面的相对扩展。

【3】苏格拉底思想的转变

众所周知，在《斐多篇》中，柏拉图让苏格拉底叙述了自己在年轻时候所发生的一次思想的根本转变，这一转变将苏格拉底由对自然哲学的爱好与研究转向了对正义和美善的研究，亦即伦理学和政治学的主题。从而，研究者们才一致认为，是苏格拉底改变了古希腊哲学自然哲学的研究倾向，开辟了伦理学和政治学的研究新领域，使得思想者们由对自然的关注转向了对人事的关注。这就是人们通常对苏格拉底思想转变的认识。

但是，假如我们细读《斐多篇》的内容，我们就不应当仅限于这样的认识，因为苏格拉底实际上只是非常简略地提到他的这一伦理学转向，他这部分谈话涉及的更多内容是从属于《斐多篇》中一个更大的思想主题，这就是论证理念的存在，而这又是为了论证灵魂的不朽这一《斐多篇》的根本主题服务的。正是在对理念存在的论证中，苏格拉底才顺便谈到了他自己思想的转向，表明他如何由对经验事物的关注转向对事物的理念亦即事物的本质存在的关注。我们当然不能说这里没有柏拉图理念论的影子，但是撇开这一点，这确实是苏格拉底在谈到他的思想转变时真正的重点，从而正是我们应当细心关注的。

如果我们仔细地阅读，我们就会发现，我们虽然不能完全套用柏拉图后来成熟的理念论模式来理解这里苏格拉底的谈话，但是，确确实实，构成苏格拉底深层思想转变的正是这样一个原因：他开始意识到，在他之前的自然哲学家的全部思想错误就在于，他们完全沉浸在经验现象中而忽略了对构成解释经验现象之原因的那个具有本质规定性的一般原则领域的认识，结果，他们虽然具有广博的经验知识，并且从元素的角度为经验现象提供了基于物质基本构成的说明，但是却对它们的存在方式缺乏从原因出发的解释和说明，从而不能为经验现象提供一般性的解释原则，说明它们为什么存在以及如何存在的理由。

自然哲学家们的这一理论缺陷是苏格拉底所深深不满的。在《斐多篇》中，柏拉图描写了苏格拉底对此的失望之情。苏格拉底本来是抱着极大的希望去阅读阿那克萨戈拉的著作的，因为他从别人那里得知阿那克萨戈拉讲了一种和其他自然哲学家不同的观点，即在讲到事物的物质构成元素的同时，还讲到了构成的理智原则，“认为理智是万物的原因和安排者”，这使苏格拉底看到了希望，认为可以在阿那克萨戈拉的著作中找到他所想要的东西，这就是对于世界的理智秩序的说明。但是，最终他却失望了，苏格拉底这样说：“我……用最快的速度开始阅读……但是，朋友啊，我强烈的希望很快就破灭了。当我往下读时，发现我的哲学家并没有使用理智，也没有给事物的秩序指出真正的原因，却用气、以太、水及其他许多古怪的东西作为原因。”① 所以，正是在这里他才产生了深刻的思想转变，这就是：他认识到，对于思想者来说，更为重要的工作就是从经验现象中摆脱出来，而尝试运用理性来达到对事物一般存在原则的认识；这也就是从本质方面对经验现象进行合理的解释，为它们的存在提供真正的原因。苏格拉底认为，只有在这个层面上才能达成认识真正的确定性，而我们也才算是把握住了事物本身。

我们说，这才是苏格拉底思想转变的真正哲学内涵。在《斐多篇》中，柏拉图让苏格拉底清楚地陈述了这一点：

> 在此之后，在我看来，既然我已经否定了对存在者的研究，那么就必须格外小心，以免遭受那些凝视和观察日食的人们所遭受到的事；因为除非他们观察在水中或者这一类事物中的太阳的影像，否则一些人就会损伤眼睛。我考虑到这样一类的危险，我担心如果我用眼睛去观察事物，用另外的感官去着手把握它们，我将绝对地使我的灵魂致瞎。在我看来必须求助定义，在定义中研究存在者的真理。可能这个比喻并不恰当。因为我并不十分同意在定义中研究存在者的人和在行动中研究存在者的人相比只是在影像中进行研究；然而我

① 柏拉图：《斐多篇》98B—C，见苗力田主编：《古希腊哲学》，201～202页。

> 便由此开始，提出每一种我认为是最有力的定义，凡是在我看来与之相符的，我便认为是真实的存在，无论是关于原因的还是关于其他所有的存在者的，而凡是不相符的，我便认为不是真实的存在者。①

这样，苏格拉底就由对存在者的研究，即针对具体的经验现象的研究，转向了对存在者的定义的研究，并且他认为这才是关于真实的存在者的研究。这就是苏格拉底思想转变的重点所在，苏格拉底认为，只有在这里才有关于存在者的真理。

因此，我们看到，对于处于这一思想转变之中的苏格拉底来说，他的转变是双重的。一方面，他要求认识超出感觉经验的层面而达到本质对象的层面，这就是通过定义的方法；另一方面，他又要求用本质对象层面的内容来解释说明经验现象层面的内容，也就是说，在借助定义达到对事物本质的认识后，又要求经验现象与之相符，能够根据它得到合理的解释。这样，他就在两个方面实现了对以往哲学家思想的超越，即：第一，他提出了认识的真正任务恰恰是摆脱我们感觉经验的局限，而进入对事物本质的理性探究层面，只是在这个层面上我们才达到了对事物的真实认识；而实现这一点的方法便是定义法，它是理性探究的重要方法，我们正是通过针对事物本质的严格定义才摆脱了主观感觉经验的局限，达到了关于事物的正确认识。第二，他提出了事物的本质存在构成事物的现象存在的原因，我们正是通过对事物的本质存在的认识才能够为事物的种种经验现象的存在提供基于原理、原则的原因层面的解释，使得经验现象不仅变成可以理解的，而且是按照一定的、不变的原理和原则发生的。

这样，在巴门尼德所奠立的本质领域和智者学派所深入发掘的现象领域建立起基于本质主义立场的有机联系，用定义的方法——这实际上就是一种理性的分析与综合的能力——将二者有效地关联在一起，这就是苏格拉底所提出来的用以回答智者学派的认识论难题，从而捍卫巴门尼德形而上学本体论思想路线的根本途径。他认为，由此我们就可以克服我们自身

---

① 柏拉图：《斐多篇》99D−100A。据洛布本中古希腊原文直接译出。

感觉经验的局限性，而达到对事物客观普遍本质的正确认识。

因此，在《形而上学》中，当亚里士多德谈到苏格拉底的理论贡献时，他这样说："苏格拉底从事于对伦理德性的研究，第一个寻求对它们的普遍定义……他合理地寻求那是什么。因为他正在寻求推理，而推理的开端就是那是什么。……因为有两件事情人们要公正地归于苏格拉底，归纳推理和普遍定义，因为这两者都是关于科学知识的开端的。"① 这样，苏格拉底，如果按照柏拉图和亚里士多德在这里所描写的，毫无疑问就坚持了巴门尼德的思想路线，在对智者学派所提出问题的正面回应中，为抵达巴门尼德所奠立的本体论的理论视域进行了卓有成效的探讨，开辟了理性主义的认识论路线。我们说，这就是苏格拉底在哲学认识方法上所取得的具有开创意义的理论成就。

【4】苏格拉底的德性伦理学

但是，诚如亚里士多德所说的，他"从事于对伦理德性的研究，第一个寻求对它们的普遍定义"，实际上，苏格拉底在希腊思想史上给人留下更深印象的是他的一些关于德性问题的讨论。这些讨论虽然从本质定义的角度来说并没有得出任何确定的结论，但是在反复不断的讨论中，毕竟仍旧有一些可以说是代表着苏格拉底主要伦理学思想的东西积累了下来，从而也就构成了苏格拉底在伦理学领域的理论贡献。那么，这是些什么思想呢？

首先，苏格拉底确定了古希腊伦理学研究的核心主题，这就是人的德性，由此奠定了古希腊德性伦理学的传统。我们说，"德性"这个概念，按其希腊文ἀρετή的本义，乃是指"优秀"，它在最初是同事物的自然禀赋、特有功能联系在一起的，是指事物自然禀赋、特有功能的最优。例如，马的功能是奔跑，从而善跑就是马的德性，鸟的功能是飞翔，从而善飞就是鸟的德性。由此可见，在最初"德性"一词是没有伦理内涵的，

① 亚里士多德：《形而上学》M 4，1078b17-29。据洛布本中古希腊原文直接译出。

它是一个自然属性的概念，就此而言，它诚然是不可教的。但是，随着智者学派对伦理学问题的关注，特别是在φύσις和νόμος的争论中将道德与自然分离开来，这样，德性问题就被带入理论研究的视野，在这时，德性开始脱离它自然属性的内涵，而同人的社会属性联系在一起。因为，人所具有的其他属性和功能都不足以将人同其他动物所具有的属性和功能区别开来，唯有人的社会属性、社会功能是人所特有的，从而可以被看成人的真正德性。

在柏拉图的《普罗泰戈拉篇》中，普罗泰戈拉所讲的一则关于埃庇米修斯给所有生物分配适合的技能的故事，便是对这一点最充分的说明。① 普罗泰戈拉是这样说的。当各类生物被创造出来时，神让普罗米修斯的弟弟埃庇米修斯去为各类生物分配它们各自适合的技能，以便能够保全它们。埃庇米修斯给一些生物分配了力量，却给另一些生物分配了速度，给一些生物分配了尖牙利齿，却给另一些生物分配了羽毛翅膀，等等。总之，他给所有的生物分配了它们彼此相适应的逃避伤害、保全生命的技能，但是唯独忘了给人类分配。因而，在所有技能都被分配完之后，唯有人类一无所有，他们赤身裸体站在其他各类生物面前。显然，普罗泰戈拉以此是要说明，正是在自然能力、自然禀赋方面，人类相比于其他一切生物实际上是不具优势的。假如人类仅仅凭借自己的自然能力，那么他们在自然界中几乎是无法生存的。正是在这样的背景下，普罗泰戈拉才讲到，为了让人类能够生存下去，宙斯将正义分配给了人类，而且是要求分配给每一个人，以便人们能够结合在一起，共同生活下去。这就清楚地表明了，正是人类的社会属性是人类区别于其他动物并且优越于其他动物的根本特性，而以正义为代表的各种德性就正是人类作为社会的存在所必然具有的、不同于他们一切自然禀赋的特殊品质。

这样，正是在智者学派那里，德性第一次摆脱了它所固有的自然属性的内涵，开始同人的社会属性联系在一起。而当苏格拉底将他的研究目光由自然哲学转向人事时，很显然，作为人所特有的社会属性的集中表现的人的德性就成了他首要关注的对象，由此，他便对德性问题展开了持久

① 参见柏拉图：《普罗泰戈拉篇》320D—322D。

的、大量的研究和讨论。我们说，正是这一讨论确定了古希腊伦理学研究的核心主题，也奠定了古希腊德性伦理学的传统。这就是苏格拉底在古希腊伦理学上的第一个贡献。

其次，苏格拉底在他德性概念的基础上提出了“德性即快乐”的命题，因而，在继承古希腊幸福主义伦理学传统的同时，也用德性概念丰富了古希腊伦理学对幸福的理解，使得古希腊伦理学由对外在善的关注转向了对内在善的关注，赋予了古希腊的幸福概念道德的内涵。因为，在传统上，古希腊的伦理学是幸福主义伦理学，对于古希腊人来说，人生真正的目的就是幸福，因而幸福就是至善，德性在根本上是与人生的幸福联系在一起的。就此而言，苏格拉底的思想与古希腊的传统思想是没有分别的，他同样把幸福看成人生的根本目的，认为每个人都自然而然地把幸福作为自己行为的最终目的来追求，并且德性就是快乐，快乐是德性的一个非常重要的指标。因而，在这一点上，苏格拉底的伦理学思想表现出了对于古希腊传统的伦理学思想的继承关系。然而，在对什么是幸福的理解上，他与古希腊传统的思想却有着根本的不同。在传统上，古希腊人往往将财富的拥有、门第的高贵、生活的顺利、名声的显赫以及多子多孙视作幸福，并且自然而然地认为这就是人生追求的目标，是善。但是，在苏格拉底看来，这些只是外在的幸福、外在的善，它们同生活的各种外在条件和环境有关，真正的幸福无关于此，不受这些外在条件和环境左右，而仅仅同一个人的道德行为有关。一个人仅仅按照德性所要求的行为规范生活他就是幸福的，换句话说，符合道德规范的社会生活本身就是快乐的和幸福的，它是生活幸福的真正根源，从而是真正的幸福、真正的善。因此，苏格拉底要求人们仅仅关注这种内在于道德行为本身的幸福与快乐。他的“德性即快乐”不仅是用快乐来衡量德性，更重要的是用德性来限制快乐，表明我们不需要关注别的什么快乐，德性本身就含有最本己的、人所内在固有的快乐。这样，当苏格拉底提出人生最重要的目标是追求这种德性本身的快乐时，很显然，他也就将古希腊的伦理学由对生活外在幸福的关注转向了对生活内在幸福的关注，以德性为标准区分了有关生活的外在的善和内在的善，深化了古希腊幸福主义伦理学对幸福内涵的理解，突出了它属于社会道德行为规范方面的内容。这就是苏格拉底在古希腊伦理学上的第二个贡献。

最后，苏格拉底提出了“德性即知识”的命题，开创了西方理智主义伦理学的传统。如果说我们能够在德性伦理学、幸福主义伦理学这两个层面就古希腊伦理学与中国古代伦理学思想进行类比的话，那么恰恰是在这第三个方面，古希腊伦理学展现出了与中国古代伦理学十分不同的特征。这也就是说，在古希腊伦理学中，道德首先是一种知识，完善的道德必然要诉诸认识上的清楚明白，而不单单是一个道德践履的功夫的问题。古希腊的伦理学的这个特征是和古希腊社会始终处于多种文明对话、交流的历史环境中的特点分不开的。因为，在同一个习俗社会中的人们可以诉诸基于相同习俗所形成的生活共识来达成对于生活中的道德行为规范的理解和认同；但是，当不同的习俗社会彼此相遇，这个时候靠基于相同习俗的共识来达成理解就是不可能的，在这个时候，就必须诉诸理性的论证，来证成某种生活方式亦即道德规范的合理性。由于相较于古代中国社会，古希腊社会更处于一个多种文明频繁冲突、交流的环境中，从而理性的论证也就成为它伦理学的一个显著特色。苏格拉底“德性即知识”的命题显然正是基于这一特殊的社会历史环境的，从而也就构成了与中国古代伦理学思想显著不同的特色所在。

具体来说，在苏格拉底看来，德性既然已被确立为伦理学研究的核心，并且它具体地表现为一种幸福的生活、最优的生活，那么什么生活是一种最好的生活，如何使生活达到最优，在苏格拉底看来，对这样一些问题的回答就需要专门的知识。这就像一个木匠必须有木工方面的专门知识才能制作出精致的木器，一个政治家必须有治国方面的专门知识才能治理好国家，同样，一个人必须有关于什么生活是最好的生活的专门知识，才可能在现实中去实现这种生活，使自己的生活达到最优。因而，“德性即知识”，知识在人的道德实践中便具有了突出重要的地位。

但是，苏格拉底立刻发现，正是在有关如何过一种美好的生活上，人们表现出极大的无知和自负，每个人都自以为自己懂得怎样美好地生活，但实际上却受到了种种流行的观念、传统的习俗、愚蠢的偏见的影响，在认识上处于极其混乱的状态。苏格拉底认为，正是这种认识上的混乱导致了现实生活中的各种罪恶。基于这样一个认识，他就提出了他在伦理学上的另一个著名命题——“无人有意作恶”。意思是说，既然追求生活的幸福是每个人的本性，且最有德性的生活就是最幸福的生活，那么就这一点来说，没有人会专门去作恶，求善是人的天性。因此，罪恶的发生不是人们有意为之的结果，而是人们认识上的无知和混乱所造成的，人们错把坏的东西当成了好的东西去追求和实行才产生了现实中的罪恶。

从这样一种完全理性主义的道德理论出发，苏格拉底相应地提出了他的一个著名口号——“认识你自己”。意思是说，既然幸福的生活、有德性的生活在于知识，那么人首先要对自己有一个清楚的认识，要认识到自己的无知，意识到自己在人生最重要的问题上，即怎样的生活才算是美好的生活这个问题上竟然一无所知，这样人才可能从各种混乱的观念中、从各种习以为常的生活方式中摆脱出来，对人应当过一种怎样的生活重新进行思考，由此才能产生有关人生的真知灼见，并且按此照看好自己的灵魂。

这就是苏格拉底“德性即知识”最为内在的意义。苏格拉底意在唤醒人的道德良知，认为一种内在的道德良知是人生价值的根源。正是基于这种认识，苏格拉底才不厌其烦地穿行在城邦的大街小巷，与人做自讨没趣的交谈，促人猛醒；也正是基于这种认识，苏格拉底才孜孜不倦地寻求各种德性的定义，企图获得完满的道德知识。

第五章　柏拉图的中期理念论

【1】柏拉图的生平及学说

在我们进入对柏拉图哲学思想的正式探讨之前，让我们首先对他的生平和学说做一个简要的说明。

柏拉图生于公元前 427 年，也就是伯罗奔尼撒战争爆发后的第四年，卒于公元前 347 年，享年 80 岁。他在大约 20 岁时成为苏格拉底的学生。据说，在头一天晚上，苏格拉底梦见一只小天鹅停在他的双膝上，然后迅即羽翼丰满起来，发出甜美的叫声飞走了。第二天就有人将柏拉图引荐给他，他看见柏拉图说，这就是那只天鹅。柏拉图出身高贵，父系可以一直追溯到雅典的最后一位国王，母系则可以追溯到梭伦，而更远可以追溯到海神波塞冬，是真正的贵族世家子弟。柏拉图早年醉心于诗艺，曾经写过抒情诗和悲剧，并打算参加悲剧比赛，但据说由于在剧场门口听到苏格拉底的讲话，就烧掉了自己的悲剧作品。柏拉图也曾热心于政治，但是据他自己所说，经历过对苏格拉底的审判后，他便对政治心灰意冷，无论对贵族派还是对民主派都失去了希望。柏拉图说他认识到，现行的一切政治制度都是坏的，改变它们的唯一希望只基于一种不可能性上，这就是：要么从事真正哲学研究的人获得城邦的统治权，要么那些执掌城邦的人由于某种幸运而成为真正的哲学家；否则，人类的罪恶将永无休止。① 这样，柏拉图便把自己对政治的热情转向了教育和科研活动。在公元前 387 年，在

---

① 参见柏拉图：《第七封信》。

他第一次西西里之行回来后，就在雅典的阿加德米体育场创建了他自己的哲学学派，这就是著名的阿加德米学园，或称柏拉图学园。除开之后的两次西西里之行，柏拉图一直在这里从事他的教学和科研活动，直至去世。据说，柏拉图是在参加一次婚宴的宴席上去世的。亚里士多德曾经写过一首诗悼念柏拉图，诗歌这样写道：

来到荣耀的凯克罗比亚平原，
他虔诚地筑起一座神圣友谊的祭坛，
献给一个人，他，坏人们甚至不配称赞；
他是有死者中唯一或者最先
以自己的生活和理论的探寻清楚地指出，
人可以同时成为善良而快乐；
但现在不再有人能够领会这些。①

这就是柏拉图的简要生平。至于他的学说，我们首先要清楚的是，按照哲学史传统的看法，柏拉图的学说分成两个部分：一个部分是以他的一系列对话作品为主体的所谓的“成文学说”，这些对话作品是柏拉图向社会上公开发表的，普通人都可以看到，而不仅仅限于学园内部；另一个部分是所谓的“未成文学说”，这部分学说据说是柏拉图在学园内部口头讲授的，没有文字流传下来，只有亚里士多德和其他柏拉图主义者在自己的著作中有一些片断的记载。关于这两部分学说之间的关系，学术界一直存在争论。长期以来，主流的学术观点是忽略未成文学说或者将其神秘化，而主要以诠释柏拉图成文的对话作品作为研究的中心。但是，自20世纪中期开始，以德国学者克雷默、盖瑟尔为核心的图宾根学派却将更多的研究精力放在搜集和整理柏拉图的未成文学说上，形成了以柏拉图的未成文学说为研究重点的新的研究方向，并在这方面取得了大量的研究成果。②

---

① 亚里士多德残篇 $R^2$623，$R^3$673，参见 Aristotelis，*Framenta Selecta*，Recognovit W. D. Ross，Oxford University Press，1988，p. 146。据古希腊原文直接译出。

② 关于图宾根学派及柏拉图的未成文学说，参见先刚：《柏拉图的本原学说——基于未成文学说和对话录的研究》，北京，三联书店，2014。关于柏拉图的成文学说和未成文学说之间的关系问题的讨论，亦可参见该著作。

人们通常倾向于将柏拉图的这两种学说对立起来，要么以前者否定后者，要么以后者否定前者。但是，一种更为公允的判断应当是，这两种学说是不对立的。尽管古代存在着所谓“口传”的学术传统，柏拉图会选择将一些更为困难的主题和思想向他认为合适的对象传达，但是我们并不能由此认为柏拉图会在他公开发表的作品中隐瞒他自己真正的思想观点，甚至会发表一些迎合大众口味的虚假主张。相反，对话作品不仅起到了一种教谕和劝勉的作用，启迪听众的心智，将其引上一条追求真理的道路，而且其中也确实探讨了很多严肃的哲学问题，包括在“未成文学说”中所记载的有关形而上学本原的问题。否则，我们也就不能理解，柏拉图的对话作品中除了有像《会饮篇》《斐德罗篇》这样的明显带有劝勉性质的作品，还有像《巴门尼德篇》《智者篇》这样的只有具有最深的形而上学思辨才能够领悟的作品。因此，尽管在柏拉图那里仿佛存在着“成文学说”和“未成文学说”的对立，但是我们却倾向于消除这种对立，将它们放在一个统一的思想体系中来理解。

其次，就柏拉图的对话作品而言，在柏拉图保存下来的36篇对话作品（含书信）中，其中有28篇已被学者公认是真的。这些对话作品是有早、中、晚期之分的。虽然有些学者不同意柏拉图的思想有所谓的早、中、晚期的变化，例如施特劳斯学派、图宾根学派，但这是需要特殊的解释才能成立的。对柏拉图对话作品通行的文献学研究、语言学研究和哲学研究还是清楚地显示出，柏拉图的这些作品不是一个时期写成的，里面明显具有思想前后期的变化。一般来说，《申辩篇》《克里同篇》《拉凯斯篇》《莱西斯篇》《希庇亚篇（大小）》《欧绪弗洛篇》《普罗泰戈拉篇》《高尔吉亚篇》《伊安篇》这些属于柏拉图的早期对话作品。学者一般认为，这些作品反映的基本是苏格拉底的思想，柏拉图只是以戏剧创作的方式对之加以记录和整理，还没有柏拉图自己成熟的理念论思想。所以，这些早期对话作品一般也被叫作“苏格拉底的对话”，学者们往往是通过柏拉图的这些作品来研究苏格拉底的思想的，而我们在前面讨论苏格拉底的思想时，所运用的很多材料实际上也来自这些对话作品。中期的对话作品包括《克拉底鲁篇》《曼诺篇》《斐多篇》《会饮篇》《理想国》《斐德罗篇》等这样一些著名的对话，从中我们可以看到柏拉图明显成熟的理念论思想体系，所以，可以说，只是在这个时期才有了所谓“柏拉图的哲学”。晚期对话作品包括《巴门尼德篇》《泰阿泰德篇》《智者篇》《政治家篇》《菲利布篇》《蒂迈欧篇》《克里底亚篇》《法律篇》等，它们代表了柏拉图理念论思想的深化和发展，在很多方面，体现了与早期对话作品以及中期对话作品十分不同的思想，人们也正是根据这些对话作品中的思想认识到柏拉图思想前后期的变化的。

这就是对柏拉图对话作品的大致分期。由此可见，当说到柏拉图的哲学时，我们实际上是以他的中期对话作品和晚期对话作品为研究对象的，它们分别反映了柏拉图的中期理念论思想和晚期理念论思想。我们首先要处理的就是柏拉图的中期理念论思想。

【2】柏拉图的理念论

显然，一谈到柏拉图的哲学，我们立刻想到的就是柏拉图的理念论。在某种意义上，柏拉图的哲学就是他的理念论，它是围绕由理念所引起的种种问题的各种论说的总和，其中不仅包括本体论和目的论的内容，而且包括逻辑学和认识论的内容，是所有这些内容的总和。因此，把握柏拉图哲学的关键就是把握他的理念论，而把握他理念论的关键则毫无疑问是要理解他的那个“理念”。因此，首先要回答的问题就是：什么是柏拉图的“理念”？

“理念”（ἰδέα），按其古希腊文的本义，是指所看到的事物的形相和外观。因为，古希腊文这个词的词根ἰδ来自动词“看”，从而这个词就是动词“看”的名词化形式，表示“看”所看到的东西，而这主要就是指所看到的事物的形相和外观。显然，假如仅仅从ἰδέα的这一词源学本义来看，那么柏拉图的“理念”就不能摆脱感觉经验的色彩，它是我们感觉经验的对象。因为事物的形相和外观正是我们经验直观的对象，从而，我们放眼所及的一切，我们看到的任何东西，总之一切经验表象，就都可以被称作“理念”，因为它们都是事物的形相和外观。如果是这样的话，那么柏拉图的理念世界所对应的也就是一个完全经验表象的世界。显然，一旦我们注意到这一点，我们就会知道，这种按ἰδέα一词的本义来理解柏拉图的“理念”的看法是错误的。这不仅是因为柏拉图自己就明确地把经验表象的世界同他所谓的理念的世界对立了起来，而且是因为柏拉图的理念实际上是按照苏格拉底所开创的普遍定义法经过严格的逻辑界定而来的，它所对应的正是苏格拉底所孜孜以求的那个事物的“是什么”，也就是事物的本质。我们知道，苏格拉底正是凭借这个才超越了智者学派感觉主义、主观主义的认识论，达到了巴门尼德所开辟的那个形而上学的本体论领域，因为“是什么”所关涉的正是事物在那个领域中的存在或者“所是”。因此，显然，我们就不能按照ἰδέα的词源学本义来理解柏拉图的“理念”，也不能按照它的词源学本义将它汉译为“相”；相反，我们应当把它理解为事物的本质，它是对事物经过严格逻辑界定之后所揭示出来的事物现象背后的存在。柏拉图对“理念”的另一个常用的称呼，即某某事物自身，便鲜明地表明了这一点。实际上，柏拉图的“理念”正是一个事物在本体论的领域中保持严格自我同一性的事物之自身，它满足巴门尼德对这一领域中的存在的全部要求，即它是绝对的、不动的、永恒的、唯一的。正是由于“理念”在柏拉图那里具有这样的内涵，从而对于柏拉图来说，“理念”意味着真正的存在，而具体的经验现象反倒是不真实的，认识的全部目标就是抛开经验现象，而达到对“理念”所标志的事物的真正存在的认识。

在著名的《第七封信》中，柏拉图曾经借一个圆阐明了他关于“理念”是事物本身真正存在的思想。他指出，圆有五种存在方式。一种是名称中的存在，例如“圆”这个名词。显然，这个名词只有在指称圆这个事物时才是有意义的，但如果我们认为圆就是这个名词，那么我们也就失去了“圆”这个名词所指称的那个对象，而“圆”这个名词也就沦落成为一个单纯的声音，再也没有任何可以理解的意义。一种是名词定义中的存在，例如对“圆”的界定。柏拉图指出，定义也只有当它是对圆的真实存在的描述时才可能是正确的，它自身不过是一串词而已，但如果仅从词的角度来看，那么就像我们既可以用“圈”又可以用“环”来称呼圆一样，这个定义本身由于仅仅是词的名称约定的缘故，也是会发生变化的。因此，如果我们迷失于定义之中，那么也就丧失了圆本身。一种是感觉经验中的存在，也就是所谓圆的形相，例如在纸上画出来的圆，在皮革上镂刻出来的圆。柏拉图指出，这些圆由于只存在于我们的感觉经验之中，从而相比于真正的圆来说，它们永远是不圆的，它们不过看上去圆而已。从而，如果把真正的圆和现实中的各种具体的圆形相等，那么我们同样也就迷失在了混乱的感觉经验中。只有当现实中的各种具体的圆形指涉那个真正的圆本身时，它们才具有认识的价值。第四种是灵魂中的存在，也就是我们对圆的思想把握。柏拉图认为，其中基于概念的对圆的认识最接近于圆本身。但是，由于我们自身认识的局限性，我们也只不过是可以在思维中无限接近对圆本身的认识而无法完满地把握住它。在上述四种存在之外，圆作为自己本身而存在着，只有这个存在是绝对的、完满的和真实的，这就是圆的第五种存在方式，它是圆的本真存在，而“圆”的理念所标示的正是这个存在。①

这样，我们现在就清楚了，柏拉图的“理念”所指的就是事物真实的存在，也就是所谓的事物自身，它不同于我们经验感觉的事物，它在根本上是本质对象物。巴门尼德通过他对系词“是”的逻辑分析指示出了有一个本质对象领域存在，但是对于这个领域本身，他不仅没有做任何更为深入的认识，而且没有为我们达到这个领域提供任何切实可循的途径。苏格拉底通过他的普遍定义法为我们达到这个领域提供了一种理性主义的认识途径，表明我们不是通过我们的感觉经验、而是通过我们的理性认识来达到它的。相对于巴门尼德和苏格拉底，柏拉图的“理念”就是对这个领域更为深入的认识，他的“理念”实际上就是一个一个的本质对象物，它们共同构成了相对于经验现象世界的本质世界。这就是我们首先应当对柏拉图的“理念”所取得的认识。

但是，除此之外，柏拉图的“理念”还具有另外一层非常重要的内涵，这就是：它还指事物理想的存在，标示的是事物最完满、最合理、最恰当的存在状态，事物的合目的性便在其中。正是基于对“理念”的这一理解，对于柏拉图来说，事物就不仅作为本质而存在，而且作为目的而存在，实际上，事物的目的性存在才构成了事物的本质。每个事物的内在本质和它的内在目的都是完全同一的，可以说，是事物的目的规定着事物

---

① 参见柏拉图：《第七封信》342D—343A。

的本质。显然，只有认识到这一点，我们才可能理解，为什么在柏拉图理念的等级秩序中，善是最高的理念，而每一个事物的存在和意义是依据善的理念取得的。在《克拉底鲁篇》中，柏拉图用木工制造的织布的梭子作比喻来阐明他理念的这一目的论内涵。他告诉我们，只有参照理想的梭子，木工才可能制造出在实际织布中真正合用的梭子，理想的梭子是对梭子在织布活动中的各种合目的性的最完满的体现。假如一个木匠不考虑理想的梭子，而是仅仅仿照现实中的随便什么梭子来制造，那么他做得再像，他也只是获得这个梭子的形相和外观，而没有把握其本质，即它的合目的性本身。①

这样，真实的存在和理想的存在就是柏拉图理念的两层最为内在的含义。显然，把握了这一点，什么是柏拉图的理念论这个问题就可以得到正确的回答了。因而，柏拉图的理念论在其最基础的层面上就是对事物真实的存在和理想的存在的论证与阐明。就前者而言，它是本体论；就后者而言，它是目的论；就真实的存在和理想的存在在柏拉图理念论中的内在统一性而言，柏拉图的理念论又是本体论和目的论的统一。作为本体论，它要表明只有理念才是事物真实的存在，并要尝试对由所有的理念构成的那个理念世界本身的逻辑进行论述。作为目的论，它必须要阐明理念的合目的性，表明目的对事物本质存在的内在规定意义。作为本体论和目的论的统一，它对理念世界自身逻辑的阐述又是依照一种目的论的等级秩序来安排的。所有这些就构成了柏拉图理念论最基本的理论内核，也构成了柏拉图属于中期理念论的对话作品论述的主要内容。

也许，柏拉图理念论的这种本体论和目的论的统一，在他中期著名的对话作品《斐德罗篇》的这样一段话中可以得到鲜明的体现。在那里，柏拉图这样写道：

> 天外的景象从来没有也永远不会有尘世的诗人来做出色的歌颂。不过，它大概如我所说的这样。因为我必须说出真理，尤其是当我们正在谈真理时。在天外境界存在着无色、无形、不可捉摸的存在，只

---

① 参见柏拉图：《克拉底鲁篇》389B-C。

> 能为理智——灵魂的驾驭者所观照，是真正知识的对象。为理智和纯知识所滋养的神圣心灵及能够接受有益于它的养料的灵魂，在经过一段时间后，再次看到真实的存在，不禁欣喜若狂，通过注视真理获得营养，幸福无比，直到天的旋转把它带到原来的出发点。在旋转中，它观照到公正、节制和知识，但不是变动不居的，也不是在我们称为真实的各种事物中所找到的，而是留居在真实世界中的绝对的、永恒的知识。①

在这里，“真正知识的对象”所指涉的就是理念的存在，它被看成“真实的存在”，并且与经验中“被称为真实的各种事物”相对立。而清楚的是，这种本体论性质的存在在柏拉图那里被做了理想性质的描述，它是本体论和目的论的完满统一，是最完满的存在。

【3】中期理念论的认识论难题

但是，柏拉图的理念论除了是本体论和目的论的统一之外，还是一种认识论。因为，就像在巴门尼德的学说中有一个我们如何在认识上达到巴门尼德所说的那个不动、静止、永恒、唯一的存在的问题一样，在柏拉图这里，当他无限地强调理念对象的绝对性和完满性并把它与经验事物对立起来时，智者学派的那个认识论难题就出现了，这就是：我们如何从限制我们的经验认识出发去达到你所说的那个排除了一切经验认识的绝对的理念？这难道不是矛盾的吗？柏拉图意识到了这个问题的严重性，把它作为自己理念论中一个非常重要的难题来加以处理，由此形成了他颇富特色的中期理念论的认识论思想。

柏拉图是在他中期重要的对话作品《曼诺篇》中，通过智者曼诺提出这个难题的。曼诺是智者高尔吉亚的学生，在《曼诺篇》中，他被柏拉图刻画成一个自以为无所不知、无所不晓的人物。他一见到苏格拉底就立刻提出了智者学派一个传统的、有关德性是否可教的问题，以为可以在

① 柏拉图：《斐德罗篇》247C-E，见苗力田主编：《古希腊哲学》，282页。

苏格拉底面前卖弄一番。但苏格拉底却巧妙地避开了曼诺的这个问题，把曼诺引向了一个更难回答的问题：什么是德性？曼诺起初以为这个问题是容易的，但是在苏格拉底的一再盘诘下，他表现出了自己在德性问题上的惊人的无知。为了挽回面子，他便针对苏格拉底所一再提到的理念提出了上面所说的那个认识论难题。他这样说：

> 苏格拉底啊，你到哪条路上去寻找对其本性你一无所知的事物？在未知的领域中，你拿什么作为研究对象？即使你很幸运，碰巧遇上了你所探求的东西，你又怎样知道这就是你所不知道的东西呢？①

我们说，这确实是一个很巧妙的问题。认识就是去认识尚不知道的东西，但是一个我们从来不知道的东西，我们怎样去认识它呢？例如，我们从来没有见过曼诺，那么当我们在人群中看见了他，我们也并不能认出这就是曼诺。同样，当那个需要我们去探寻的理念被抬高到了同我们的日常经验认识完全脱离的程度，那么我们如何能够认识它、我们是否能够认识它以及我们是否还能够意识到去认识它，就都成了问题。这就是曼诺问题的实质。

柏拉图意识到了这个问题的全部困难和重要性，他让苏格拉底这样说：

> 曼诺，我明白你的意思。你知道吗？你引入了一个极其麻烦的问题，即一个人既不能研究他所知道的东西，也不能研究他不知道的东西。他不能研究他所知道的东西，因为他知道它，无需再研究；他也不能研究他不知道的事情，因为他不知道他要研究的是什么。②

理念既然是超出我们感觉经验的东西，那么当它被树立为认识的对象时，我们怎样去认识它呢？

针对这个难题，柏拉图进行了艰苦的理论探索，而探索的结果就是他在认识论上的两个重要学说，即回忆说和灵魂转向说。严格来讲，这两个

---

① 柏拉图：《曼诺篇》80D，见苗力田主编：《古希腊哲学》，249～250页。
② 柏拉图：《曼诺篇》80E，见苗力田主编：《古希腊哲学》，250页。

学说稍稍有所不同。回忆说带有更多比喻的、神话的性质，而灵魂转向说则带有更多分析的、思辨的性质，相比于前者，它在对我们认识过程的分析上更深入了一步。

【4】回忆说

柏拉图有关回忆说的思想首先是在《曼诺篇》中被提出来的，然后在《斐多篇》和《斐德罗篇》中结合对灵魂不朽的论证做了进一步的发挥和说明。

在《曼诺篇》中，面对曼诺的上述问题，柏拉图立即敏锐地意识到，曼诺的问题看似无理实则有理。这就是，对于那个完全同经验现象相分离的事物的理念，我们既不能绝对地知，又不能绝对地无知，否则，这两者都将导致认识的不可能。从而，唯一合理的解决途径仅在于，我们对于它既要有所知又要有所不知，我们对于它恰恰处于知与不知之间。显然，这样一种既知又不知的认识的中间状态从逻辑上避免了曼诺那个难题所导致的认识上的悖论，为认识作为事物的本质的理念提供了一种理论的可能性；但是，这在实际的认识中是否有其可能呢？柏拉图指出，恰恰是在我们的感觉经验中我们实际上已经对事物的本质有所认识了，而通过合理的引导，这也就是说，通过对我们感觉经验的理性分析与综合，就可以达到对事物本质的真实认识。柏拉图通过一个生动的例子向我们具体地展示了认识的这一过程。

他让对话中的苏格拉底找来了一个仅仅具有整数运算的数学知识的童子，对于这个童子，实际上也对于当时的大多数希腊人来说，无理数是完全不知晓的。但通过一步步引导，苏格拉底就使这个童子自己获得了关于无理数的知识。他是这样来做这个实验的。他先问这个童子：一个边长为 2 尺的正方形，其面积为多少？童子正确地回答出是 4 平方尺。接着，他又问：一个面积 2 倍于这个正方形的正方形，其面积为多少？童子依然正确地回答出是 8 平方尺。之后，苏格拉底反过来问：这个面积为 8 平方尺的正方形，其边长为多少？童子不假思索地回答说是 4 尺。在这里，童子想当然地以为 8 平方尺的正方形的面积既然是 4 平方尺的正方形的面积的 2 倍，那么其边长也就同比例地应当是面积为 4 平方尺的那个正方形的边长的 2 倍，即 4 尺。苏格拉底并没有耻笑他，而是耐心地画出了一个边长为 2 尺的正方形，然后将其各边延长 2 倍，从而得出了一个边长为 4 尺的正方形，显然，这个正方形中内含着 4 个边长为 2 尺的正方形。于是，苏格拉底问这个童子：边长为 4 尺的正方形的面积应当是边长为 2 尺的正方形的面积的几倍？童子这时意识到自己犯了错误，考虑到面积为 8 平方尺的正方形的面积是边长为 2 尺的正方形的面积的 2 倍，同时又是边长为 4 尺的正方形的面积的一半，于是他认为它的边长正确地说应当介于 2 尺和 4 尺之间，由于他并不具有无理数的知识，因此他想当然地认为其边长应为 3 尺。苏格拉底并没有耻笑他，而是继续启发他，问他：一个边长为 3 尺的正方形，其面积应为多少？童子说应当是 9 平方尺。这样，童子又意识到自己的错误，从而陷入思维真正的困境。苏格拉底继续鼓励他和启发他。他指着前面已经画出的那个边长为 4 尺的正方形，将构成它的其中那 4 个边长为 2 尺的小正方形的对角线首尾相连，这样便构成了一个新的正方形。他问童子：每条对角线是否将它所在的那个小正方形的面积分成两半？童子回答说是。他又问：其面积是多少？童子回答说是 2 平方尺，因为由它所分割的那个小正方形的面积是 4 平方尺。苏格拉底接着问：如果每条对角线所分割的面积都是 2 平方尺，那么它们合起来所构成的那个新的正方形的面积应当是多少？童子回答说是 8 平方尺，因为 4 个 2 平方尺正是 8。这样，童子便终于知道了，面积为 8 平方尺的正方形的边长等于面积为 4 平方尺的正方形的对角线的长度。①

这样，柏拉图就通过一个具体认识过程的展示表明了，正是在我们已有的知识中，通过逐步引导，通过对已有知识本身更为深入的分析与综合，我们就可以逐渐超出最初的、相对肤浅的知识，而获得较之前更为真实的知识，而这也就是我们认识的深化和进步。就此而言，我们已有的知识就是既知又不知的知识，也就是说，对于所要认识的东西已经有所知了，但是又知之不深、知之不多、知之不确，从而有待认识的进一步深化，而在认识的进一步深化中，之前知之不深、知之不多、知之不确的东

---

① 参见柏拉图：《曼诺篇》82B—85B。

西就会在认识中变得明确起来，成为我们确切把握的知识。显然，使这一切在认识论上得以可能的关键就在于：对于我们所要认识的东西，我们不是一无所知，而是有所不知；对于我们所要认识的东西，我们仅仅处于认识的不完善、不清楚、不确切之中。

但如果这就是我们的认识，这不恰好就是我们的感觉经验认识吗？因为我们的感觉经验恰恰就是这样一种特殊的认识，它对于所要认识的东西并非一无所知，而是有所知，只是认识得还很不清楚、很不确切，而通过对感觉经验认识的分析与综合，原本不清楚、不确切的东西也就在认识中变得清楚、确切起来，我们也就因此获得了认识的进展，获得了新的知识。从而，对于柏拉图的上述例证，结论无疑就是：我们无须到感觉经验之外去寻求关于事物本质的认识，感觉经验已经蕴涵了关于事物本质的知识，我们只需要对我们的感觉经验本身加以耐心细致的审查和分析，就可以得出关于事物本质的更为清楚明白的知识。因而，不仅本质和现象不是对立的，而且理性认识和经验认识也不是对立的，理性认识不过是经验认识的深化和发展而已。由此，显然，曼诺通过将本质和现象、理性认识和经验认识对立起来的方式而提出的那个认识论难题也就从根本上得到了解决。

这样，针对曼诺的那个认识论难题，我们现在就可以这样明确地说：绝对未知的东西当然是绝对不可知的，同样，绝对已知的东西当然也是绝对无须知的，但是认识恰恰既不是去认识绝对未知的东西，也不是去认识绝对已知的东西，而是去认识相对有所知和相对有所不知的东西，并且由此达至认识的相对进步。就像对于曼诺，即便我们认识他，我们也从来没有达到对他的绝对认识，而是随着对他了解的加深，对他的认识不断深入。从而，认识在本质上是经验认识与基于经验认识的不断进步和深化，我们正是在我们的经验认识中，通过对我们已有经验认识的分析与综合而达到新的、更深层次的认识，并且随着经验认识的扩展而不断扩展我们的知识。

但是，毫无疑问，这只是我们针对柏拉图的上述例证所做的一个哲学分析，它并不代表柏拉图自己的观点。对于柏拉图来说，由于他根本否认感觉经验，否认认识的经验性质，因此，面对曼诺的那个问题，他就必须在认识论上另辟蹊径。

从一种绝对理性主义的认识论立场出发，针对上述曼诺所提出的那个认识论上的悖论，既然我们不能认识我们所绝对不知道的东西，既然认识也不能是对完全已知的东西的认识，而是要处于绝对的知和绝对的不知之间——只有这样认识才有可能，那么解决这一难题的唯一途径就只能是表明我们已经先行获得了关于事物本质的知识。理性知识是我们先天具有的知识，事物的本质就其自身而言在认识上是自明的，因此，我们本来就无须认识它们，我们对它们具有绝对的知，只是由于我们在后天生活的过程中遗忘了它们，我们才处于一种无知的状态，而通过一个回忆的过程就可以唤醒我们曾有的关于事物本质的知识。因而，对于柏拉图来说，上述那个苏格拉底引导童子具体认识无理数的过程，所表明的就不是一个我们认识的逐步深化过程，而是一个认识的逐步回忆过程。感觉经验在这里所起的作用只是通过它同事物本质的模糊相像，引起人们对事物本质本身的回忆，而通过这样一个逐步回忆的过程，人们也就重新获得了自己先天具有的关于事物本质的理性知识。因此，对于柏拉图来说，“学习就是回忆”，对事物本质的认识在根本上不是通过经验认识的深化来达到的，经验认识只是起到了一个唤起回忆的作用，经验认识一旦完成了这个任务就会被抛弃，而这时我们所诉诸的就是直接的理性认识，而这也就是对事物本质的直接的、自明的认识。这种直接的、自明的认识表明我们对事物的本质其实早已认识，它们是无须被认识的，而只须被重新回忆起来。这就是柏拉图认识论上的具有鲜明先验主义特质的回忆说。

我们看到，在《曼诺篇》中，针对曼诺的那个难题，苏格拉底直接就是以这种方式回答的。他说：

> 灵魂是不朽的，并多次降生，见到过这个世界及下界存在的一切事物，所以具有万物的知识。毫不奇怪，它当然能回忆起以前所知道的关于德性及其他事物的一切。万物的本性是相近的，灵魂又已经知道了一切，也就没有理由认为我们不能通过回忆某一件事情——这个活动一般叫作学习——发现其他的一切，只要我们有勇气，并不倦地

研究。由此可见，所有的研究，所有的学习不过只是回忆而已。[1]

这样，一方面是绝对的知，这就是灵魂所固有的先天自明的知识；另一方面是绝对的不知，这也就是灵魂沉沦在肉体之中，对以往知识的遗忘。由此，灵魂便处于一种特殊的既知又不知的状态，这就避免了曼诺的悖论，为灵魂最终以回忆为中介，复返从前所具有的那种绝对的知，也就是先天自明的知识，提供了可能。

在《斐多篇》中，柏拉图通过对灵魂不朽的证明再次论证了“学习就是回忆”的命题，而在《斐德罗篇》中，他又借助迷狂的观念强化了这一命题。他指出认识就是回忆，而回忆的过程实际上也就是灵魂从沉沦中得到拯救的过程。灵魂沉沦在尘世，但不断地渴望着超越，希望回归到它久别的故国。拥有这种灵魂的人，柏拉图便认为他是哲学家，支配着他的可以说是一种来自灵魂深处的疯狂激情，正是这种激情促使他无视经验现实，而只凝视真正的存在。柏拉图这样写道：

> 所以说只有哲学家的心灵有翅膀是有道理的；因为他总是尽其所能，专注在对这些事物的回忆中……当他看到尘世的美，便回忆起真正的美，感到翅膀正在生长并且急欲展翅高飞……他像一只小鸟，只注视上方世界，却把下方的一切置之度外，全然不顾。这就是他被认作疯狂的原因。[2]

这样，关于理念的一种先天知识以及通过回忆而来的一种激情，使得人超越了感觉经验对自己认识的束缚，而最终达到了对理念的认识。

这就是柏拉图在《曼诺篇》《斐多篇》《斐德罗篇》中对来自理念论内部的认识论难题所提出的一个解决方案。它的先验主义特征是明显的，它是在强化理性认识和经验认识、本质和现象对立的基础上获得的，它诉诸的不是认识本身的不断深化和发展，而是在根本上诉诸一种认识的自明性，它企图通过认识的自明性来逾越在它那里被对立起来的理性认识和经验认识的界限。

---

① 柏拉图：《曼诺篇》81C-D，见苗力田主编：《古希腊哲学》，251 页。

② 柏拉图：《斐德罗篇》249C-D，见苗力田主编：《古希腊哲学》，284 页。

【5】灵魂转向说

至于灵魂转向的认识论方案，柏拉图是在《理想国》中明确提出并且加以详细论证的。在那里，他通过两个具体的比喻，即著名的线喻和洞喻，细致地说明了我们的认识由感性认识上升为理性认识的具体行程，并通过灵魂转向的方式说明了这个认识的上升过程是怎样可能的。

首先是所谓的线喻。具体来说，柏拉图首先把一条线段分为不等的两个部分，以此来比喻经验世界和理念世界，对应于经验世界的那部分他称为可见世界，对应于理念世界的那部分他称为可知世界。然后，在此基础上，对这两个部分再分别予以二分。首先，对于可见世界，它又可以划分成不等的两个部分，这就是晦暗模糊的影像和造成这些影像的同样模糊不清的经验事物，柏拉图把后者叫作意见。其次，对于可知世界，它也可以划分成不等的两个部分，第一个部分对应于各门具体科学的知识对象，它们较经验对象更确定和明晰，但是，由于它们还依靠一些更一般性的原则，因此，在这个意义上它们又是不确定的和不明晰的。第二个部分就是各门科学所依赖的那些最一般的原则，它们具有完全的确定性和自明性，构成了世界的本原。

与这样的本体论的划分相应的就是认识能力和认识阶段的划分。柏拉图指出，与可见世界中的影像部分相对应的认识能力是想象，与意见部分相对应的认识能力是相信，与科学知识对象相应的认识能力是推理，最后，与本原相应的认识能力是理智直观。柏拉图认为，最高的认识能力和阶段就是理智直观，它达到了认识的完全的确定性和明晰性，它实际上是自明的知识，而推理的知识相对于它来说就显得不那么完善，因为推理的知识恰恰缺乏自明性。至于想象和相信这样两个认识阶段，在柏拉图看来就是更为低级的认识状态，它们完全缺乏对于真实东西的认识能力，而被各种影像和意见所迷。这就是柏拉图通过对一条线段的划分对我们认识能力和认识阶段的划分，具体如下页图：

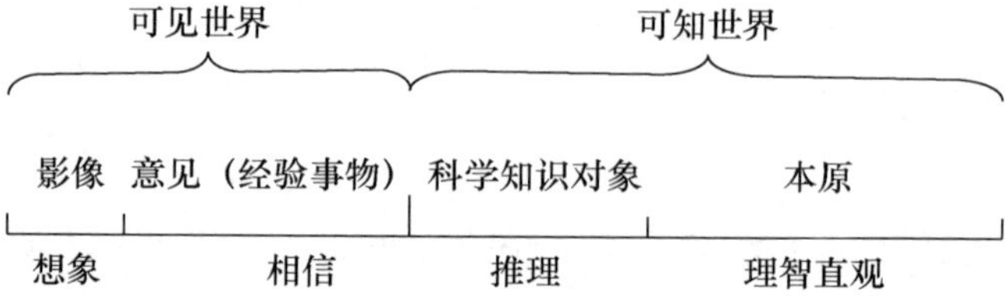

基于对我们认识能力和认识阶段的这一划分，从一种先验主义认识论立场出发，柏拉图又引入另外一个比喻，即著名的洞喻，通过说明灵魂转向的发生来展示我们具体是如何由较低级的感性认识上升到理性认识的。

他假设有一群人被囚禁在一个洞穴之中，他们从小就被捆住了手脚，并被枷锁锁定了脖子，从而既不能走动，又不能转动脖子。他们面对着洞壁坐着，在他们的后方有一堆火在燃烧，在他们和火之间隔着一道墙。有人在墙后面像演木偶戏一样，把各种道具举过这堵墙，道具的影子被火光投射在他们面对着的洞壁上。这样，被囚禁的人就从洞壁上看到了各式各样的人和动物以及各种其他事物，还听见了它们的声音。他们认为这就是他们所处的真实世界。柏拉图以此来象征认识上的想象阶段，也就是低级的感性认识阶段，认识的仅仅是事物的表象甚至假象。在此之后，他又接着描写其中有一个人突然挣脱了锁链，开始回过头来，挪动脚步，这样他便看见了火光，这是远比洞壁上的幻影更为真实的存在。柏拉图以此来象征人开始摆脱低级的感性认识，而达到了对于自身也是模糊不清的经验事物的认识，这就是认识的相信阶段。柏拉图说，这时他必定会感到痛苦，因为光线太过强烈，他宁愿相信墙壁上的影子更为真实。但在他逐渐习惯后，有人强拉他走出洞穴，这时他看见了比火光和火光照耀下的东西更为真实的存在，这就是阳光照耀下的万物。柏拉图以此来象征人的认识由感性的经验认识上升到了理性认识，达到了对各门科学对象的认识，这也就是认识的推理阶段。柏拉图说，在这个人逐渐习惯了阳光下的真实事物之后，他最终能够看到太阳本身，这就是使一切成为可认识的最确定、最自明的认识对象，柏拉图以此来表明认识的最高阶段，即对本原的理智直观阶段。

这就是一个人的认识由感觉印象逐渐上升，超越经验认识达到理性认识，最后达到对一般原则的认识的过程，也就是一个人灵魂转向的过程。柏拉图说，当这个人完成了这一转向之后，它肯定会感到以前洞穴生活的可怜与可悲，而不再愿意返回到过去的状态。但是，当他试图向从前的伙伴指出真相时，他肯定会遭到他们的嘲笑，"人们会嘲笑他，说他弄坏眼睛从上面回来了，可见上升是不合算的，还是以不上升为好"①。柏拉图因此说："任何有常识的人都应记住，眩目有两类，有两种原因引起，要么是由光明进入黑暗，要么是由黑暗进入光明。灵魂的情况也是这样。这样，一旦他看到灵魂发生迷惑，不能辨别事物，他就不会轻率地随便嘲笑。他必定会观察人的灵魂是来自更光明的生活，由于不习惯黑暗因而看不见，还是在从无知的黑暗转向光明的世界时被强烈的阳光所炫耀因而看不见。他会赞美前者幸福的经历，及其生活方式，会怜悯另一个。如果他有心要嘲笑从下上升到阳光中的灵魂，那他也不会象嘲笑从上方回到洞穴中的灵魂那样笑。"②

这就是柏拉图通过"洞喻"所描述的在具体的认识过程中所发生的灵魂的转向，它显然加深了我们对"线喻"中认识之四个阶段的理解，表明我们的认识是一个不断深化的、向上发展的过程，由此我们逐步取得对事物更为真实的看法。显然，这无疑表明了柏拉图相较于前人在认识论思想上的深化和发展，而这也就是所谓认识论上的柏拉图的辩证法。

但是，话说回来，由于柏拉图对认识的具体行程采取的是这样一种彼此截然分开的阶段划分方式，因此，从认识的一个阶段向着另一个阶段的过渡和转变就变得神秘起来。如柏拉图在"洞喻"中所说的那样，它借助的是一连串实际上颇为神秘的灵魂的转向，即由于某种特殊的原因，一个人的灵魂发生了转向，从而使他脱离了较低级的认识状态，突然飞跃到了较高级的认识状态，认识到了更高的存在。像"突然挣脱锁链""有人强拉他走出洞穴"这些实际上非常突兀的情节设计，就是认识过程中的这种神秘性的具体体现，因为它仿佛总是要借助某种说不清、道不明的外

① 柏拉图：《理想国》517A，见苗力田主编：《古希腊哲学》，317 页。
② 柏拉图：《理想国》518A—B，见苗力田主编：《古希腊哲学》，318 页。

力，总是带有某种机缘巧合、天赐灵感的意味。这样一些被一笔带过的逻辑上的缺陷深刻地向我们表明了，柏拉图的“灵魂转向说”看起来是理性主义的，但在本质上却是神秘主义的，它和前面的“回忆说”没有根本的区别，二者都建立在理性认识和经验认识的根本对立的基础上，在最终都要诉诸一种本质上是先验的自明认识和与此相应的颇为神秘的理智直观。

第六章　柏拉图的晚期理念论

【1】中期理念论的理论难题与晚期理念论

本体论、目的论和认识论的统一构成了柏拉图中期理念论体系的理论内核，只是在这一理论内核的基础上，推而广之，才有所谓的柏拉图的形而上学、物理学、心理学、政治学、伦理学、教育学和诗学，它们或者是上述理论的延伸，或者是运用上述理论的结果。在这整个体系中，毫无疑问，形而上学本体论是基础，因为它是对存在的奠基，只是在这样一个廓清了的存在领域，其他哲学问题才可能得到有效的探讨。这是古代哲学的根本特点，柏拉图的理念论也不例外。

但是，如果从这个角度观察，那么只能说柏拉图的中期理念论是对这个领域的初步奠基。因为，如果说柏拉图早期对话的论述重心主要是放在对本质定义的探讨上，也就是说，通过运用苏格拉底的问答法和定义法来尝试寻求事物的本质，那么中期对话的很大部分则是在本体论上对由普遍定义法所确定的事物的本质存在进行形而上学的论证，将它与经验现象根本区别开来，把它确立为经验现象之外的一个独立的存在领域，而且是真正的实在，并且对它从理想主义的角度来加以赞颂和描述，把它树立为认识的根本目标。但是，除此之外，中期理念论并没有试图对这个领域本身进行任何深入的分析和论述，它更多的是活动在这个领域的外围，强调它超越经验现象的特质，却没有深入这个领域的内部，对理念本身的存在方式、对其作为一个融贯的系统的存在逻辑进行任何积极的和正面的讨论。

中期对话具有这样的特点是不奇怪的，因为毕竟这只是柏拉图在这个领域中的初步工作。作为这个领域的一个最初的体系化的建设者，很多问题没有解决甚至没有被提出来，很多观点没有表述清楚甚至表述有问题，都是非常容易理解的。因此，在例如理念世界与经验世界之间的关系这个非常重要的形而上学问题上，中期理念论就遗留了许多重要的难题。这具体来说就是所谓的分离问题、分有问题和“第三人”问题。分离问题是就理念世界与经验世界的分离而言的，它使得柏拉图的理念论体系仿佛是一个二元论的体系，在这个体系中，本质与现象根本对立着，它们是两种完全不同的存在，一个遵循巴门尼德存在论的逻辑，即静止、永恒、唯一，一个遵循赫拉克利特生成论的逻辑，即永恒流变，但这样一个二重化的体系对于一个彻底体系化的思想者来说，显然是完全不能够容忍的。分有问题是就理念世界与经验世界、本质与现象的联系而言的。在承认理念世界与经验世界是两种完全不同的存在的基础上，柏拉图又企图使二者发生某种内在的关联，因此，除了在认识论上通过回忆说来使二者发生联系以外，在本体论上柏拉图又诉诸“分有”的概念，认为经验事物部分地分有了理念，这使得经验事物同时也部分地分有了存在——如果说只有理念才是真实的存在的话，经验事物与理念之间是一种分有和被分有的关系。这似乎解决了理念世界与经验世界的联系的问题，但实际上什么也没有解决，因为关于经验事物究竟是如何分有理念的，柏拉图并没有提供任何清楚的说明，从而，如亚里士多德所嘲讽的，“分有”只是一个诗意的比喻。① 而“第三人”问题恰恰是由这个“分有”概念所引发的。因为，如果经验事物与理念之间是一种分有和被分有的关系，例如，具体的人分有了一个共同的理念“人”，相对于“人”这个共同的理念来说，每个具体的人都是不完善的，而只有“人”这个共同的理念是完善的，代表着人本身，它构成了区别于具体的人的存在之外的另一个独立的实在，那么在逻辑上很自然地就存在着这样一个推论，即具体的人和“人”的理念它们又会共同分有第三个“人”的理念，它相较于前二者是更完善的、更真实的因而更高的存在。但是，这个推论在

① 参见亚里士多德：《形而上学》A 9，991a22-24。

逻辑上就会无限发展下去，而这也就会形成所谓的理念的理念、理念的理念的理念……从而会使理念在根本上成为不可能，这当然也是柏拉图的理念论体系在根本上难以承受的。因此，分离问题、分有问题和“第三人”问题就是柏拉图中期理念论中所隐含但尚未被明确意识到的问题。随着思想的深入，随着这个领域中理论工作的展开，所有这些问题就慢慢暴露了出来，它们成为柏拉图中期理念论体系中最容易遭受攻击的部分。

这样，在柏拉图进入晚年以后，他就开始了对他中期理念论的全面检讨。这种检讨是异常严格的，在很多时候实际上是一种批判。柏拉图在晚期所写的一系列对话作品中深入批判了自己中期理念论中隐藏的种种错误观点和思想，但反过来说，这种批判也推进了他理念论的体系化发展。我们可以这样说，在柏拉图的晚期对话作品中，柏拉图实际上更为深入地进入了中期对话作品所确立的那个本质存在的领域，直接而正面地对这个领域的内部逻辑结构、概念间的逻辑关系进行了深入而细致的探讨与论证，实际上奠定了普通逻辑学和概念辩证法的一般理论架构。因此，我们可以说，柏拉图在他思想的晚期进入了一个纯逻辑学研究的阶段。亚里士多德早期的逻辑学研究以及柏拉图学派其他成员的逻辑学研究，实际上都是在柏拉图晚期的这一研究工作的带领和鼓舞下进行的。柏拉图这一时期的对话作品具有鲜明的逻辑色彩，其中中期对话作品中所常见的文学的、戏剧性的成分几乎消失殆尽，纯理论的、严格逻辑性的思考成为对话作品的主体，以致不同人物角色的安排显得多余。

现在，我们可以确定柏拉图晚年所写的对话作品有：《巴门尼德篇》《泰阿泰德篇》《智者篇》《政治家篇》《菲利布篇》《蒂迈欧篇》《克里底亚篇》《法律篇》。其中，《巴门尼德篇》又题名为“论理念”，是对柏拉图中期理念论思想的深刻批判，其中包含着对概念辩证法的试探性研究。《泰阿泰德篇》又题名为“论知识”，是对“什么是知识”“认识的错误是如何产生的”这些认识论难题从知识论角度出发所做的分析和研究。《智者篇》又题名为“论存在”，是对“存在”及相关概念的纯概念分析的探讨。《政治家篇》又题名为“论君主制”，是对立宪君主政体的讨论，但其中包含对概念的范畴分类的研究。《菲利布篇》又题名为“论快乐”，是对“快乐是善”这一命题的深入讨论，其中同样涉及了概念的范畴分类问题。《蒂迈欧篇》又题名为“论自然”，属于柏拉图的自然哲学，探讨了宇宙生成论的主题，为物理学研究在亚里士多德那里成为可能奠定了基础。《克里底亚篇》是一篇短小的对话，是对传说中大西岛故事的专门讲述。最后，《法律篇》又题名为“论立法”，它是柏拉图晚年有关教育学、伦理学和政治学的最成熟思想的集中表达，在那里柏拉图探讨了建立一个合理政治体制的方方面面的问题。

仅从上面所罗列的这些对话作品的数量和主题来看，我们就已经可以知道，柏拉图在晚年所进行的思考是非常丰富和全面的，它同样涉及了中期理念论各个方面的主题。但是，毫无疑问，其中逻辑学的、纯概念思辨的色彩加强了，它更像哲学著作而不像戏剧作品。我们所关注的也就是其中纯理论的部分，尤其是他进入概念思辨的领域在其中所进行的纯逻辑学的研究，特别是概念辩证法的研究。

柏拉图晚期纯逻辑学的研究主要集中在《巴门尼德篇》《泰阿泰德篇》《智者篇》《政治家篇》《菲利布篇》。这几篇对话作品尽管对话的主题各有侧重，但都或多或少地探讨了逻辑学方面的问题，实际上是柏拉图对概念逻辑的研究。在这些对话作品中，《巴门尼德篇》《泰阿泰德篇》《智者篇》《政治家篇》这四篇对话，无论从形式上看还是从思想内容上看，都构成了一个连续的整体。因为，从形式上看，《泰阿泰德篇》《智者篇》《政治家篇》这三篇对话首尾相连是没有问题的，而《泰阿泰德篇》和《智者篇》又都提到了《巴门尼德篇》，因此显然，这四篇对话具有某种形式上的连续性。至于思想内容的关联，尽管这四篇对话各有自己专门的主题，但是在思想内容的核心层面都涉及了逻辑学的问题，尤其涉及了概念辩证法的问题，是对与概念思维有关的逻辑问题的深入的、持续的研究，从而表现出了思想内容上的连贯性。因此，《巴门尼德篇》《泰阿泰德篇》《智者篇》《政治家篇》这四篇对话，再加上《菲利布篇》，从某种意义上可以说构成了柏拉图晚期理念论中逻辑学研究的主体，从它们在全部晚期对话作品中所占据的数量比例，我们可以看到逻辑学的研究在柏拉图晚期思想中的分量。其中《巴门尼德篇》和《智者篇》尤为重要，因为它们涉及了“存在”“不存在”“一”“多”“同”“异”等这样一些基本概念，是对概念最基本的逻辑关系和逻辑原则的基于概念辩证法的探讨，真正具有纯粹概念思辨的特点，因此，理应成为我们关注的重点。

【2】《巴门尼德篇》中柏拉图对理念论的自我批判

我们首先来讨论《巴门尼德篇》。《巴门尼德篇》又题名为“论理念”，之所以有这样的题名，是因为在这篇对话中柏拉图对他自己的中期理念论思想做了非常深刻的检讨和批判，并在此基础上对概念的逻辑关系做了具有概念辩证法特征的初步探讨。因此，我们可以认为，这篇对话构成了柏拉图由中期理念论思想向晚期理念论思想转折的一个标志，它基本向我们展示了柏拉图晚期理念论中属于概念辩证法部分的内容。

在《巴门尼德篇》中，柏拉图是通过芝诺否定多的论证来发起对话的。我们在前面已经了解了芝诺否定多的论证，知道这个论证的关键就是运用严格的逻辑同一律来检查人们关于事物是多样性的观点，所达到的逻辑结果就是利用人们在思想多时所必然产生的思想矛盾来否定事物的多样性。具体来说就是认为：如果事物是多，那么运用逻辑同一律，我们就可以把这多样的事物归结为一，因此，事物便是一；但是，由此一来，事物便同时既是多又是一，故而就产生了矛盾；但矛盾是不可能的，因此，根据逻辑同一律和矛盾律，便需要否定多，认为多是假象，唯有一存在。如我们前面曾经指出的，解决这个问题的关键就是要承认矛盾，从而引入辩证法。也就是说，凡是在思维发现矛盾的地方，恰恰就是思维辩证法要活跃起来的地方。但是，芝诺采取了不承认矛盾亦即非此即彼的思维方式，从而否认了事物的多样性。

面对芝诺的这个难题，柏拉图亦认识到要引入辩证法，也就是说，要在逻辑上说明可以同时既是多又是一。但是，在《巴门尼德篇》中，柏拉图最初提供的方案却是，认为可以通过区分经验层面的多和理念层面的一来达到这一目的。也就是说，事物的多只是就经验现象而言的，而事物的一却是就理念而言的。例如，有很多的人，因此，针对这很多的人，我们说他们是多；但是，他们又都是“人”这个理念，因此，针对“人”这个理念，我们又说他们是一。从而，我们可以既说他们是多又说他们是一。我们能够这样做而又不违背矛盾律的关键就在于，我们是分别从不同的方面、不同的层次来说的，我们并不是在同一个时候就同一个东西、同一个方面来说的。柏拉图认为，以此方式就可以绕过事物同时既是一又是多的矛盾，在坚持巴门尼德路线的基础上解决上述问题，既承认经验事物的多样性，又坚持理念存在的单一性。因此，在《巴门尼德篇》中，面对芝诺否定多的论证，柏拉图让苏格拉底首先做的事情就是，阐述他的中期理念论的思想，强调了理念和理念的分有。分有理念的东西虽然是多，但是，每一个理念自身却是一。分有理念的东西可以同时分有多个不同的理念，甚至相反的理念，因而，它既是这个又是那个，既是这样又不是这样，表现出了矛盾。但是，就它所分有的每一个理念本身而言，却始终是严格的一，而不是其他。因而，矛盾仅存在于经验世界，却不存在于理念世界。理念世界仍旧是一个严格遵循巴门尼德逻辑同一律的领域，在这里，每一个理念仅仅作为自身而存在，保持严格的自我同一性。柏拉图笔下的苏格拉底以为，这样一来无疑就解决了芝诺的问题，一个事物同时既是一又是多也就得到了合理的解释。

但是，《巴门尼德篇》的目的不是在于重述中期理念论的思想，而是在于对中期理念论的思想进行严格的检查和反省，所以，上面的论证仅仅是全篇的开始，柏拉图不过是意在通过陈述它来使人们重新记起他的中期理念论，然后好对它进行有针对性的、严格的审查和批判。于是，当苏格拉底讲完话后，柏拉图就让巴门尼德挑起了新一轮的对话。通过巴门尼德对苏格拉底的一连串盘问，柏拉图的中期理念论立刻就陷入深刻的理论危机中。

那么，柏拉图是怎样通过巴门尼德展开对自己中期理念论的批判的呢？我们看到，在对话中，巴门尼德针对柏拉图所阐述的中期理念论思想，抓住了其中的一个关键问题，这就是经验事物对理念的分有。如我们前面所说的，柏拉图提出“分有”这个概念是意在解决理念世界与经验世界分离的难题，但是对于这个概念本身、对于经验事物究竟如何分有理念，他在最初并没有进行深入的思考。现在，当柏拉图企图利用经验事物对理念的分有来解决事物可以同时既是多又是一的难题时，巴门尼德立刻就抓住了这个概念本身的问题。因为，一旦谈到具体的经验事物对理念的分有，显然就必然涉及所分有的不同理念在同一个经验事物中彼此如何结合的问题，以及同一个理念在不同的经验事物中自身如何分别的问题，而无论哪个问题，都必然地使得理念自身被置于矛盾之中。因为，在同一个事物中不同理念的结合这本身就是矛盾的，而同一个理念被分别为不同的部分这本身也是矛盾的。从而，很显然，正是在理念的分有之中，理念自身矛盾的特性被揭露了出来。柏拉图本来的意图是要将矛盾限制在经验现象的领域，但是通过对分有问题的揭露，矛盾却延伸到了理念的领域，一与多的矛盾就存在于理念自身当中。这些问题，在柏拉图的中期对话作品中，由于他忙于建立事物的本质存在和现象存在之间的分别，实际上是根本未被意识到的，但正是在他的晚期对话作品中，它们成为他核心考察的问题。因为，他深刻地意识到，正是在这些问题之中蕴涵着有待被深入发掘的概念辩证法，而且是从抽象到具体、从一般到特殊、从普遍到个别的辩证法，而这可以彻底解决理念的分离和分有的问题，解决理念论中的认识论难题。

因此，在对话中，针对自己的中期理念论思想，柏拉图就通过巴门尼德首先提出了问题。概括地说，巴门尼德的问题就是：如果经验事物是通过分有理念而存在的，那么它们是分有一个理念的整体还是部分呢?

显然，这正是在针对理念的分有提出问题，而这个问题所暗含的正是理念自身的必然分离和它同他者的必然结合。当一个理念被多个事物所分有时，它自身便必然地自我分裂了，从而，对于这个理念自身来说就有一个它如何被分别为多而同时又是一的问题；当一个理念在同一个事物中不得不和其他理念共存时，它又有一个如何与其他理念结合为一但同时又为多的问题。显然，无论哪一种情况，它们都使那个在柏拉图的中期理念论看来是严格自我同一、单一、唯一和绝对的理念处于一个本质上自相矛盾的境地，而这无疑是中期理念论的柏拉图所不能允许的。所以，我们看到，当苏格拉底在巴门尼德的一连串盘问下最终意识到，无论分有一个理念的整体还是分有一个理念的部分，其结果都不可避免地使这个理念陷入一种自我分裂的境地，矛盾不仅在经验事物中存在，而且在理念中存在，他便按照以往的思路予以断然拒绝，以保证每一个理念单纯的和严格的自我同一。但是，这样一来，显然就必须否定分有，因为所有这样一些问题正是在理念的分有中被造成的。对于自身作为单纯的一的理念，当它面对多而且必须处理它与多的关系时，理念就必然地自我分裂了，它自身不再是一，而成为多。

因此，在对话中，苏格拉底在巴门尼德的盘问下，就断然地否认了理念与经验事物的分有关系，而认为理念是独立自存的。但这样一来，显然，苏格拉底就陷入一个更为困难的处境。因为，提出理念论的思想正是为了解释经验世界，解决经验世界中的多样性问题；但现在，当否定了分有，无疑理念就不再与经验世界有关，理念也就失去了它解释世界和认识世界的理论功能，这当然绝不能说是理论的成功，而只能是理论的失败。因此，正是在这里，苏格拉底陷入深刻的思想危机，而这也就是柏拉图中期理念论的内在理论危机。

【3】关于“一”的八组辩证推论

在《巴门尼德篇》中，柏拉图就以这样一种特殊的方式挑明了他理念论的内在难题，而要解决这个难题，对理念之间辩证关系的研究就势所难免。因为，对分有的质询已经表明，只要我们肯定分有，那么就必然存在一个理念自身单纯的自我同一性被扬弃，理念自身和相互之间辩证综合的问题，而这实际上也就是对概念辩证法的阐明。在中期理念论中，通过强调理念和事物的分离与分有，似乎可以绕过这个问题。但是，现在，严格的自我解剖却表明这个问题是绕不过去的，而必须直面。所以，在这里，柏拉图对他以往理念论思想进行严格的审查，不过就是要逻辑地得出这个研究主题，以为更深入的研究开辟道路。

因此，在《巴门尼德篇》中，面对苏格拉底的手忙脚乱，巴门尼德便适时地向苏格拉底发出了进行概念辩证法练习的邀请。他说：

> 苏格拉底啊，这是因为你在接受锻炼之前过早地着手去界定美、

正义、善以及每一个这样的理念。……你应当明白，虽然你趋向这些定义的冲动是高贵而神圣的；但是，你应当伸展你自己，并且更多地锻炼你自己，通过那看起来是无用的、被大多数人称作闲谈的东西，趁你还年轻的时候；否则，真理就会从你身边溜走了。①

而当苏格拉底询问锻炼的方法是什么时，巴门尼德便提出了他的概念辩证法。巴门尼德说：

你还应当照这样来做，不仅仅考虑每一个假设是的时候从这个前提中产生的结果，而且还要考虑这同一个假设不是的时候，如果想要更多锻炼的话。②

也就是说，对于每一个命题，我们不仅要从它单纯的自我肯定的方面去考虑，而且要从它自我否定的方面去考虑，要同时从这两个方面去考虑。只有这样，才能避免每一个命题自身的片面性，使它活动在思想自身的丰富的关联中，这就是思想的辩证运动。这样，在巴门尼德强大理性的推动下，苏格拉底就被迫走上了探讨概念辩证法的道路。

我们看到，在《巴门尼德篇》的第二部分，柏拉图就开始了他对概念辩证法的初步探索和试验。在这时候，对话的主角不再是苏格拉底，而是巴门尼德。巴门尼德以“如果是一”和“如果不是一”这两个基本假设为前提，进行了八组概念游戏式的推论，实际上就是针对概念“一”进行概念辩证法的新试验，以表明任何一个概念就其自我肯定和自我否定而产生的必然的辩证综合。由于巴门尼德在这里所进行的概念推论非常烦琐和抽象，因此，对于这八组推论的具体表述是怎样的，学术界向来存在着很大的分歧，更不要说在对这八组推论的哲学内涵的理解上。但是，为了理解上的方便，在不改变巴门尼德这八组推论之原义的前提下，我们这里把这八组推论的表述具体概括如下（它虽不是对这八组推论的直译，但却有助于我们迅速把握其内在的精神实质）：

1．如果是一，仅仅是一而非他者，那么一会怎样？

---

① 柏拉图：《巴门尼德篇》135C-D。据洛布本中古希腊原文直接译出。

② 柏拉图：《巴门尼德篇》135E。据洛布本中古希腊原文直接译出。

2. 如果是一，是和他者相联系的一，那么一会怎样？
3. 如果是一，是和他者相联系的一，那么他者会怎样？
4. 如果是一，仅仅是一而非他者，那么他者会怎样？
5. 如果不是一，仅仅是他者，那么他者会怎样？
6. 如果不是一，他者是和一相联系的他者，那么他者会怎样？
7. 如果不是一，他者是和一相联系的他者，那么一会怎样？
8. 如果不是一，仅仅是他者，那么一会怎样？

在这里，"一"实际上指向的就是一个概念自身的自我同一性，而"他者"指向的则是与这个概念相关的其他任何可能的概念，也就是这个概念自身的种种否定面、对立面。显然，柏拉图正是企图通过对概念自身与其他概念之间所可能存在的内在联系的考察，来确立任何一个概念自身的基于概念辩证联系的丰富性。因此，实际上，这八组推论不仅可以分成两大类，这就是在"如果是一"这一前提假设下的四组推论和在"如果不是一"这一前提假设下的四组推论，而且在每一类下又可以通过对"一"与"他者"之间可能的关系的肯定或否定而进一步产生更为细致的划分。通过这样的划分，我们就可以清楚地观察到概念之间所可能具有的辩证关系。这就是：对于任何一个概念，我们不仅可以对这个概念从它单纯的自我肯定方面和自我否定方面来加以思考，而且还可以从它与其他概念的联系的肯定和否定的方面来加以思考。一旦我们这样来思考，我们就立刻能够观察到：对于任何一个概念，当它仅仅作为自身而存在时，它就是一个极其空洞、极其贫乏的概念，它实际上什么也没有肯定；但是，一旦它联系于其他的概念，并在与其他概念有效的、辩证的综合中获得自身的自我同一性，它就变成了一个内涵极其丰富并且有明确规定性的概念，而这才是一个具体的、现实的概念。

这样，总结起来，我们可以说，在这八组推论中，柏拉图实际上考虑了以下两下问题：如果是单纯的自我肯定，而不同时是自我否定，并且是与他者相联系的自我否定，会是怎样一种情况？如果是单纯的自我否定，而不同时是自我肯定，并且是与他者相联系的自我肯定，又会是怎样一种情况？显然，在任何单纯的自我肯定和单纯的自我否定的情况下，我们所得到的都是一个抽象的自身和他者，它们因此便是片面的、缺少规定性的，实际上活动在自我否定和自我取消之中。相反，一旦肯定和否定相结合，自身和他者相结合，则无论自身还是他者本身的规定性都立刻变得丰富起来，它们获得自己现实的、具体的规定，成为真实的存在。

这样，现在我们就可以清楚地认识到，概念辩证法的实质就是对简单知性思维的否定，而强调辩证思维的重要性，它彻底否定了仅仅作为自身而存在的、单纯自我肯定的概念，而将概念本身置于矛盾之中。但是，这并不是一种消极意义上的矛盾概念，而是积极意义上的，因为它使得概念正是在这种矛盾的辩证运动中获得丰富的规定性，成为现实的概念。我们说，这就是柏拉图《巴门尼德篇》所展示的概念辩证法，我们在以后的德国古典哲学那里，尤其是在黑格尔的辩证法那里可以看到它更为完善的形式。

【4】《智者篇》的通种论

但是，如我们前面所说，柏拉图在《巴门尼德篇》中所进行的概念辩证法的探讨是初步尝试性的，实际上这样的思考在他后期所写的一系列与逻辑学有关的对话作品中一再出现，其中，《智者篇》是一篇具体探讨概念辩证法的对话。在这一对话中，柏拉图通过分析存在、运动、静止、同一、差异这五个最一般的概念之间的辩证关系，更为明确地展现了他的概念辩证法思想。在哲学史上，人们一般把他在这里所做的分析称作通种论，也就是探讨五个最基本的概念之间的辩证关系的理论。我们在这里可以做一个简单的介绍，以此来作为我们对柏拉图晚期理念论思想讨论的结束。

《智者篇》是一篇企图对智者给出准确定义的对话作品。在这篇对话作品中，柏拉图企图搞清楚，智者的本质是什么？但是，在具体的讨论过程中，就不可避免地涉及了对存在和不存在问题的讨论。因为，按照柏拉图的观点，智者实际上是把不存在说成存在的人，是诡辩大师。但很显然，这里就涉及了如何正确地理解存在和不存在的问题。因为，正是在存在和不存在这两个概念上，智者会提出一个反驳，来反对柏拉图对他们的界定，这就是：按照巴门尼德的教义，我们只能够思想存在，而不能够思想不存在，由于我们甚至连不存在都不能进行思想，从而，我们也就不可能把不存在说成存在。柏拉图为了解决这个问题，为了表明可以将不存在说成存在，就必须寻求对存在和不存在这两个概念的一个全新理解。这就是：在某种意义上，我们能够思想不存在；在某种意义上，不存在也是存在。这样，显然，柏拉图在这里就再次涉及了不同概念之间对立统一的辩证关系的问题。柏拉图认为，能够对这个问题进行讨论的人应当被称为辩证法家，而真正的哲学家就是辩证法家。

由此，柏拉图便进入了对这个问题的讨论。他选取了他认为是最基本的五个概念——存在、运动、静止、同一、差异，来讨论它们彼此之间的相互分有关系，也就是对立统一关系。之所以说这五个概念是最基本的概念，是因为在柏拉图看来，它们实际上代表了事物最一般的规定，因为不管事物的具体内容如何，它们必定是存在的，并且要么是运动的，要么是静止的，在保持自身同一的同时又保持与他物的差异。这样，在柏拉图看来，对这五个概念的探讨就是对概念最一般的逻辑关系的探讨，而其中的存在、同一和差异这三个概念实际上本身就是对概念最一般的逻辑规定的展现。

在具体的论述中，他首先指出，这五个概念各自作为它们自身而存在，彼此不相混淆，但是因此它们就是相互渗透的。因为，第一，作为概念，它们各自保持自己的自我同一，从而显然，它们每一个就都分有“同一”这个概念。第二，作为概念，它们又彼此相异，从而它们又都分有“差异”这个概念。第三，作为概念，它们又全都存在，从而它们又都分有“存在”这个概念。第四，由于运动、静止、同一、差异这四个概念与“存在”是不同的概念，从而相对于“存在”，它们就是非存在。通过这样一番分析，我们看到，概念之间的辩证关系就出现了。首先，同一就是差异。一个事物在保持自我同一的同时也就保持着与他物的不同，从而在它身上，同一和差异是辩证统一的，只有将差异引入进来，事物才成其为同一。其次，存在就是不存在。一个事物作为自身而存在，这同时就意味着它不作为他物而存在，从而相对于他物的存在，它就是不存在。在它身上，存在和不存在也是统一的，换句话说就是，肯定和否定是统一的。最后，运动也是静止，因为，运动相对于静止来说它诚然是运动的，但是，运动相对于它自身来说，由于它要保持自身的同一性，从而它必须是静止。这样，运动与静止在某种意义上也是统一的。运动即是静止，静止即是运动；运动同时就是静止，静止同时就是运动。这样，我们便可以看到，在中期理念论那里绝对不可以结合在一起而彼此完全反对的理念，在晚期理念论中，通过对概念辩证法的精心探讨，它们便具有了内在关联，是内在相通的。柏拉图通过这样的探讨便表明了，任何一个概念都内含着别的概念，正是在别的概念对它的界定中它才成其为自身，此时，它不再是单纯的自身，而变成了内容丰富的自身。

这就是柏拉图《智者篇》中的通种论所探讨的主要内容。如我们所说，它实际上是一个对概念辩证法的更为深刻的阐述，它向我们清楚地阐明了概念之间存在的确切辩证关系。

柏拉图的理念论体系从中期向晚期的发展，实际上是一个理论自我深化的过程，是对形而上学本体论领域的一个更为发展的理论建构，通过这个工作，他也就深刻地触及了概念辩证法的问题。而辩证法构成了西方思想最为内在的一维。我们不仅将在新柏拉图主义那里再次看到它如何将柏拉图的体系融贯成为一个辩证演绎的逻辑体系，而且在后来中世纪的经院哲学中、在德国的先验唯心论哲学中，我们都将看到它更为丰富和深刻的发展，以至于在这个意义上它构成了西方哲学的内在灵魂。

第七章　亚里士多德的形而上学

【1】亚里士多德的生平与著作

亚里士多德于公元前384年出生在希腊北部的一座小城邦——斯塔吉拉，这是一处希腊的殖民地，由尤庇亚岛上的哈尔西斯人所兴建，紧靠马其顿。亚里士多德的父亲尼各马可是马其顿国王阿明塔斯二世的御医，而他的母亲则是哈尔西斯人。掌握这些情况是重要的，因为我们不仅能够由此把亚里士多德的思想坐落在古典希腊城邦世界的衰落这一特定的历史时期，而且能够由此对亚里士多德以后生活中的一些重大事件产生理解。例如，正是由于他的家庭及其本人和马其顿王室所建立的特殊关系，所以，当希腊以雅典为首掀起反马其顿的政治运动时，亚里士多德才不得不两次从雅典出走。

亚里士多德在18岁的时候离开家乡，前往雅典进入柏拉图的阿加德米学园学习。据说，亚里士多德之所以选择柏拉图学园，是因为他在此之前读到了柏拉图的《会饮篇》，深受其中哲学精神的感染。第欧根尼·拉尔修在《名哲言行录》中记载了亚里士多德的一首诗，据说是亚里士多德18岁到雅典做柏拉图的学生时所写的颂诗，诗是这样写的：

> 德性，有死种族的艰辛所得，
> 生活的最美好收获，
> 为了你童贞的形式，
> 死在希腊也是可羡的命运，
> 更何况忍受巨大的无休止的辛劳。

你在心中投入这样的
不朽的力量，强过黄金、
双亲和睡梦的柔和光线。
为着你，宙斯之子赫拉克勒斯和勒达的儿女们①
历经了万难，
传扬着你的力量。
由于对你的渴望，阿喀琉斯
和埃阿斯来到了哈得斯的居所。
为了你那可爱的形式阿塔耳纽斯的爱儿抛却了阳光。
于是用此功绩颂唱着，记忆的女儿们缪斯将赞美不朽的他，
赞美宾客的守护者宙斯的奖掖、友谊和牢固的赏赐。②

亚里士多德进入柏拉图学园的那一年是公元前 367 年，记住这个时间是有必要的，因为，它提醒我们注意，在这个时期，柏拉图的思想已经进入他的晚期阶段，对理念论从逻辑学、概念辩证法的角度加以发展和深化的工作正在学园内部进行，而这无疑对亚里士多德早期思想的形成具有重要的影响。亚里士多德在柏拉图学园一待就是 20 年，直到公元前 347 年柏拉图去世的那一年才离开学园。我们不应当把亚里士多德这段时期的生活看作一种单纯的学习生活，他在这段时期不仅进行了大量卓有成效的研究和写作，而且肯定还参与了当时的各种思想论争，因为他早年所写的一篇对话《格利努斯》（*Grylus*）就是就修辞学问题和当时的伊索克拉底学

① 主要指孪生兄弟波吕丢刻斯和卡斯托耳，廷达瑞俄斯和勒达的儿子，海伦的哥哥。他们主要的英雄事迹有三件：救出他们被忒修斯抢走的妹妹海伦；参加阿尔戈斯船英雄们的远航，在航行途中，波吕丢刻斯战胜阿密科斯；同国王阿法柔斯之子伊达斯和林扣斯搏斗。他们死后，宙斯使他们成为双子星座。对他们的崇拜流行于希腊各地区，在斯巴达，他们被奉为国家的保卫者和体操运动的庇护者。（参见 M. H. 鲍特文尼克、M. A. 科甘、M. Б. 拉比诺维奇、Б. П. 谢列茨基编著：《神话辞典》，黄鸿森、温乃铮译，83～84 页，北京，商务印书馆，1985）

② 亚里士多德残篇 $R^2$625，$R^3$675，参见 Aristotelis，*Framenta Selecta*，Recognovit W. D. Ross，Oxford University Press，1988，p. 147。据古希腊原文直接译出。

派所进行的论战。[1] 此外，他肯定也还从事过学园内的教学活动，因为他曾被柏拉图誉为“卓越的讲师”“学园才子”[2]，柏拉图亲自为他的居室题字“读书人之屋”[3]，亚里士多德是学园中公认读书最多的人。

公元前347年，柏拉图去世，亚里士多德离开了学园，是年他37岁。有一个长期流传的说法认为，亚里士多德之所以离开学园，是由于他不满于柏拉图把学园领袖的位置留给了他的外甥斯彪西波，以及斯彪西波所主导的学园重视数学的学术研究倾向。[4] 但是，公允地加以判断，这是出于对古代学术体制的误解。古代学派是学者们共同进行学术研究的团体，学派领袖既不是一个实权身份，也不是一个荣誉设置。而且，从柏拉图学园的财产所有权的角度来考虑，按照雅典的法律，亚里士多德是外邦人，他并没有资格继承学园的财产，而斯彪西波作为柏拉图的外甥，则没有这一问题。从而，即使从法律实际的角度出发，由斯彪西波出任学园的领袖也是极其合理、极其自然的，在这里没有任何权力斗争的色彩。据一些研究者的研究[5]，亚里士多德之所以离开学园，主要是出于对当时政治形势的考虑。在当时，由于马其顿的扩张，在希腊掀起了反马其顿的风潮，可能正是出于安全原因的考虑，亚里士多德才离开了雅典。而此时正好阿索斯的独裁者、学园成员之一的赫米阿斯邀请亚里士多德前往，于是，亚里士多德便于同年来到了阿索斯，并在那里和赫米阿斯的侄女结了婚。3年后，他又迁往米提勒奈（Mitilene），在那里做了大量的生物学研究。在此之后，公元前343年，亚里士多德受马其顿国王腓力二世的邀请，给年仅13岁的亚历山大做家庭教师。据说，亚历山大对荷马的热爱就是由亚里士多德培养起来的。3年后，亚里士多德结束了他的家庭教师生涯，迁居

---

① 参见乔纳逊·巴恩斯：《亚里士多德》，余纪元译，40页，北京，中国社会科学出版社，1989。

② W. D. 罗斯：《亚里士多德》，王路译，4页，北京，商务印书馆，1997。

③ 斯特拉波：《地理学》，第13卷，第1章54节，见乔纳逊·巴恩斯：《亚里士多德》，余纪元译，30页。

④ 参见例如W. D. 罗斯：《亚里士多德》，王路译。

⑤ 参见Abraham Edel, *Aristotle and His Philosophy*, New Brunswick (U. S. A.) and London (U. K.): Transaction Publishers, 1996, p. 23, n. 20。

故乡斯塔吉拉。公元前 335 年，亚历山大平定了希腊的反马其顿运动，征服了希腊，在雅典的政治形势有利于马其顿。在这一年，亚里士多德回到了雅典，并在雅典城外东北部的吕克昂建立了自己的学派。从公元前 347 年亚里士多德离开雅典到他于公元前 335 年重返雅典、建立自己的学术研究团体漫步学派，总共有 12 年，这是亚里士多德增广见闻、积累材料的时期，也是他开始逐渐形成自己的思想体系的时期。

就像柏拉图的阿加德米是雅典城外的一座体育场一样，亚里士多德的吕克昂同样也是一座体育场，它位于雅典城外的东北部，是伯里克利时期修建的，包括一处树林，树林中的林荫路、喷泉、柱廊，以及一处祭祀吕克昂的阿波罗的神庙。它和当时的犬神体育场、阿加德米体育场为雅典的三大体育场，苏格拉底当年经常来这里散步。就是在这里，亚里士多德通过讲学活动建立起了他自己的学术团体。由于他经常和学生们在林荫路以及柱廊间一边散步、一边讲学论道，所以他的学派又被称作漫步学派（Peripatetics）。从公元前 335 年到公元前 323 年，亚里士多德在这里进行了长达 12 年的学术研究活动，现存的亚里士多德的许多重要著作都是在这个时期完成的。

公元前 323 年，亚历山大猝死于巴比伦城，雅典爆发了反马其顿的声势浩大的政治运动。亚里士多德作为在别人看来的亲马其顿派不得不第二次从雅典出走。他曾在给朋友的一封信中说，他离开雅典是为了“不使雅典人第二次对哲学犯罪”①。他把学派的日常活动交给他的朋友和学生塞奥弗拉斯特管理，他自己则回到了故乡。公元前 322 年，他病逝于尤庇亚岛，享年 62 岁。这里值得一提的是，在一封写给安提帕特的信中，亚里士多德说了这样一句话：“我越是孤独寂寞，我就越是渐渐地爱上了神话。”② 非常富有深意。

亚里士多德的著作从古代流传下来的几份书目来看，其数量是惊人的。单从第欧根尼·拉尔修所给出书目来看，就有 150 种之多，而字数有

---

① 转引自阿里安：《杂史》，第 3 卷，第 36 节，见乔纳逊·巴恩斯：《亚里士多德》，余纪元译，40 页。

② Abraham Edel, *Aristotle and His Philosophy*, New Brunswick（U. S. A.）and London（U. K.）: Transaction Publishers, 1996, p. 27.

445 270 行之巨。黑格尔说，我们现在所拥有的著作和字数大概只有其四分之一之多。① 黑格尔的那个时代，亚里士多德有一些著作还未被发现，例如《雅典政制》（1890 年被发现），但是，即使加上后来发现的那些佚失的文字，恐怕仍旧只有原来的四分之一之多。

亚里士多德的所有这些著作可以分成三类。② 第一类是他早期所写的著作，约有 19 种，多以对话体形式写成。这些著作在他生时就已出版，在当时就享有盛名，到西塞罗时期仍旧可以看到这些书，以至于给时人留下深刻印象的倒是亚里士多德的这些著作，而不是现在被我们反复加以研究的那些在当时仅以手稿的形式在亚里士多德自己的学园中流传的著作。例如，西塞罗曾多次称赞亚里士多德谈吐文雅、辞藻华丽、语言雄辩，是真正的演说家，他说："有谁比亚里士多德更简练，比塞奥弗拉斯特更优雅呢？""当你那位智慧的斯多亚学者逐字逐句地对你说那些东西时，口若悬河的亚里士多德将走来。"③ 而罗马著名的雄辩家和教师昆图良则说："至于亚里士多德，我能说些什么呢？我真不知道自己如何评价他，是应该根据他知识渊博，还是应该根据他著述丰硕，还是应该根据他能言善辩、思维锐利、著作等身呢？"④ 这些说法和我们现在阅读亚里士多德著作的一般感受形成了鲜明的对比，这是因为，亚里士多德的这些著作多是当时公开出版、富有文学色彩的哲学读物，而我们现在所读到的著作却是亚里士多德的内部讲稿，它们更多的是提纲性质或概要性质的。

亚里士多德早期的这些著作大部分已经佚失，剩下的只是以摘录和引文的形式存在于古代著作家与注释家的文字中，它们构成了亚里士多德的残篇。在这些残篇中有这样一些篇章值得我们重视，首先是《劝勉篇》和《论哲学》。《劝勉篇》应该是亚里士多德在学园时期写成的，是给当时的塞浦路斯岛的君主塞米松写的。原著已经佚失，却以大量摘引的形式

---

① 参见黑格尔：《哲学史讲演录》，第 2 卷，贺麟、王太庆译，278 页，北京，商务印书馆，1960。

② 参见 W. D. 罗斯：《亚里士多德》，王路译，10 页。

③ 苗力田主编：《亚里士多德全集》，第 10 卷，88 页，北京，中国人民大学出版社，1997。

④ 同上书，90 页。

存在于公元3世纪新柏拉图主义者扬布里柯所写的同名著作《劝勉篇》中，安东-赫尔曼·克鲁斯特（Anton-Hermann Croust）据保尔·莫瑙克斯（Paul Moraux）的统计结果认为，它保存了亚里士多德这篇著作的绝大部分甚至是全部文字。① 在这篇著作中，亚里士多德以出色的论证和优美而富有激情的文字论述了哲学的崇高价值。据斯托贝乌记载，后来斯多亚学派的创始人芝诺曾经谈到他的老师克拉底读这本书时的一个场景，这可以说明这篇著作的哲学价值：

> 芝诺说，克拉底坐在鞋匠铺里朗读《劝勉篇》，这是亚里士多德为塞浦路斯君主塞米松所写的，书上说，没有比献身哲学更高尚的事业了；它拥有巨大的财富，为人所称羡。在他读的时候，那鞋匠一边掌鞋，一边听着，克拉底便说："费利斯科啊，我想把这一本《劝勉篇》献给你，因为献身哲学事业，你也比亚里士多德为他著书的那个人更有前途。"②

其次是《论哲学》，这被认为是亚里士多德离开学园后待在赫米阿斯的宫廷里所写的，它只有少部分被保存下来。这篇著作的重要性在于，它包含了亚里士多德对"智慧"一词的最早论述以及他对柏拉图理念论的批评，从而标志着亚里士多德开始形成自己的思想体系。除《劝勉篇》和《论哲学》外，对话《欧德谟斯篇》以及《论理念》在亚里士多德的残篇中也占有重要的位置。前一篇是对柏拉图《斐多篇》的仿作，同样讨论了灵魂不朽的主题，但是论证的方式却与柏拉图截然不同，里面有亚里士多德自己逻辑学思想发展的体现；后一篇记载了亚里士多德对柏拉图理念论最系统的批判，对于我们理解亚里士多德思想与柏拉图思想的关系具有重要的价值。

第二类是亚里士多德为科学研究所搜集的各种文献资料的集成，例如，据说亚里士多德晚年编辑过奥林匹克赛会的优胜者名录，以至于德国学者耶格尔据此认为亚里士多德的思想在晚年转向了这类纯经验性质的研究。亚里士多德在这方面的所有文字，除了1890年发现的《雅典政

---

① 参见 Chung-Hwan Chen, *Sophia*, *The Science Aristotle Sought*, Georg Olms, Hildesheim, 1976, p. 401, n. 6。

② 苗力田主编：《亚里士多德全集》，第10卷，147页。

制》外，其他已经全部佚失。

第三类包括现在我们所熟悉的《亚里士多德全集》中的所有著作，这些著作在亚里士多德生时从未出版过，它们只以讲稿和笔记的形式在漫步学派内部的教学与科研活动中流传。这也就是古代著作家所称之为“对内的”（esoteric）著作。也正因为这些著作是一些讲稿和笔记，所以，一方面，它们的论证是极其简明和扼要的，这造成了阅读亚里士多德这部分著作的困难，另一方面，它们又是可以在亚里士多德晚年的教学活动中被反复修改的，由此，尽管不排除其中有一些早期写成的著作，例如《范畴篇》，但是我们却依旧可以把它们视作一个思想的整体。亚里士多德的所有这些著作按照研究的主题可以分成八大类：

1. 逻辑学著作，它包括了现在全集“工具论”部分的各篇。

2. 物理学著作，它包括了自然哲学方面的所有著作，例如《物理学》《论天》。

3. 生物学著作，它包括了《动物志》《动物的部分》等著作。

4. 心理学著作，它包括了《论灵魂》《论梦》等著作。

5. 形而上学著作，这主要就是现存的《形而上学》一部著作。

6. 伦理学著作，它包括了《尼各马可伦理学》《欧德谟斯伦理学》《大伦理学》。

7. 政治学著作，它包括了《政治学》《家政学》。

8. 美学著作，它包括了《诗学》《修辞学》《亚历山大修辞学》。

当然，除了以上三类，亚里士多德还有一些书信和诗歌流传了下来。

我们现在看到的国际通行的《亚里士多德全集》的标准本是由 19 世纪德国柏林皇家科学院的贝克尔（Bekker）和布兰迪斯（Brandis）花了 40 年时间编订而成的，总共 5 卷：第一、二卷是由贝克尔主编的亚里士多德著作的希腊文本，第三卷是文艺复兴时期的拉丁文译本，第四卷是由布兰迪斯主编的从古代以来的重要的注释，第五卷包含两部分，一部分是由罗泽（V. Rose）辑录的亚里士多德著作残篇，一部分是由博尼兹（Bonitz）所编的《亚里士多德索引》。其中，由贝克尔主编的亚里士多德著作的希腊文本被通称为贝克尔标准本，所有亚里士多德原文的引用都是依据这个版本的页码和行号，从而大大方便了学术研究的交流。

如上所说，亚里士多德的所有公开发行的著作都佚失了，流传下来的恰恰是他在学派内部的讲稿，这与柏拉图著作的流传情况正好相反。关于亚里士多德流传下来的这些著作，古代历史学家斯特拉堡还曾记载过这样一个故事。故事说：亚里士多德由于受到反马其顿浪潮的冲击而被迫离开雅典，他将他的著作手稿留给了他的继任者塞奥弗拉斯特掌管；塞奥弗拉斯特死前又将亚里士多德的著作手稿托付给自己的一个学生；这位学生将亚里士多德的著作手稿带回了自己的家乡小亚细亚；后来，为了避免被人夺走，亚里士多德的著作手稿被藏于家中的地窖中，经过一百多年岁月的磨蚀才重见天日；在几经辗转之后，这批著作手稿才最后落到罗马漫步学派的领袖安德罗尼柯的手中，经他整理、编订后，才形成了现存亚里士多德著作的基本编排体例和规模。

这是一个广为流传的传奇故事，许多学者把它当作信史。但是，如果稍加推敲，我们就会发现，这只是一个传说。因为，这个故事得以成立，是在于它预设了一个前提，这就是：亚里士多德的学派中仅仅保存有一部亚里士多德的著作手稿。这显然是不合情理的。我们从亚里士多德的著作仅伦理学就有《欧德谟斯伦理学》《尼各马可伦理学》等几个不同的版本这一情形就可以认识到，亚里士多德的著作既然是讲稿和课堂笔记，在学生中不断流传，那么就应当不止有一部抄本。因此，认为在一百多年的时间中亚里士多德所创立的漫步学派虽然存在，却没有了自己宗师的文本，这是不可思议的。研究者们现在普遍认为，亚里士多德的著作在古代应当有多种版本，安德罗尼柯不过是最后的编订者而已，此后，亚里士多德的著作就进入了评注的时期。

【2】亚里士多德思想的历史命运

亚里士多德著作的流传是一回事，亚里士多德著作的接受史是另一回事，它同亚里士多德的思想在古代世界的传播一起构成了更为跌宕起伏的传奇经历。

在这里，我们首先遇到的就是亚里士多德自己所亲手缔造的学派，即漫步学派。这是一个亚里士多德不仅亲自在其中进行了长达12年的教学、科研活动，并且死后他的思想仍然对它的学术研究活动保持直接影响的学派。现存的亚里士多德的许多著作都是和这个学派的学术研究活动紧密联系在一起的，这就是说，不仅这个学派其他成员的学术研究成果被亚里士多德有机地吸纳到了他的思想之中，体现在他的著作之中，而且，亚里士多德的著作首先是以讲稿和课堂笔记的形式在这个学派的其他成员间流传，并且被他们增删、修订和注释。从这个意义上说，亚里士多德的著作虽然冠以“亚里士多德”的头衔，却也是集体智慧的结晶。①

公元前86年，罗马大将苏拉将漫步学派在吕克昂的图书馆搬到罗马，之后，一个对亚里士多德的著作进行编辑、整理和注释的时期就开始了。在这方面，具有历史意义的当然是安德罗尼柯的编辑、整理工作，正是他的工作奠定了现在《亚里士多德全集》的基本面目。他排除了遗稿中非亚里士多德的因素，而把他认为属于亚里士多德著作的部分，不管是出自亚里士多德本人的、还是出自学派中历代学者手笔的，统统放到一起来加以编排，这样就形成了我们现在所看到的《亚里士多德全集》的编排体例。

---

① 参见 Abraham Edel, *Aristotle and His Philosophy*, New Brunswick (U. S. A.) and London (U. K.): Transaction Publishers, 1996。在该书第一部分的第一章中，埃德尔（Edel）表明：(1) 亚里士多德的全集甚至每一部著作的各个部分都具有汇编的特点，而非一次有计划的、单个人纂述的结果；(2) 汇编工作也许是亚里士多德所为，也许是他的学生或编纂者所为；(3) 著作具有讲课笔记的特征，记录者把它用来转述或作为主题论文宣读以供讨论，例如，几种伦理学便是不同学生的听课记录；(4) 这些笔记也许经过亚里士多德的整理，使其条理化、精微化，也许经过学生的加工整理。最后，埃德尔总结说：“《全集》是整个学派几代人的产物而非一个人批量完成的。”（同上书，6页）在注释中他还引用格雷耶夫（Grayeff）的观点来支持他的这一见解。格雷耶夫认为《全集》是讲课记录，被保存在学派领袖的藏书室里，用于随后的教学，并且得到增补，并因此代代相传。格雷耶夫由此认为，“安德罗尼柯对《全集》的编纂所反映的不仅是亚里士多德的讲义，而且是两三代漫步学派哲学家的讲义”（转引上书，403页）。另见 Robert W. Sharples, “The Peripatetic School”, David Furley, ed. *Routledge History of Philosophy*, Vol. II, *From Aristotle to Augustine*, Routledge, 1999, pp. 147-187。其中，莎普利斯（Sharples）提到亚里士多德未出版的著作有着多种版本，这些版本是由他的同事和学生各自抄录的，安德罗尼柯即是从这样的版本中挑拣出他认为是亚里士多德的著作，并将它们编辑在一起。显然，这样形成的《亚里士多德全集》严格地说正是一个集体的成果。

尽管安德罗尼柯曾经就亚里士多德著作的真伪以及编排体例的问题写过一部五卷本的著作，但是他对亚里士多德思想本身的诠释相对还是少的。相反，真正重视并且对亚里士多德的著作进行大量注释的是亚里士多德学派外部的人士。这里面有基督教哲学家，例如，菲洛庞努斯，他著有对亚里士多德的《尼各马可伦理学》《物理学》的注释。但是，在公元前1世纪到公元6世纪这段漫长的时间中，对亚里士多德的著作进行大量注释的主要是柏拉图主义者，其中著名的有普鲁塔克、波菲利、扬布里柯、普罗克鲁斯、辛普里丘、波埃修……他们写下了大量的对亚里士多德著作的评论和注释。从而，我们可以这样说，在公元1世纪之后，亚里士多德的著作主要存活在柏拉图主义者的注释中。

但是，毫无疑问，既然是柏拉图主义者，这些注释家对亚里士多德的理解自然就主要是从柏拉图哲学的角度来进行的，他们通常把亚里士多德的著作看作深入柏拉图奥妙的超验哲学之前的入门读物，而亚里士多德著作中凡是和柏拉图的超验主义思想相抵触的部分，他们一概视之为虚妄。关于这一点，看一看普鲁塔克的一段评论就可以知道了。普鲁塔克这样说：

> 亚里士多德借以嘲弄柏拉图的理念完全是歪曲，他在伦理学著作里，在形而上学和物理学著作里，以至对外的通俗对话里，对理念提出的所有难点表现出他对这一学说的态度是好争强而非爱智，似是在贬低柏拉图哲学，是在远离它而不是追随它。①

而作为折中主义、怀疑主义的学园派人士的西塞罗的一段话也许更富有代表性，他在《图斯库兰论辩》（*Tusculan Disputations*）中说：

> 无论是在天资方面还是在严谨方面，亚里士多德都比所有的人——我总是把柏拉图除外——优秀，他在把握了万物从中生成的那四种众所周知的本原之外，认为还有某种构成心灵的第五元素。②

---

① 普鲁塔克：《道德论集》1115b-c，见苗力田主编：《亚里士多德全集》，第10卷，90页。

② 西塞罗：《图斯库兰论辩》1.10.22，见苗力田主编：《亚里士多德全集》，第10卷，127页。

这样，在柏拉图主义者的注释中，我们看到的就是一个对心灵、神、永恒的宇宙进行探讨的亚里士多德——一个典型的柏拉图主义者，而亚里士多德自己思想的特征却被忽略了。

那么，在柏拉图主义占据主导地位的漫长的古代时期，有没有人是真正从亚里士多德学说体系的内部来诠释亚里士多德，从而可以被称作严格意义上的亚里士多德主义者呢？

塞米斯修斯被认为是最后一个漫步学派的亚里士多德注释者，对亚里士多德的大量著作进行过注释，并形成了一个直到中世纪仍然被遵循的注释模式。但是，不幸的是，他虽然是罗马任命的亚里士多德哲学的教师，却对柏拉图的哲学仍然抱有崇敬之情，从而，他对亚里士多德的注释仍然不能够摆脱从柏拉图哲学的角度来进行理解的立场。① 因此，严格说来，第一个同时也许可以说最后一个完全从亚里士多德学说体系的内部来诠释亚里士多德的亚里士多德主义者只能是阿弗洛狄西亚的亚历山大。他在公元198年到209年被罗马任命为亚里士多德哲学的公费教师，是古代公认的最伟大的亚里士多德注释者，并被认为是唯一一个“摆脱了把亚里士多德解释为通向柏拉图所领会到的更为深奥的真理的中介的要求的注释家”②。他对亚里士多德的著作进行了系统而全面的注释，并出于解决亚里士多德哲学内部存在的困难的需要，在对亚里士多德的著作进行全面理解的基础上，创造性地构造了一个内在关联的“亚里士多德的”学说体系，并据此形成了他考察一切问题的原则立场。如鲍勃·莎普利斯指出的，他对他所理解的这种亚里士多德的哲学立场自信到了这样一种程度，以至于即使是在讨论那些亚里士多德从未研究过的问题上，他也毫不犹豫地认为亚里士多德会怎样说，把他自己所持有的观点看作隐含在亚里士多德的思想之中。他曾在致罗马皇帝的一封信中这样自豪地说：“对于他的哲学我是首要的（阐释者），已经被您的证书公开宣布为他的

① 参见 H. J. Blumenthal，“Themistius：The Last Peritatetic Commentator on Aristotle?”，in R. Sorabji，ed.，*Aristotle Transformed：The Ancient Commentators and Their Influence*，London：Duckworth，1990，pp. 113－123。

② R. W. Sharples，ed.，*Whose Aristotle? Whose Aristotelianism?* Kerling Series in Ancient Philosophy，Ashgate Publishing Ltd.，2001，p. 2.

哲学的教师。”① 这样，我们说，第一个从亚里士多德的哲学本身出发来研究亚里士多德，并且把亚里士多德的哲学思想作为自己思想的基本立场的，毫无疑问当属阿弗洛狄西亚的亚历山大，从而，他是当之无愧的第一个亚里士多德主义者。

这就是古代注释、研究亚里士多德的基本情况，也就是亚里士多德思想之历史命运的第一个阶段。从总体上来说，这一时期对亚里士多德思想的诠释主要是在柏拉图主义的影响之下进行的。可以这样说，是柏拉图主义者宣传、介绍了亚里士多德的哲学，并使他逐渐在古代世界获得声名。但不容否认的是，亚里士多德始终处在柏拉图的阴影之下，被看成柏拉图的学生和追随者，而非一个可以与柏拉图比肩而立的思想巨人。

公元455年，汪达尔人攻陷罗马，这标志着西罗马帝国的灭亡。此后，罗马长期处于战火之中，存在于罗马的古代文化典籍毁灭殆尽，西欧社会由此进入长达500多年的所谓黑暗时代。在这个时期，亚里士多德的著作除波埃修翻译和注释的《范畴篇》《解释篇》为西欧人所知外，其他著作一概湮没无闻。早期的经院哲学家对亚里士多德的这些逻辑著作当然是熟悉的，并试图运用它们来解决一些哲学问题，例如爱留根纳（Erigena）以及10世纪时意大利伦巴底地区出现的一批自称为“漫步学派”的学者，但是总的说来，如最早的教父哲学一样，对亚里士多德的重视远不及对柏拉图，柏拉图主义仍然是基督教进行哲学论证的重要理论资源。因此，在这个时期，就西欧社会来说，谈不上有对亚里士多德的真正有价值的研究。

在东方，情形却截然不同。蛮族的大入侵吞噬了西罗马帝国；但是，东罗马帝国却由于它特有的地理优势，在这股民族大迁徙的狂潮中屹立不倒，从而大量的希腊文、拉丁文的文化典籍得以保存。公元529年，东罗马皇帝查士丁尼封闭了雅典的各哲学团体，致使希腊学者流亡东方，其中，新柏拉图主义者辛普里丘携带亚里士多德的著作去了波斯。同时，在

---

① Alexander, *On Fate* 164.3－15，参见 R. W. Sharples, ed., *Whose Aristotle? Whose Aristotelianism?* Kerling Series in Ancient Philosophy, Ashgate Publishing Ltd., 2001, p.3。

帝国内部对涅斯多留派与基督一性论者的政治迫害也使一批希腊学者携带希腊典籍向东方迁移。这样，就开始了亚里士多德著作的东传过程。在这个过程中，首先是叙利亚成为研究希腊文化的中心，从而，亚里士多德的著作首先被翻译成叙利亚文。公元636年，在约旦河支流耶尔穆克河谷，崛起的阿拉伯人给予了东罗马帝国决定性的打击，叙利亚从此被纳入阿拉伯帝国的版图，而亚里士多德著作向阿拉伯世界传播的过程也就由此开始。在此过程中，兴起于公元750年的阿拔斯王朝发挥了重要的作用。阿拔斯王朝的哈里发们对文化抱有一种开放的心态，尤其是在哈里发马蒙临朝时期，大量亚里士多德的著作被翻译为阿拉伯文，并在阿拉伯世界逐渐形成了两个翻译希腊典籍的中心，这就是当时被称作“智慧之城”的巴格达和穆斯林西班牙的托莱多市。在这些地方，亚里士多德的著作或从希腊原文或从叙利亚文被翻译为阿拉伯文，其中伊本·易司哈格（Ibn Ishaq）是当时著名的翻译家，他曾出访希腊语地区，广泛收集希腊文手稿。到11世纪中期，亚里士多德的著作，除《政治学》与《伦理学》的一部分之外，都已被译为阿拉伯文。①

与著作的东传相伴随的当然是思想的东渐。在同一时期的西方基督教世界中，亚里士多德的地位远不如柏拉图崇高，而在东方的伊斯兰世界里，与此形成鲜明对比的却是，亚里士多德不仅被公认是和柏拉图比肩而立的大师，而且在一些阿拉伯哲学家那里，哲学甚至被等同于亚里士多德的哲学，哲学家被作为亚里士多德的代名词。12世纪著名的阿拉伯哲学家阿维洛伊（Averroe）这样写道：

> 亚里士多德的学说是最高真理，因为他的理智是人类理智的极限，正确地说，神的天意造就了他，并把他送给我们，使我们可以知道我们所能知道的一切。让我们赞美真主，真主让他卓绝超群，让这

---

① 参见赵敦华：《基督教哲学1500年》，第六章“亚里士多德主义的传播”，289页以下，北京，人民出版社，1994；斯塔夫里阿诺斯：《全球通史》（上），7版，董书慧、王昶、徐正源译，第10章“伊斯兰教的兴起”，220页以下，北京，北京大学出版社，2005。

个人达到了人性可以获得的最高尊严。①

这段话生动地说明了亚里士多德在阿拉伯世界所取得的至高无上的地位。而我们知道，正是这个阿维洛伊，连同在他之前的阿尔法拉比（Al Farabi）和阿维森纳（Avicenna），构成了亚里士多德思想在阿拉伯世界传播的三个重要阶段。阿尔法拉比被称作第一位伊斯兰的亚里士多德主义者，他出于认识真正的亚里士多德哲学的需要，曾专门到巴格达和叙利亚去学习、研读叙利亚文的亚里士多德著作的译本和注释，并对亚里士多德的许多著作做了注释。阿维森纳称自己曾读亚里士多德的《形而上学》40 遍而不得其解，读了阿尔法拉比的注解之后才豁然贯通。由此可见阿尔法拉比对于亚里士多德思想在阿拉伯世界的传播所起到的巨大作用，他也因此获得“亚里士多德第二”的赞誉。但是，必须指出的是，阿尔法拉比在思想上仍旧受到柏拉图思想的深刻影响，他对亚里士多德的解释多是从柏拉图主义的神秘主义思想出发来进行的。阿维森纳是 11 世纪阿拉伯世界“东部亚里士多德主义”的主要代表，他的《治疗论》被誉为哲学百科全书，在这部长达 17 卷的书中，他按照亚里士多德对科学的分类，对哲学的各个分支都进行了深入的探讨，大量发挥了亚里士多德的思想。此外，他还对亚里士多德的著作进行了大量的注释。但是，和阿尔法拉比一样，他的思想中也渗入了大量柏拉图思想的因素。真正摆脱柏拉图思想的影响而完全从亚里士多德的思想出发来进行研究的是阿维洛伊，他是 12 世纪阿拉伯世界“西部亚里士多德主义”的最重要的人物，他对亚里士多德的著作进行了大量的注释，以至于有“亚里士多德注释者”的称号。他在注释中力图清除柏拉图主义的因素，以恢复亚里士多德思想的本来面目，“中世纪的亚里士多德主义在他的著作中达到了纯粹的形式，因此，阿维洛伊主义成了亚里士多德主义的代名词”②。

总结起来看，在阿拉伯的亚里士多德主义中，亚里士多德哲学中的许多重要主题都得到了深入的探讨和阐发，例如：共相问题，存在和本质的区别问题，灵魂不朽的问题，主动理智和被动理智的关系问题，质料和形

---

① 阿维洛伊：《〈论灵魂〉注》，转引自赵敦华：《基督教哲学 1500 年》，299 页。

② 赵敦华：《基督教哲学 1500 年》，299 页。

式、潜能和现实的问题，哲学和神学、理性和信仰的关系问题。这些问题对西方中世纪晚期的思想产生了深刻的影响。可以这样说，西方中世纪晚期经院哲学思想的发展是处在阿拉伯的亚里士多德主义的深刻影响下的，亚里士多德在晚期经院哲学中的至高地位实际上是由阿拉伯思想家所奠定的。关于这一点，只要我们看看阿维洛伊的所有著作都被翻译成拉丁文，阿维洛伊主义成为亚里士多德主义的代名词就可以理解了。这样，显然，公元 7 世纪到公元 12 世纪就是亚里士多德的思想解释传统的一个特殊时期，这就是阿拉伯的亚里士多德主义的时期。“13 世纪在西方传播的‘亚里士多德主义’并不是古代思想的直接沿袭，而是经过阿拉伯哲学家解释的成果。”①

这样，我们就又必须从东方回到西方。在 13 世纪以前，经院哲学主要是处在教父哲学传统的影响下，而这具体说来又是处于奥古斯丁主义的深刻影响下。奥古斯丁主义是新柏拉图主义的基督教化，从而，在这个传统下，在很长一段时期，柏拉图的思想是经院哲学唯一认可的权威。至于亚里士多德，人们主要是通过他的几部波埃修翻译和注释的逻辑学著作来了解他的，目的是学习推理和论辩的技术，而对于他的其他哲学著作和自然科学著作更不用说整个思想体系却完全不了解。从而，从某种意义上我们可以说，在 13 世纪以前，西方人是以柏拉图的方式来描述世界的，他们完全不知道还有一种亚里士多德式的描述世界的方式。但是，这种情况到了 13 世纪却发生了根本的变化。从 12 世纪上半叶开始，亚里士多德的著作从两条途径开始传入西方世界。一条途径是诺曼人统治下的西西里岛，亚里士多德的著作及注释在这里被从希腊文或阿拉伯文翻译成拉丁文流入西方。一条途径是西班牙，这里是阿拉伯“西部亚里士多德主义”的中心，亚里士多德的著作及注释由此被翻译成拉丁文而大量流入西方。② 1204 年，十字军攻陷君士坦丁堡，对于亚里士多德著作在西方的传播具有更为重要的意义。一大批希腊经典文献又回到了西方，其中就有亚里士多德著作的希腊文抄本。这样，西方人就可以直接依据希腊原文对以

---

① 赵敦华：《基督教哲学 1500 年》，290 页。

② 参见上书，305 页。

往的二手亚里士多德译本进行校订，而这当然就提高了对亚里士多德思想理解的准确性。

著作的传入随即带来了思想上的强烈碰撞。这是一种新旧思想的碰撞，是代表着理性、推理和经验的亚里士多德主义与代表着神秘、想象和超验的柏拉图主义在中世纪经院哲学这个舞台上的较量。我们可以这样说，亚里士多德思想的逻辑性、科学性和经验性给中世纪柏拉图主义到处充满了神秘通感与精灵鬼魅的世界带来了一缕清新的空气，使得科学精神在中世纪开始逐渐苏醒。

在这场思想较量中，代表着亚里士多德主义的是托马斯主义和所谓的拉丁阿维洛伊主义，而代表着柏拉图主义的则是以波那文图拉主义为核心的传统的奥古斯丁思想路线。要想了解这种碰撞有多剧烈，我们只要看看在这个时期教会一再发布的关于禁止亚里士多德思想传播和教授的文告就可以明白了。例如，1210 年巴黎所属的森斯省主教会议在反异端的文告中宣布：

> 不准公开或私下阅读亚里士多德关于自然哲学的著作，以及对它们所作的评注，违反者将受到革除教籍的惩罚。①

而 1277 年，在波那文图拉主义的推动下，教会通过了著名的迫害亚里士多德主义者的“77 禁令”。但是，也正是在波那文图拉 1268 年所做的一次神学演讲中，我们可以看到亚里士多德思想的传播实在是教会所无法阻挡的。他说：

> 当我还是一个学生时，我听人说亚里士多德认为世界是永恒的，我又听说这是使用理性论证的结果，我的心脏停止了跳动，我问自己，这怎么可能呢？可现在倒好了，所有这些都公开化了，一切顾虑都没有了。②

这是对亚里士多德思想在中世纪晚期经院哲学中的迅速传播情况的真实写照。最终是亚里士多德主义战胜了柏拉图主义。1323 年，教皇约翰二

① 转引自赵敦华：《基督教哲学 1500 年》，316 页。

② 转引上书，436 页。

十二世册封托马斯为圣徒，肯定“托马斯著作的每一章节都包含有无比的力量”，“托马斯的学说是无与伦比的”①。这标志着综合了亚里士多德思想的托马斯主义取代了奥古斯丁主义成为基督教思想的正统，也标志着亚里士多德思想在西方思想中权威地位的最终确立。这样，在中世纪晚期，亚里士多德思想逐渐成为思想的正统和权威。从某种意义上可以说，中世纪居于意识形态统治地位的经院哲学就是亚里士多德主义。由此，亚里士多德的地位也得到了提升，开始凌驾于柏拉图之上。

关于这一点，我们只要读一读但丁《神曲》中的一段就清楚了。在《神曲·地狱篇》的第四篇，但丁描写了地狱中一处独特的所在，那是一座树林，树林中的一座城堡，城堡边的一处青草地，在那里，古代那些品行高尚、享有盛名的人们聚集在一起。而当但丁将目光投向哲学家的队伍时，他看到了这样一番景象，亚里士多德站在哲学家的队伍正中，大家像众星拱璧一样簇拥着他，其中苏格拉底和柏拉图站在离他最近的地方。这真是一幅经典的画面，它像拉斐尔的巨幅壁画《雅典学园》中所刻画的柏拉图和亚里士多德的形象一样准确地向我们传达了中世纪晚期亚里士多德在人们心目中的地位，显然，此时他已经超越了他的老师柏拉图和老师的老师苏格拉底，俨然成了哲学的王者至尊。

中世纪经院哲学的亚里士多德主义不仅构成了亚里士多德思想解释传统的一个独立阶段，而且它自身也成了西方思想的一个独立阶段，开创了西方思想的新局面。从某种意义上说，中世纪经院哲学的亚里士多德主义是一次特殊的理智启蒙运动，因为，正是通过对亚里士多德的译介、阐释和论争，神恩、启示、通灵、预定、流溢这样一些神秘主义的观念才消失了，西方人才重新开始用理性的目光来审视现实世界，给予自然和人类社会应有的理论地位，并第一次尝试用理性、逻辑、论证甚至经验的方式来研究它。这样，亚里士多德思想在中世纪晚期经院哲学中的传播就具有特别重要的意义。它奠定了西方思想的一个新的传统，西方理性的复苏正是从这个传统开始的。这个传统一直延续到 17 世纪，甚至更晚一些，在很长一段时期内，它不仅支配着修道院，而且支配着大学，不仅支配着神

---

① 转引自赵敦华：《基督教哲学 1500 年》，410 页。

学和哲学的研究，而且支配着自然科学的研究，以至于当笛卡尔构造他新哲学的时候，也只能以学院外思想家的身份谦虚地请求经院哲学家们来审查他的《第一哲学沉思集》。

【3】《范畴篇》中的形而上学思想

亚里士多德进入柏拉图学园之时，正是柏拉图思想的晚期阶段，在这时，柏拉图和他的学园正在展开从逻辑学角度对理念论体系的深入检讨，亚里士多德早年的思想即受到学园这一研究氛围的影响，他逻辑学著作中的绝大部分篇章就是在这时写成的。从而，我们首先要处理的就是亚里士多德逻辑学著作中的形而上学思想，在这里，我们可以看到亚里士多德的形而上学是如何得到初步奠定的。

亚里士多德的逻辑学著作以《工具论》为总名，包括《范畴篇》《解释篇》《前分析篇》《后分析篇》《辩谬篇》《论题篇》，它们分别研究了谓词逻辑、命题逻辑、三段论推理逻辑和辩证逻辑，奠定了形式逻辑的基本理论框架和理论内容。其中与形而上学有关的主要是《范畴篇》。在这部篇幅短小的逻辑学著作中，亚里士多德从谓词逻辑的角度出发，秉承柏拉图晚年学园逻辑分析的思路，对概念体系进行了严格的逻辑检验和分析，不仅按照谓述方式的不同对概念进行了科学的分类，而且还具体探讨了每一类概念各自的谓述功能和彼此之间的差异，从而严格限定了各类概念的逻辑界限，形成了著名的范畴理论。

按照这一理论，我们所有的概念根据它们各自在“S 是 P”这一谓述表达式中所承担的谓述功能的不同而被分成十类，这就是：实体、数量、性质、关系、何处、何时、姿态、具有、施为、遭受，共十个范畴。

其中，实体范畴构成了谓述判断的主词。也就是说，有一类概念，它们只能做谓述判断的主词，而不能做谓词，它们在严格的意义上只能处于谓述判断的主词的位置上，而不能处于谓词的位置上。例如，我们可以说“人是白的”或“苏格拉底是智慧的”，但是我们却不能反过来说“白的是人”或“智慧的是苏格拉底”。这一类概念在亚里士多德那里就是实体概念，属于实体范畴。

因此，很清楚，亚里士多德的范畴理论对各类概念的范畴划分，不像人们通常所以为的那样是按照概念的词性或概念的词义所进行的划分，当然也不是按照它们各自所指向的对象存在的种类的不同所进行的划分，而是按照它们在谓述判断中具体所处的位置、所承担的谓述功能的不同而进行的划分。实际上，正是谓述判断本身为亚里士多德的范畴分类提供了依据和标准。所以，我们翻译成“范畴”的κατηγορίαι这个希腊词，正来自动词κατηγορεῖν，它的本义就是指“谓述”。因此，严格地说，亚里士多德的κατηγορίαι应当翻译成“谓词”，而他以此为题的那本书应当翻译成“谓词篇”。我们之所以把它翻译成“范畴”，事实上只是按照《尚书》中“洪范九畴”的意思取了它的“分类”的内涵而已。

这样，依据在谓述判断中所处的位置和所起到的作用，在众多的概念中，亚里士多德就首先区分出了一类概念，就它们只能处在谓述判断的主词的位置上，而不能处在谓词的位置上，就它们只能被其他种类的概念所陈述，而自身却从不陈述其他概念而言，它们被称作实体范畴。

但是，由此一来，很显然，我们也就可以相对于实体范畴，相应地确立其他范畴在谓述判断中的位置。由于实体范畴只能做主词而不能做谓词，从而相应地，其他范畴便既可以做主词也可以做谓词。例如，在“人是白的”这个谓述判断中，“白的”是谓词，但是在“白的是一种颜色”这个谓述判断中，“白的”又可以是主词；但是，就它不能像实体范畴一样绝对地做主词而言，它在严格的意义上便属于谓词，是谓词类范畴。因此，相对于实体范畴的主词地位，其他范畴就是谓词，在谓述判断中居于谓词的地位。

显然，一旦我们确立了实体范畴与其他范畴之间的这样一种关系，实体范畴也就具有了存在的主体的地位。它是其他范畴所陈述的对象，其他范畴依附于它，而它却从不依附于任何范畴；它具有存在的独立性，而其他范畴却从属于它。从而，它构成了事物本身，而其他范畴则构成了事物的偶性，它是核心存在者或者首要的存在。例如，白是人的一种偶性，智慧是苏格拉底的一种偶性。这样，亚里士多德依据谓述判断的主谓词位置的差异所进行的概念范畴的划分，就具有了形而上学的意义，因为，在这里，事物本身和事物的偶性被区分开了。这显然是柏拉图的理念论体系所办不到的，因为，柏拉图并没有区分“人”的理念和“白”的理念在存在论上的地位有什么不同，在柏拉图的理念论体系中，它们各自是其存在本身。

现在，一旦根据是否只能出现在谓述判断的主词位置上这个原则区分了实体范畴与其他范畴，那么，当严格运用这个原则，亚里士多德也就能够对实体范畴本身进行再次区分。因为，尽管相对于其他范畴，“人”只能出现在主词的位置上，而不能出现在谓词的位置上，例如，我们只能说“人是白的”，而不能说“白的是人”，从而，就此而言，它是实体范畴；但是，在“苏格拉底是人”这个谓述判断中，“人”却也出现在了谓词的位置上，从而，就此而言，它像其他范畴一样，既可以做主词又可以做谓词。然而，也正是在“苏格拉底是人”这个谓述判断中，“苏格拉底”相较于“人”却是严格地只能出现在主词的位置上，而不能出现在谓词的位置上，例如，我们不能说“人是苏格拉底”或“智慧的是苏格拉底”。因此，亚里士多德认为，严格意义的真正实体是个体事物，也就是像“苏格拉底”这个专名所指称的“这一个”，例如这个人、这匹马。亚里士多德把这样的实体称作第一实体，“第一”显然是就其符合实体标准的严格性而言的。而像“人”或“动物”这一类对个体实体本身进行陈述的种概念和属概念，亚里士多德认为它们与其说是实体，不如说是性质，只是在和其他范畴相对比的意义下，它们才勉强可算作实体。因此，它们被称作“第二实体”，“第二”显然是就其不严格符合实体标准而言的。这样，很显然，实体范畴虽然指向事物本身，但是对于亚里士多德来说严格作为事物本身的，只是个体事物，种概念和属概念并不是事物本身。因此，亚里士多德也就确立了个体事物在存在论上的基础地位。

在确定和划分了实体范畴之后，其他九个范畴则分别是根据它们各自在谓述判断中作为谓词所承担的谓述功能的不同来进行区分的。数量范畴所指的是这样一类概念，它们从数量方面来陈述实体，例如，三尺。性质范畴则从性质方面来陈述实体，例如，白色。关系范畴所指的一类概念主要是从与他物的相关性方面来陈述实体，例如大、小等。何处和何时范畴则指向这样两类不同的概念，它们分别从所处的具体地点和时刻方面来陈述主体。至于姿态、具有、施为和遭受这四类范畴，它们实际上所关涉的是实体的动作状态，只不过分别涉及动作不同方面的特征。其中，姿态范畴表明的是实体的一种动作姿势，例如站着、坐着；具有范畴表明的是实体的一种具有状态，例如戴着帽子；施为范畴表明的是实体所发出的主动的动作，例如打；遭受范畴表明的是实体所承受的动作，例如被打。显然，这九个范畴尽管它们各自在其自身内部都可以作为一个谓述判断的主词出现，但是，就它们最终都必须陈述一个实体而言，它们就都是谓词，它们必须依附于一个实体存在。从而，就此而言，实体是主体，而其他范畴是偶性，实体在存在论上具有基础地位。

显然，我们以此方式把握了亚里士多德范畴分类的原则，我们也就理解了亚里士多德《范畴篇》中的范畴理论与他形而上学思想的关系。

第一，亚里士多德对概念所做的范畴分类不仅仅是一种语言学的或逻辑学的研究，也就是说，所涉及的不仅是我们的语词或概念的分类，同时也是对存在的研究，是对存在本身的分类。因为，语词或概念所关涉的是存在，从而，把我们的全部概念分成十个范畴，实际上也就是将全部存在分成十个范畴，认为有十类就本身而言的存在者。因此，毫无疑问，如果说形而上学不是别的什么，就是对存在本身的研究，那么《范畴篇》所进行的语言学的或者逻辑学的研究在根本上也是一种形而上学的研究，我们并不能仅仅从语言学或逻辑学的角度来把握它。

第二，亚里士多德通过对范畴的划分，实际上确定了实体是存在的核心，是严格意义上的、首要的存在者，而其他范畴都是依附于实体或者陈述实体的，是偶性意义上的或者次要意义上的存在者。这样，亚里士多德就在柏拉图理念世界所圈定的那个形而上学本体论的领域中建立起了一个严格清晰的概念的逻辑层次关系和存在论关系，不仅将不同类型的存在者区分了开来，而且确定了存在者彼此之间在实在性上的主从关系，从而为进一步的形而上学研究明确了目标，这就是对实体的研究。因此，可以说，《范畴篇》确定了亚里士多德形而上学理论的基本框架。

第三，亚里士多德在对实体范畴本身的研究中，明确了实体作为主体和实体作为个体的原则。也就是说，实体是一切陈述的绝对主词和一切存在的绝对主体，实体是个体性的，只有个体事物才具有严格意义上的实在性。我们说，这两个原则构成了亚里士多德形而上学有关实体的核心原则，即使在《形而上学》中，亚里士多德也依然贯彻了这两个原则。

正是基于这三点，《范畴篇》的形而上学性质是毋庸置疑的，它构成了亚里士多德形而上学理论体系的一个重要部分。

【4】《物理学》中的形而上学思想

《范畴篇》确定了亚里士多德形而上学研究的核心，这就是实体。从而，对实体本身的探究就成为亚里士多德更进一步的形而上学研究工作的重心。在《范畴篇》中，亚里士多德为逻辑学研究的主题所限制，对实体本身并没有进行展开研究，他仅仅是设定了实体是绝对的主词和主体，第一实体是“这一个”，亦即个体事物。但是在物理学中，在他针对自然实体所进行的深入研究中，实体本身便得到了展开分析，由此，亚里士多德实体理论更为丰富的内涵便呈现了出来。

亚里士多德的物理学著作有很多，但代表性的却是直接以《物理学》为名的著作。在这本著作中，亚里士多德首先对巴门尼德的存在观进行了批判，由此使得物埋学这门以研究自然事物的生成与变化为自己主题的科学成为可能。因为，如我们所知道的，巴门尼德的存在概念根本否定了生成与变化。如果按照巴门尼德的存在概念，那么一门专门研究事物之生成与变化的科学就是不可能的。物理学既然以研究事物的生成与变化作为自己的研究主题，那么它作为一门科学要成立，在理论上就需要首先检讨巴门尼德的存在概念。正是在这里，亚里士多德运用柏拉图在《智者篇》中所取得的有关“存在”与“不存在”概念的研究成果，表明我们虽然不能绝对地谈论“不存在”，因而也不能绝对地谈论“无中生有”，但是我们却可以相对地谈论“不存在”，因而也可以相对地谈论“无中生有”。这也就是说，从绝对的不存在中变化、生成存在当然是不可能的，因为，绝对的不存在就是绝对的什么也没有，从而什么也不可能发生；但是，从相对的不存在中变化、生成存在却是可能的，因为，一个东西只是相对于它所要生成的那个东西而言是“无”、是“不存在”，但就其自身而言它却并不是“无”、并不是“不存在”，而是“有”、是

"存在"，从而，在这里，变化与生成就是可能的。因此，在这里，亚里士多德便确立了一个基于变化与生成的新的存在观，表明变化与生成是可能的，它只是从相对的"无"到相对的"有"，存在可以同时是生成与变化。

在此基础上，亚里士多德便对能够生成与消灭的自然实体进行了研究，而他首先着重分析的就是它们从相对的无到相对的有的变化与生成。但这样一来，原本在《范畴篇》中仅仅作为"这一个"而没有得到更进一步的分析的实体概念本身也就得到了分析，属于自然实体的一个基于其变化与生成的内在的结构也就呈现了出来。这就是，任何一个自然事物都可以按其生成被分析为一个由尚不是什么到生成为什么的生成的结构。其中，那尚不是什么的就是质料，而那生成为什么的就是形式。显然，它们二者不是一种彼此对立、分离的关系，相反，质料是尚未实现的形式，而形式是已经实现的质料，从而，质料和形式就具有一种潜能与现实的辩证统一关系，它们统一在一个由形式所主导的生成实现的过程中。这样，在《范畴篇》的实体理论中没有得到呈现的实体的质料和形式的内涵就在《物理学》中被深刻地揭示出来了，而个体实体也由此被导入一个生成的原因—目的论的结构中。

在此基础上，亚里士多德在《物理学》中就提出了他形而上学思想中的一个著名理论，这就是"四因说"。也就是说，如果我们从生成的角度来考察任何一个事物，那么，对于这个事物来说，基于它的生成的结构，就有四种原因规定着它的生成，这就是质料因、动力因、形式因和目的因。其中，质料因是指事物得以生成的材料基础，事物的生成总是要基于一定的物质材料，缺少了物质材料，事物的生成也就缺少了物质基础。动力因是指事物生成的动力来源，事物总是借助一定的原因推动才得以开展它的生成活动，单凭质料是无法完成生成活动的。形式因是指事物具体生成为什么的形式规定性，假如没有形式因来具体规定事物的生成，那么，事物的生成也就缺少了规范，从而什么也不会生成。最后，目的因则是指事物生成的目的，也就是说事物生成是为了什么，这构成了事物内在的目的指向，事物总是为了什么而生成。亚里士多德以一所房子的生成为例来解释他的四因说，其中质料因是建造房子的砖石，动力因是建造房子的人，形式因是指建造房子的具体样式，而目的因是建造房子的目的，即居住。

但是，很显然，房子并不是自然物，而是人工物，它们虽然属于可生成与消灭的事物，但却有它们的特殊性，这就是，它们的动力因、形式因和目的因并不在它们自身之中，而是在另一个主体那里，这就是人。然而，自然实体的生成与消灭却并不依赖人，这也就是说，它们生成与变化的原因在它们自身之中。这样，对于自然物来说，它们变化与生成的动力因和目的因便都内含在它们的形式因之中，也就是说，形式因既规定了自然物生成的具体形式，又构成了自然物生成的具体动力和目的，自然物正是按照自身的形式规定性向着这个形式生成，从自身尚不是这个形式变成为这个形式。因而，在自然实体那里，四因最终又可以简化为质料因和形式因两种，而它们之间所具有的正是一种潜能与现实的关系：质料尚不是它所要成为的形式，因此，它便具有生成为这一形式的潜能，由此，一个向着这个形式的生成与变化的过程就开始了。

一旦我们能够将亚里士多德的四因归并为质料因和形式因，进而又能够将质料和形式的关系置于潜能与现实的关系模式下来观察，也就是说，将质料看作潜在的形式，将形式看作实现了的质料，那么我们也就可以清楚地认识到，对于亚里士多德，形式因是占主导地位的因素，整个自然生成变化的过程实际上是由形式因所引起的一个事物由潜在到现实的自我实现过程。一旦我们取得这一认识，我们也就能够认识到，四因不能被理解为构成事物的四个不同的部分，相反，它们是我们观察和把握事物的生成与变化的四个不同的方面。对于一个事物，当我们从这个事物实现的方面来观察时，它是形式，而当我们从这个事物尚未实现的方面来观察时，它则是质料；而形式既是质料所要成为的目的，又是使质料趋向目的的动力，所以我们又可以分别从生成之目的和动力的角度来对这个事物的生成进行观察。因此，只是就我们观察的方面的不同而言，一个事物的生成与变化被基于四种不同的原因来进行解释，它们是解释事物的生成与变化的四种不同的原因机制。事物本身就其实体性而言始终是同一个实体，四因只是就它逻辑上的或原因上的可分析性而言的，而不是就它实在性上的可分析性而言的。

这样，通过《物理学》的探讨，原本在《范畴篇》中没有得到分析的实体便得到了分析，而实体——这主要是指自然实体——也就展现出了它内在的、基于生成的原因结构。这显然是亚里士多德形而上学思想的进一步深化。

【5】《形而上学》中的形而上学思想

只是在物理学著作之后，我们才可以进一步来讨论亚里士多德的《形而上学》这本著作。我们说，这本著作是亚里士多德对形而上学问题的一个集中而系统的研究，体现了亚里士多德最为成熟和完善的形而上学思想。

但是，在对其中的形而上学思想进行介绍之前，我们必须首先了解这样一个事实：亚里士多德自己并没有写过一本叫作《形而上学》的书，也从来没有使用过“形而上学”这个术语，《形而上学》这本书以及“形而上学”这个术语是后来亚里士多德著作的编纂者在编纂亚里士多德有关形而上学问题的研究文稿时所编定和赋予的。编纂者在编完了亚里士多德的物理学著作之后，在对一类处理最高的存在者、在亚里士多德那里属于第一哲学的文稿进行编辑的时候，由于没有合适的名称，就从编纂的角度出发，赋予了这一部分文稿一个编纂学意义上的名称，即 TA META TA ΦΥΣΙΚΑ，意即“在物理学之后诸篇”。这个名称拉丁化以后就是 metaphysics，而我们把它翻译成“形而上学”。

这样翻译是有道理的。如上所说，亚里士多德的这本书是由他研究最高存在者的文稿编辑而成的，它相比于物理学对具体的自然事物的研究要更为根本，因为它涉及的是自然事物变化生成的最终原因。这样，TA META TA ΦΥΣΙΚΑ 虽然本义是“在物理学之后诸篇”，但同时也具有“在物理学之上”的意思。日本学者井上哲次郎（Inoue Tetsujiro）即根据《易经》中“形而上者谓之道，形而下者谓之器”，把它翻译成

“形而上学”。① 虽然这在某种意义上也不十分准确，因为在亚里士多德那里作为“形而上者”的并不是抽象的“道”，而是原因、不动的动者、神，但是就它区分了“形而上”和“形而下”而言，它还是基本表达了这个概念的内涵。

通过上面的介绍，我们就清楚了，形而上学是对最高存在者的研究，它相比于物理学要更为根本，因为它研究的不是自然事物，而是自然事物存在的原因，这不是别的，在亚里士多德那里就是第一推动者、不动的动者、神。明确了这一点之后，我们就可以对亚里士多德《形而上学》一书中的形而上学思想进行进一步的探讨。

《形而上学》全书由 14 卷构成。其中，第一卷到第十一卷都可以说是《形而上学》的导论部分。在这个部分，亚里士多德依次讨论了形而上学研究的目标，形而上学研究的问题，明确了形而上学的研究对象是“作为存在的存在”的原因，也就是实体的原因，因为实体是首要的存在者，正是“作为存在的存在”，而形而上学就是对实体之存在原因的探究。由此，从第七卷开始，《形而上学》便进入了对实体的深入分析。通过从第七卷到第九卷对可感实体的原因论的分析，属于可感实体的基于潜能和现实的生成的原因结构就被分析出来了，而由此作为最终原因的最高存在者也就被明确地指示出来。这样，当进入第十二卷，亚里士多德便开始了对不可感实体也就是他所谓的不动的动者——神——的研究，这样的研究一直持续到第十四卷。这就是《形而上学》一书的整个结构。当然，必须指出的是，由于《形而上学》一书的编纂性质，其中个别的卷章并

① 在日文翻译中，“Keiji-Jogaku”（形而上学）被用作亚里士多德这部著作的题目。这个翻译最初是由井上哲次郎于 1881 年在其所编辑的《哲学字汇》（*Tetsugaku Jii*）中被引进的。在日文中，在 1862 年，对“Metaphysics”也曾有“Seiri-gaku”（性理学）的翻译。日本哲学家西周（Nishi Amane）也曾采用“物理外ノ学”、“超理学”和“無形理学”的翻译，但是这些翻译没有流行起来。在中西文化交流的第一个阶段，也就是明末清初的时候，曾有西方传教士南怀仁（Ferdinand Verbiest）将 Metaphysica 音译为“默大费西伽”。（参见梅谦立：《明末清初的西哲东渐》，见中山大学西学东渐文献馆主编：《西学东渐研究》，第 1 辑，59～60 页，北京，商务印书馆，2008）

不完全适合这个结构，同时各卷之间也不完全遵循一种严格的循序渐进的逻辑线索。

在对《形而上学》的基本结构有了上述了解之后，我们便可以对其中重点卷章中的主要思想做一个较为详尽的说明。在这里，我们首先涉及的就是第四卷和第六卷。这两卷书依然属于《形而上学》的导论部分，它们的主要任务是要确定形而上学的研究对象。

在第四卷中，亚里士多德第一次清楚而明确地告诉我们，有一门科学研究“作为存在的存在”（τὸ ὂν ᾗ ὄν），它不同于任何具体的分支科学，它是对存在本身的探求，它所追寻的是“作为存在的存在”的原因和本原。① 显然，我们从《范畴篇》中已经知道，这个“作为存在的存在”所指的不是别的，就是实体，因为实体是首要的存在者与核心存在，“作为存在的存在”正是就实体的这一核心存在的意义而言的。因此，亚里士多德在这里便已经明确了，形而上学不是泛泛地对一般存在或普遍存在进行研究，也不是不加区别地对所有存在者都进行同等程度的研究，同时，也不仅仅是针对实体的一般的研究；相反，它是对实体的原因和本原的研究，它通过对实体所做的原因论的分析最终将研究引向实体的原因和本原，也就是最高的存在者。

在第六卷中，亚里士多德更为明确地说明了这层内涵。他告诉我们，存在着三门思辨科学：第一哲学、物理学和数学。物理学是对有生灭的可感实体的研究，数学是对实体的数量属性的研究，而第一哲学则是对一类特殊存在者的研究，这就是不动的、可分离的、永恒的实体。由于这样的实体不是别的，就是神，从而第一哲学也就是神学。因此，亚里士多德在第六卷中便向我们清楚地表明了形而上学的研究对象是什么，这就是构成一切可感实体之最高本原的不可感实体，也就是神。

但是，亚里士多德在第四卷和第六卷中只是指出了形而上学的研究对象，对它真正理论的清楚把握还需要进行更为具体的、实际的和逐步逼近的研究，以使我们一步一步达到对那最高存在者的认识。因此，在《形而上学》的核心卷也就是第七、八、九卷中，亚里士多德便展开了对可

① 参见亚里士多德：《形而上学》Γ 1。

感实体的深入分析和辨正，以引出最高的存在者。

《形而上学》第七、八、九卷是亚里士多德对实体的一个深入的原因论的分析。在第七卷的一开始，亚里士多德就明确地说：

> 那无论过去还是现在都永远被追寻、永远令人困惑的“什么是存在”的问题，就是“什么是实体”。①

我们说，这段话的重要性就在于，它既表明了亚里士多德的形而上学研究对之前研究传统的继承，又表明了他对这一传统的推进之处。因为，“什么是存在”这个问题正是从巴门尼德而来的形而上学的根本问题，亚里士多德在《形而上学》第七卷中重提这个问题就表明，他正是在这个思想传统中展开他的研究工作的；而他对这个思想传统的推进之处就在于，他把“什么是存在”的问题进一步锁定在了“什么是实体”这个问题上，而这是因为，实体是核心存在者，正是通过对核心存在者的存在的分析，即对实体之为实体的实体性的分析，“什么是存在”这个问题才能得到根本的回答。所以，对于亚里士多德来说，“什么是存在”这个问题就被转化为“什么是实体”这个更明确、更具有针对性的问题。

作为对这个问题的初步回答，亚里士多德就再次提出了在《范畴篇》中已经得到确立的有关实体的那个基本原则，这就是：实体是主体。但是，现在他来审视这个原则，和《范畴篇》稍有不同的就是，这里的实体已经是经过了物理学研究分析过的实体，也就是说，它被分析为质料和形式，在这个意义上，任何一个可感实体都是一个质形合成物。由此，在亚里士多德看来，现在，能够作为主体的就有三个候选项，这就是质料、形式和质料与形式的合成物。亚里士多德需要在这三个候选项中确定：谁在严格的意义上更是主体，从而，谁也就是首要意义上的实体。

亚里士多德首先对质料进行了分析。看起来，似乎质料更是严格意义上的主体。因为，在谓述判断中，虽然我们说终极的主词是像苏格拉底这

---

① 亚里士多德：《形而上学》Z 1，1028b3-5。据洛布本中古希腊原文直接译出。

样的个体事物，但是看起来似乎“苏格拉底”依然能够作为谓词来陈述它的质料，例如，我们可以说，“这团血肉是苏格拉底”。从而，质料相比于个体事物就更是主词和主体。但是，亚里士多德立刻指出，以质料作为主词和主体会导致思维的无限后退，因为，还存在着质料的质料，也就是说，我们总是能够为一个质料寻求它自身的质料，而这样的寻求是无限的，最终，我们只能寻找到一个缺乏任何明确规定性的、什么都不是的原始质料。但是，这样一来，它也就不再可能为一个谓述判断提供一个有意义的主词，也就是说，正是在严格的意义上，质料不可能充当一个谓述判断的主词。这样，亚里士多德也就否定了质料的严格意义上的主体的地位。质料只是在不严格的意义上，实际上，也就是只能在潜能与现实的关系的意义上，才可以充当一个谓述判断的主词。因为，在“这团血肉是苏格拉底”这个谓述判断中，“这团血肉”和“苏格拉底”的关系正是潜能与现实的关系。

亚里士多德接着又考察了一个具体的质形合成物，比如具体的一个人。它确实能够为一个谓述判断提供有效的主词，但是，由于它是从规定它自身之所是的形式那里得到它自身的明确规定的，从而它是后于形式的。在做了这样的比较之后，亚里士多德就确定，只有形式才是严格意义上的主词和主体，因而也就是首要意义上的实体。

但是，能够充当形式的，不仅有一个事物的个体本质，也就是亚里士多德所说的使一个事物作为自身之所是的“是其所是”（τὸ τì ἦν εἶναι），而且有像普遍者、种、属这样一些作为一般的类的存在，因此，就还需要在这些之中确定谁才是严格意义上的实体。在这里，亚里士多德延续了《范畴篇》中的实体是个体性的思路，明确只有使一个事物是其所是的个体本质才是一个事物严格意义上的实体，而种、属之类的普遍者不是实体。但这样一来，对“什么是实体”的问题的追寻就转变为对“什么是本质”的问题的回答，而正是在这里亚里士多德引入了基于潜能与现实的、有关可感实体的原因论的分析。

亚里士多德基于可感实体是自然生成物的观点告诉我们，事物的本质恰恰就是事物在其自然生成的变化运动中所实现出来的自然本性。一个事物是怎么样的，这与它是怎样具体地生成和变化的有关；它在它现实的生成变化过程中所实现出来的它的自然功能，就是它的本质。一旦这样来审视事物的本质，事物的本质就不再是一个抽象物、一个静止孤立的存在；相反，事物的本质是在其自然生成的运动过程中实现出来的，一个事物不是静止僵化地摆在那里，它总是在不断地实现着自己，而它的本质也就体现在它的这种自我实现过程之中。由此，亚里士多德就引入了潜能和现实的概念。这表明正是由于事物的本质寓于它自身的生成过程中，从而，它就有一个从潜能到现实的实现过程。当事物处于潜能状态时，事物尚缺乏它的本质规定性，不具备明确的形式，于是它就以质料的方式表现出来，从而质料就是形式的潜在状态，它具有成为某种形式的可能，但是这种可能尚未实现出来。反过来，当事物处于现实状态时，事物就获得了它的本质规定性，具备了明确的形式，原本潜藏在质料中的那种成为某种形式的可能现在成为现实，从而形式就是质料的实现状态，它将潜藏在质料中的形式可能性实现了出来。由此，形式和质料之间的关系就不再是一种僵硬、对立的关系，仿佛一个机械地加到另一个之上。相反，在一种基于自然生成的关系中，形式就是质料，质料就是形式。当形式尚未实现出来的时候，形式就是质料；当质料自我实现自身的可能性时，质料就成为形式。形式是从质料中自然生长出来的，而不是被外加上去的。

这样，事物的本质就在生成论的基础上以质料和形式、潜能和现实的关系具体地表现出来。每一个事物都有其本质，从而每一个事物都有作为其本质的潜能和现实的生成的结构，它按此结构实现它的本质。这同时也就是一个目的论的结构，事物按自身的目的自我实现。

这就是亚里士多德通过《形而上学》核心卷部分对实体问题的探讨。显然，在这样的探讨中，亚里士多德实际上已经为过渡到对最高存在者的研究做好了准备。因为，在对可感实体的基于潜能和现实之原因关系的分析中，在这样一个目的论的宇宙图式下，一个最高存在者是必要的。这个最高存在者构成了整个世界的终极目的和终极原因，它自身作为自身而完全现实地存在。由此，它也就使得每一个事物力图像它那样，成为其自身并作为其自身而存在，从而它也就规定了每一个事物各自的目的和本质。显然，这个最高的存在者就是亚里士多德在前面的第六卷中已经预告过的可分离的、不可感的实体，也就是神，亦即不动的动者。这样，我们就来到了《形而上学》的真正形而上学的部分，这就是第十二卷。在这一卷中，亚里士多德详细地论证了所谓“不动的动者”，并且提出了他形而上学的最高命题，即思想就是对思想自身的思想。

在《形而上学》第十二卷中，亚里士多德首先告诉我们，实体有三种，两种是自然的，一种是不运动的。两种自然的实体也被统称为是可感的实体，它们分别是可感的、可毁灭的实体和可感的、不可毁灭的实体，前者指的是动植物这样一些存在，而后者指的是天体，亚里士多德认为，对它们的研究属于物理学和天文学。至于不运动的实体，亚里士多德认为它们是永恒的、不动的和可分离的，是第一哲学研究的对象。在明确了这一点之后，亚里士多德便指出，这种实体是“不动的动者”。

如果说整个宇宙是一个由潜能向现实的不断实现的活动过程，那么为宇宙永恒的运动提供运动之始点的就是“不动的动者”。它是完全的现实性，这是宇宙永恒运动的现实性所内在要求的。因为，宇宙就是永恒运动，假如永恒运动停止了，那么宇宙也就不存在了，从而，永恒运动必然是完全的现实性，如此才能保证宇宙的存在。但是，由此一来，构成它的始点和原因的“不动的动者”也就必须是完全的现实性，否则也就没有作为完全现实性的永恒运动，进而也就没有宇宙。

这样，“不动的动者”就必须是完全的现实性。但这也就意味着它必然是没有质料的。因为，在《形而上学》第九卷对潜能和现实关系的探讨中，亚里士多德已经表明质料就是潜能，假如“不动的动者”是有质料的，这也就意味着它尚未实现或者仅仅是潜能，这样一来，永恒运动就不再是现实的，而只是一种可能性。显然，这是不被允许的，因此，“不动的动者”就不能含有丝毫质料，它必须是完全的现实性本身。

这就是亚里士多德对他最高的存在者的本质特征的初步界定。在此之后，他便具体讨论了“不动的动者”作为永恒运动的始点，是如何造成永恒运动的。

因为，很显然，“不动的动者”这个概念本身含有一些看起来难以理解的特征，这就是：既然是“推动者”，如何又是“不动的”？假如是“不动的”，又如何能够是“推动者”？亚里士多德首先指出，在根本上，正是对永恒运动的完全的现实性的要求使“不动的动者”作为它的始点必须是不动的，因为任何运动都可以被理解为由潜能向现实的实现过程，而这也就是由质料生成为形式的过程。假如构成永恒运动的始点的东西是运动的，那么显然，它也就同样要有一个由潜能向现实的实现过程，这样它也就在一定阶段仅仅作为质料即可能性而存在，而这是永恒运动的现实性所不允许的。因此，作为永恒运动的始点的那个“推动者”既然必须是完全的现实性，那么它就必须是不动的。此外，要求构成永恒运动的始点的那个东西是不动的另一个理由是：假如它是运动的，那么我们就必须为它的运动寻求一个始点，这样就会造成思维的无穷后退，其结果就是我们始终找不到运动的始点；找不到运动的始点就意味着运动没有发生的前提，所以必须规定构成运动始点的那个东西是不动的。

但是，这里立刻就发生了一个问题，这就是：假如“不动的动者”是不动的，那么它又如何作为“推动者”而推动整个宇宙永恒的运动呢？对此，亚里士多德首先指出，“不动的动者”不能通过物理的力的作用的方式来引起宇宙的永恒运动，因为，这种方式必然会对“不动的动者”本身产生一个反作用，从而它就不可能是不动的。之后，亚里士多德就引入了类似于柏拉图理念论的模仿的模式。这就是：如果要一个东西自身不发生运动却又能够推动其他事物运动，那么唯一的途径就是通过爱欲的方式，因为正是在对另一个东西的爱欲中一个东西实现了自身的运动。亚里士多德认为，爱欲是一种比较低级的欲求，而更高级的欲求是思想，正是由于思想到了最高的存在者作为自身存在的那种完满性，在其他存在者身上才发生了一个想要模仿这种完满性实现自身存在的欲求，而这也就引起了一个自我实现的运动，通过这个运动其他存在者实现其作为自身的存在。

这样，“不动的动者”之所以能够自身不运动却推动其他事物运动，就是因为它是作为被思想的对象而引起宇宙的永恒运动的。作为一个被思想的对象，它可以自身不运动，仅仅作为自身而存在，但是，它的这种仅仅作为自身的存在却引起了其他能够思想到它的存在者的自我运动，以模仿它的存在，实现其自身作为自身的存在。亚里士多德认为，“不动的动者”正是以此方式作为一个被思想的对象首先引起了具有思想的最神圣的天体的运动，而有理智的天体的旋转运动进而引起了其他天体的运动，从而最终才引起了地球上万物的生灭变化的运动。宇宙中万事万物的运动都是以它们各自的方式来实现它们自身的存在，例如，天体是以圆周运动的方式，而生物则是以自我繁衍的方式。

亚里士多德就以此特殊的方式解决了“不动的动者”这个概念表面上的悖谬。但由此一来，针对“不动的动者”本身，既然它是思想的对象，并且自身不含有丝毫的质料，那么它也就仅仅作为思想而存在，它是纯粹的思想本身，在它身上思想和存在是直接同一的。这就是说，它是思想，但是它同时也就是存在，它是作为思想的存在；反过来，它是存在，但是它同时也就是思想，它是作为存在的思想。由于它是作为思想的存在，所以它的存在不是不被思想的，而就是思想本身；由于它又是作为存在的思想，所以它的思想不是不存在，而就是存在本身。这样，存在就是思想，思想就是存在，“不动的动者”就是自己思想自己的存在，它作为纯粹的思想本身就是自己对自己的思想，它通过这种方式而存在。这样，“思想自己思想自己”，这就是亚里士多德针对他的形而上学体系中最高的存在者所提出的最终命题，在这里，思想和存在达到了绝对的统一和同一。这当然是巴门尼德所奠定的形而上学本体论的思想路线在亚里士多德这里的完成。

第八章　亚里士多德的伦理学与政治学

【1】至善与幸福

在柏拉图的哲学中，善的理念是最高的理念，它赋予其他理念存在的意义和价值，从而对“什么是善?”的问题的探寻就是柏拉图哲学的一个核心的问题，由此也就构成了柏拉图的伦理学思想。同样，在亚里士多德的《尼各马可伦理学》中，对善的追寻也被看成全部伦理学研究的中心。亚里士多德在全书的一开始就明确道出了这一点，他说：“每一种技艺、每一种研究，同样，每一种实践和选择，看来都在追求某一种善；所以人们说得不错，善正是万物所追求的。”① 这句话言简意赅，把善作为一切的核心挑明了出来，从而也就很自然地把“什么是善?”树立为了伦理学研究所需要解决的根本问题。

但是，和柏拉图采取对概念本身进行抽象定义和辩证推理的研究方法不同，亚里士多德从一开始就采取了另一种途径，这就是逻辑分析的方法。也就是说，撇开对善本身的研究，而对善的概念进行逻辑的分析。这样，首先，针对柏拉图的善的理念，亚里士多德就明确地指出，“善的意义和存在一样多”②。也就是说，如同“存在”有多种意义，可以根据各类范畴的不同而分别指不同意义的存在，“善”也有多种意义，也可以根

---

① 亚里士多德：《尼各马可伦理学》A 1，1094a1－3。据洛布本中古希腊原文直接译出。

② 亚里士多德：《尼各马可伦理学》A 6，1096a24。据洛布本中古希腊原文直接译出。

据各类范畴的不同而分别指不同意义的善。这样，情形似乎就是，关于善，我们不可能有一门单一的科学来研究它。但是，亚里士多德随即否定了这个观点，他指出，尽管善的意义是多种的，但是它们却趋向一种核心意义，这就是作为目的自身的“至善”。也就是说，既然善构成了一切行为的目的，而目的与目的之间又存在着一种彼此从属的关系，那么那能够仅仅作为自身而存在而不再以他物作为自己存在的目的的目的当然就是目的本身，这就是至善。这样，“什么是善?”的问题就转化为“什么是可以作为自身而存在的目的?”的问题。问题一旦发生这样的转化，关于“什么是善?”的问题的讨论似乎立刻就变得简单起来，因为，人们通常认为，那是一切行为的最终目的而本身却不再有任何目的的目的不是别的，就是幸福，所有人追求的最终目的不过是生活幸福。这样，“什么是善?”的问题就有了一个简洁的答案，这就是幸福。

但是，亚里士多德随即就指出，“把至善称为幸福也许显得是一种同义反复”①，更为重要的是应当对此加以清楚的界定和说明。这样，“什么是幸福?”就成为亚里士多德伦理学思想进一步探讨的关键，而我们由此也就可以看到亚里士多德对古希腊幸福主义伦理学传统的继承。他把人对幸福的自然的趋向（人作为生物趋乐避苦的倾向）当成界定伦理善的前提和基础。就此而言，我们当然可以把他的伦理学乃至整个古希腊幸福主义传统的伦理学称作自然主义的伦理学，它和将道德建立在人之自由基础上的现代伦理学无疑有着天壤之别。

亚里士多德指出，幸福就是快乐，而能够作为本己的、自身而存在的快乐按照通常的观点有三种：物质生活中通过物质享受而来的肉体满足的快乐、政治生活中通过荣誉名声而来的精神满足的快乐、思辨生活中通过静观沉思而来的理智满足的快乐。至于追求金钱是不是一种快乐，亚里士多德在《尼各马可伦理学》中说得很清楚，那完全不能算是一种快乐，追求金钱的人是受强制而生活，人们追求金钱是为了别的目的，假如一个

---

① 亚里士多德：《尼各马可伦理学》A 7，1097b22—23。据洛布本中古希腊原文直接译出。

人仅仅为了追求金钱而追求金钱，那么他将毫无人生乐趣可言。[①] 这样，很明显，对于人来说，真正能够作为目的本身的只有三种快乐，即肉体满足的快乐、精神满足的快乐和理智满足的快乐。那么，这三种快乐是三种平行的快乐，从而没有高下之别完全可以并行不悖呢？还是说在这三者之间仍然存在着优劣，从而可以从中判断出何者是最快乐的呢？如果是后者，那么就有一个判断标准的问题。也就是说，对于这三种根本不同质的快乐，我们能否找到一个进行比较的标准。显然，这是一个问题。而解决这一问题的唯一的办法只能是：首先，把不同质的快乐予以形式化的处理，使它们具有一种可资比较的统一的质；然后，在此基础上来分别它们的优劣。我们看到，亚里士多德正是这样做的。

在《尼各马可伦理学》第一卷中，亚里士多德利用幸福和目的自身的同一性这一点实现了这一目标。也就是说，无论三种快乐如何不同，它们都作为目的自身而存在，而这就是它们同质的地方，从而也就是可以进行比较的地方。怎么比？亚里士多德这样说：

> 如果唯有一个东西是完满的，那么这有可能就是所寻求的；但如果有多个，那么便是其中最完满的。我们断定，就其自身而追求的比起由于他物而追求的更为完满，任何时候都不由于他物而选择的，比起既就其自身又由于前者而选择的更为完满，总之，那永远就其自身而选择、从不由于他物的就是完满的。[②]

这段话听起来复杂，但意思概括起来却很简单，它所强调的不外就是最终目的的那种自足性，也就是说，最终目的的意思不外就是，它仅仅作为自身而存在，无待而有，而这就是自足（αὐτάρκεια）。可见，在这里，能够为各种快乐的优劣提供形式化的判断标准的不是别的，就是自足，也就是看在不同的快乐之间究竟何者能够真正作为目的自身而自足地存在，唯有这种快乐是最高的幸福，因为它最持久、最纯粹、最完满。所以，亚里士多德说："我们主张自足的东西便是那使生活成为唯一可选择的并且没有

① 参见亚里士多德：《尼各马可伦理学》A 5，1096a5 以下。

② 亚里士多德：《尼各马可伦理学》A 7，1097a29－34。据洛布本中古希腊原文直接译出。

匮乏的东西；我们认为幸福便是这样一种东西。”① 这样，在亚里士多德那里，幸福与自足就取得同一，幸福就是自足，而自足就是幸福。从而，问题至此又发生了转化，即从讨论“什么是幸福?”转到讨论“何种幸福是真正自足的?”。

【2】思辨是最大的幸福

我们看到，在《尼各马可伦理学》第十卷中，从第六章开始，亚里士多德正是从这一角度出发来对幸福进行分析的。他首先指出，幸福就是自足，就是无所短缺，它作为实现活动是以其自身而被选择的，也就是说它自身就构成了活动本身的目的。② 显然，亚里士多德在这里所强调的正是他在一开始所确立的自足性标准。在明确了这一点之后，他就对享乐活动、政治活动和思辨活动进行了比较。

他首先指出，虽然这三种活动都可以给我们带来快乐，但是快乐却因其纯洁性而存在着差别。善良活动的快乐是高尚的，邪恶活动的快乐是卑下的，视觉所产生的快乐以其纯净而有别于触觉所产生的快乐，听觉与嗅觉又优于味觉，而思维的快乐较之一切肉体感性的快乐则更为纯洁。③ 在一切思想活动中，哲学活动又以其纯洁和经久而具有惊人的快乐。④ 从而，就幸福就是快乐这一点而言，思辨活动由于它所具有的快乐远胜于其他两种生活形式，因此它更为幸福。

在此基础上，亚里士多德便针对这三种活动的自足性进行了分析。他指出，无论从哪个方面来看，享乐活动和政治活动都是不自足的，因为它们都更多地依赖外物。它们虽然看起来是人们行动的最终目的，但是它们在本质上是匮乏的，并且这种匮乏的本质使人们在对它们的追求中常常陷于不幸，故而在根本上它们不可能真正成为人们行动的最终目的。其中，

---

① 亚里士多德：《尼各马可伦理学》A 7，1097b15-16。据洛布本中古希腊原文直接译出。

② 参见亚里士多德：《尼各马可伦理学》K 6，1176b1 以下。

③ 参见亚里士多德：《尼各马可伦理学》K 5，1175b24 以下。

④ 参见亚里士多德：《尼各马可伦理学》K 7，1177a18-27。

享乐生活的自足性最少，因为它虽然是从肉体自身中获得享乐，但是却绝对地依赖外部物品的供应，所以这样的生活实际上常常使我们最终陷入不幸。政治生活虽然不以丰衣足食为满足，但是它的实现却仍旧在很大程度上依赖外部条件。亚里士多德指出："对于一个自由人他需要金钱去从事自由活动，对于一个公正的人他也需要这东西以进行报偿……对于一个勇敢的人，如果他要完成一件合乎这一德性的事，他需要能力，对于一个节制的人他需要机会，若不然谁节制、谁不节制怎么看得出来呢?"① 由此，他总结说："实践需要很多条件，所行的事业越是伟大和高尚，所需要的也就越多。"② 这样，政治生活也不是自足的。但是，思辨生活却是充分自足的。针对政治生活所需要的那些外在条件，亚里士多德这样说："对于一个思辨者，他的现实活动却不需要这一类的东西，正如所说，它们对于思辨反而是障碍。"③ 但是，这并不是说思辨活动一无所需。亚里士多德指出，我们是作为人而不是神来过一种思辨生活的，从而我们当然也要求有外部条件，这不仅指身体的健康，也包括食物以及物品的供给，但是无论怎样，在这三种生活中，思辨生活对外部条件的需要是最少的，一个中等的外部供应就可以保证我们过这种如同神一般的、真正高尚而自由的生活。因此，亚里士多德这样说："所说的自足，最有可能是与思辨相关的。"④

同时，出于彻底思考的需要，亚里士多德明确地意识到自足在根本上就是自由，而自由是以闲暇作为自己最为鲜明的外部特征的，所以，他在分析各种活动自足性的同时还对它们是否具有闲暇的特征进行了讨论。针对享乐生活，他以游戏为例指出，如果就闲暇而言，那么游戏显然是最为

① 亚里士多德：《尼各马可伦理学》K 8，1178a28－34。据洛布本中古希腊原文直接译出。

② 亚里士多德：《尼各马可伦理学》K 8，1178b1－3。据洛布本中古希腊原文直接译出。

③ 亚里士多德：《尼各马可伦理学》K 8，1178b3－5。据洛布本中古希腊原文直接译出。

④ 亚里士多德：《尼各马可伦理学》K 7，1177a27－28。据洛布本中古希腊原文直接译出。

闲暇的，但是其中却弊大于利。因为它投合的是我们低级的欲求，而且使我们的精神松弛。随便什么人都能享受到肉体的快乐，即使奴隶也不比自由人差，但是我们却不能称奴隶的生活是一种幸福。人应当去追求更为高尚的生活，而这是极端严肃的。从而，幸福绝不在游戏中，一生勤勤恳恳，含辛茹苦，说什么是为了游戏，岂不荒唐。幸福在合于德性的实现活动中。① 至于政治生活，他认为其中很少有闲暇，因为它所依赖的外部条件是不能够有闲暇的，例如勇敢须在战场上体现，但是我们绝不能说战争是出于闲暇和游戏的目的。一个人不能为了表现他的勇敢而去发动战争。② 从而，上述两种活动在很大程度上不是使我们享有闲暇，相反却将我们投入劳碌之中，它们不可能构成幸福的生活。但是，思辨活动却不仅需要闲暇，而且本身就体现出闲暇。因为只是在闲暇中，各门科学才得到真正的进展，它本身就是一种自由的活动。

这样，总结起来，唯有思辨活动是一种最自足的快乐，而这自然也就是最大的幸福。亚里士多德称其为至福，并认为这种幸福最大可能是属于神的，因为只有神才能充分享有这种幸福，而我们只是因为分享了属神的理智（νοῦς），看顾了它，遵照它的指示生活，并且像神一样地运用了它来过一种纯然静观沉思的生活，我们才有可能分享这一至福。因此，在《尼各马可伦理学》的最后一卷中他写下了一段光辉的文字，对这种属神的生活也就是思辨活动进行了高度的赞扬。他说：

> 这样的生活可能是一种优于人的生活：因为并不是由于他是人他才要这样生活，而是由于在他身上具有某种神圣的东西；这种东西和组合物的差别有多大，这种实现活动和其他德性的实现活动的差别就有多大。如若理智对于人来说是属神的，那么这种合于理智的生活对于人的生活来说也就是属神的。不要相信这样的话，作为人就要想人的事，作为有死的东西就要想有死的事情，而是要尽可能地去追求不朽，并且向着生活凭自身中最高贵的部分去做一切事情；因为即使它体积很小，却较一切具有更多的能量和价值。它看起来就是每一个

① 参见亚里士多德：《尼各马可伦理学》K 6，1176b10 以下。
② 参见亚里士多德：《尼各马可伦理学》K 7，1177b4 以下。

人，假如它是最主要和较好的部分的话。一个人不去选择自己的生活而去选择别人的，这是令人难以置信的。前面所说的与现在的相一致；因为内在于每一事物本性之中的东西对于每一事物来说就是最强大和最快乐的东西；对于人这就是合于理智的生活，如果人尤其是指理智的话。因此，这种生活就是最幸福的。①

这样，思辨活动就是最大的幸福，也就是至善。至此，亚里士多德就不仅回答了在一开始所提出的"什么是善?"的问题，而且达到了他伦理学理论的最高点，这就是为一种纯粹思辨生活的道德合理性进行充分的论证。

【3】理智德性和伦理德性

显然，在上述阐述中，我们是直接将亚里士多德对"什么是善?"这一问题的回答摆出来加以讨论的。但是，在《尼各马可伦理学》中，亚里士多德还用了相当大的篇幅处理了一个十分不同的问题，这就是"什么是德性?"的问题。这也就表现出了他伦理学的另一个特征，即他的伦理学不仅是幸福主义伦理学，而且是德性伦理学。他把古希腊的幸福主义伦理学传统同对人的德性的探讨结合在一起了。

当然，这样一来，我们就必须追问：什么是亚里士多所说的德性？在前面当我们谈到智者"德性可教"的命题时，对希腊语ἀρετή（"德性"）这个词做过解释。我们说，这个在现代英语中通常被对译为 virtue（"美德"）的词，实际上在古希腊语中并不具有道德的内涵，它在本义上指的是"最优"。什么"最优"呢？事物特有功能的最优。例如，马的特有功能是奔跑，从而马的德性就是善跑；鸟的特有功能是飞翔，从而鸟的德性就是善飞。当这个词被用于人时，它同样不是指人的道德品质，而是指人的特有功能的最优，即人的某一种特长、品质。从而，亚里士多德明确地指出，德性首要的意思是一种品质，而人的德性就是一种人由以变得美

---

① 亚里士多德：《尼各马可伦理学》K 7，1177b26-1178a8。据洛布本中古希腊原文直接译出。

好、人的行动由以显得卓越的品质。① 从某种意义上来说，德性伦理学实际上就是一种品质伦理学，它关注的是人的优秀品质的养成。这不是指道德意义上的优秀品质的养成，而是指人在一切方面所表现出来的能力的优秀，在各种境遇下出色地驾驭各种事物的能力。

既然德性并不具有道德的意义，而只是指人的特有功能的完满实现，那么亚里士多德的德性伦理学就更多地关注人在各种境遇下如何完满地实现自己的特有功能，并从这一立场出发来建构自己的伦理学体系。他并不探讨人如何是道德的，而是探讨人如何是优秀的。一个优秀的人，在亚里士多德看来，也就是一个幸福的人。因为，作为人的特有功能的完满实现，它内在地就涵蕴着快乐。

从这一思想出发，亚里士多德就对人的特有功能进行了探讨。他指出，人区别于万物的一个特有功能就是，人是有理智的，故而理智功能的完满实现，也就是思辨活动，就是快乐本身。在这里，亚里士多德实际上已经为他后来第十卷中“思辨是最大的幸福”的命题提供了某种方式的论证。但是，我们知道，理智不是人唯一的功能，正如思辨活动不是全部的人生一样。亚里士多德从他的灵魂理论出发，认为人的灵魂除了有理性部分之外，还有另一个部分，这就是非理性部分。这个部分又可以分成两个部分：一个是所谓植物性的部分，它提供营养和生长的功能；一个是所谓动物性的部分，它提供感觉和欲求的功能。亚里士多德认为，前一个部分是纯然非理性的，但后一个部分却可以部分地分有理性，也就是说，它可以受到理性的支配，根据理性的安排来感觉和欲求。正是根据这一灵魂理论，亚里士多德认为人的德性也就可以相应地分成两个部分：一个部分是所谓的理智德性，它是人的理智功能的实现，同时它为灵魂非理性的动物性的部分提供理性的指导；另一个部分是所谓的伦理德性，它是人的感觉和欲求的功能在理性支配下的完满实现。如果说理智功能尤其是其中认识性部分之功能的完满实现构成了至善，是前面所讨论的“什么是至善?”这一问题所关注的目标，那么人感觉和欲求的功能在理性支配下的完满实现则构成了我们除思辨活动以外的其他各种活动的善，它们是德性

---

① 参见亚里士多德：《尼各马可伦理学》B 6，1106a22－24。

伦理学所讨论的内容。

我们看到，在《尼各马可伦理学》第二卷的一开始，亚里士多德就对这两种不同的德性进行了区分。他指出，德性分为两类：一类是理智德性，一类是伦理德性。他认为，理智德性可以通过教育来养成，因为它主要涉及人的认知和思维活动；而伦理德性，也就是人在各种实际的生活境遇中如何调适自己的感觉和欲求以期达到合宜与高贵，则不能仅仅通过教育，而是要通过习惯来养成。亚里士多德为此专门就“伦理德性”（ἠθική）一词进行了分析，指出它实际上是从“习惯”（ἔθος）一词转拼过来的，这就表明它是在各种具体的风俗习惯中生成的。由此，亚里士多德指出，没有一种伦理德性是自然生成的，因为没有一种自然存在的东西能够改变习性，例如，石块的本性是下落，不能让它习惯上升，即使把它向上抛一万次也不行。从而，凡是自然如此的东西，都不能用习惯改变它。但伦理德性却不然，它不同于我们的自然本性，是我们在实际生活中通过习惯、习俗而逐渐养成的。① 显然，亚里士多德在这里对伦理德性所做的这番特别说明是非常重要的，它的重要性就在于，他实际上继承了智者学派对φύσις和νόμος的区分，明确地把关于伦理问题的讨论放到了风俗习惯的领域，就此而言，他的伦理学又是习俗主义的。他与智者学派的不同仅仅在于，他寻求一种自然的习俗，也就是基于被视作天然正当的古希腊城邦生活来确定一种在他看来自然而合理的伦理风尚，把它确立为各种德性的标准。

这样，理智德性和伦理德性就是亚里士多德德性伦理学的核心主题。他在《尼各马可伦理学》中分别对它们进行了具体的讨论。他把理智德性从大的方面分成五种，即理智（νοῦς）、智慧（σοφία）、科学（ἐπιστήμη）、明智（φρονήσις）和技艺（τέχνη）。其中，前三种属于灵魂的认识性部分（τὸ ἐπιστημονικόν），它们主要是对一般的原理进行认知；后两种属于灵魂的计算性部分（τὸ λογιστικόν），它们关涉理性对具体东西的把握，其中明智涉及的是对我们具体的道德实践的选择，因而人们把它更多地称作“实践智慧”，而技艺涉及的是对我们具体的创制活动的设计。至于伦理德性，它

---

① 参见亚里士多德：《尼各马可伦理学》B 1，1103a14 以下。

们构成了亚里士多德《尼各马可伦理学》探讨的主要内容。针对古希腊城邦生活中已有的各种德性，针对这些德性分别所属的各种具体的城邦生活境遇，并且按照过度、不及和中道来对这些德性及其相对立的灵魂品质进行安排，亚里士多德就形成了他具体的德目表。这个德目表实际上可以被看成亚里士多德对古希腊城邦伦理生活的理性化，由此，一个自然合理的城邦伦理生活体系就得到了安排。

【4】中道、选择与明智

在《尼各马可伦理学》中，伦理德性是亚里士多德探讨的重心所在。因为对于亚里士多德来说，理智德性固然显示了至善，但从某种意义上来说它却是属于少数人的，对于大多数人来说，在各种实际生活境遇中如何行为得体才是更为普遍的问题。我们不能要求所有人都具有理智德性，都成为哲学家，都过一种思辨的生活。另外，哲学家也要在城邦中生活，也需要处理好同感觉和欲求有关的那部分伦理生活。因此，对这一领域中的各种德性的探讨显然就具有更重要的实践意义，如果伦理学首先是一门实践科学的话。然而，既然伦理德性与人的感觉和欲求有关，关涉的是在各种实际境遇中感觉和欲求的功能的恰当实现，那么这里就有一个过犹不及的问题，有一个中道的问题。所以，在对亚里士多德德性伦理学的探讨中，撇开那些具体的德性概念，即各种具体的德目，我们应当对同伦理德性的实现有关的几个重要的理论概念有一个清楚的把握，这几个重要的理论概念就是中道、选择与明智。如果我们把握了这三个概念，那么我们对于亚里士多德德性伦理学的一般特征也就有了清楚的认识。

中道概念是和德性概念密切相关的，从某种意义上说，它们实际上是一个概念，因为它们的所指是同一的，只不过一个是就主观方面而言的，一个是就客观方面而言的。德性是就主观方面而言的，它是指主体能力的最优，从而我们可以说一个人具有某种德性；中道是就客观方面而言的，它是指与这种主体能力的最优相联系的感受和行为的最优状态。亚里士多德这样说：

> 德性像自然一样，较一切技艺更精确、更优秀，它能够娴熟地命中中间。我是指伦理德性。因为它是关于感受和行动的，在其中存在着过度、不及和中间。①

在这里，μέθος（“中间”）一词当它作为专有名词μεθοτής来用时，一般就被翻译成“中道”。如上所说，它指的是感受和行为的最优状态。从而，尽管它从词义上来看并不是“最优”，而是“中间”，但是它绝不意味着一种“两害相权取其轻”的中道，或者一种平均值、中间数，而是指在特定的境遇下通过对各种可能性的综合权衡而选取的一种最佳的感受和行为的状态。因此，亚里士多德唯恐这个概念引起人们的误解，特意对它做了一个全面的定义，他指出：

> 应该的时候、应该的地方、应该的对象、应该的目的、应该的方式，这就是中间和最优……因此德性就是中道，就是对中间的娴熟命中。②

并且还特意指出，并非全部行为和感受都可能有一个中道，有一些行为本身就是过度或不及，从而本身就是罪恶，在这些行为上我们不可能再谈论什么中道。当然，在这里还须辨明的一点是，中道是相对于人而言的，因为我们在这里所谈的始终是人的行动、人的感受以及与此相关的人的德性，而不是其他什么东西。因此，亚里士多德指出，虽然存在着对事物本身而言的客观的中间，例如，10 和 2 的中间数是 6，但是这并不就构成对人而言的中道，因为，以重量为例，在重量为 10 和 2 的东西之间，重量为 6 的东西并不是对于任何人来说都刚刚合适。

但是，既然德性在于过度与不及之间的中道，德性在于这个中间状态的实现，那么，显然，在这里就存在一个选择的问题。也就是说，德性是通过对合乎中道的行为的选择而建立起来的。这样，亚里士多德在这里便

---

① 亚里士多德：《尼各马可伦理学》B 6，1106b14—16。据洛布本中古希腊原文直接译出。

② 亚里士多德：《尼各马可伦理学》B 6，1106b21—28。据洛布本中古希腊原文直接译出。

触及了道德选择的问题。首先，亚里士多德指出，选择和自愿不同，所有的选择都是一种自愿，但并不是所有的自愿都是一种选择，有很多我们自愿从事的活动完全受我们的欲望所支配而没有经过审慎的选择。这样，很显然，虽然选择说到底是一种欲求活动，但其中却含有明显的理智成分。它是一种在理智支配下的欲求活动。① 其次，亚里士多德又指出，作为欲求，选择与愿望不同，愿望可以指向任何事情，甚至是不可能发生的事情，但是选择只能指向可能发生的事情，它被严格限制在人类事务的范围之内。② 再次，亚里士多德还指出，选择不同于意见，我们进行选择不同于我们进行判断、发表意见，这不仅是因为我们可以对超出人类事务范围之外的事情发表意见，而且是因为意见有真假，但选择没有真假，只有善恶，从而，选择在根本上是一种道德实践活动，而不是一种理论认识活动。③ 最后，亚里士多德指出，我们既不可能对必然发生的事情进行选择，也不可能对偶然发生的事情进行选择，因为必然的事情我们不能选择，而偶然发生的事情我们无法选择，所以我们所选择的只能是那些出于我们且并非永远如此的事情，是一些通过我们自己的行为所能达到的事情。④ 因此，选择在根本上只与我们的实践活动相关，是对我们的实践活动的选择，通过这样的选择，我们在我们的实践活动中达到最优，也就是具有德性。如此看来，无论从哪个方面来说，选择都是一种基于理智的活动。亚里士多德指出，选择实际上是一种筹划活动（βoύλευσις），通过这种活动来对我们的实践活动进行安排，而这也就是使我们的实践活动合于理智，受到理性原则的支配，使之达到最优。能够为我们的实践活动提供这种理性原则的不是别的，就是明智。这样，明智在德性伦理学中就处于至关重要的地位，因为它直接关系到我们能否做到在不同的境遇下都行为优良。

现代以来，一种从新康德主义而来的解释传统经常将明智从亚里士多

---

① 参见亚里士多德：《尼各马可伦理学》Γ 1。
② 参见亚里士多德：《尼各马可伦理学》Γ 2，1111b20 以下。
③ 参见亚里士多德：《尼各马可伦理学》Γ 2，1111b30 以下。
④ 参见亚里士多德：《尼各马可伦理学》Γ 3。

德的五种理智德性中分离出来，使它处于与其他四种理智德性尤其是属于认识性部分的那三种理智德性（理智、智慧、科学）对立的地位，把它看成人的一种特殊认识能力，是一种与科学知识无关而仅与日常生活有关的智慧。由此，这种新康德主义的解释传统也就将实际上在亚里士多德乃至整个古典哲学传统中不存在的自然世界与生活世界、自然真理与生活真理的二元论模式加给了亚里士多德。在这方面，海德格尔是个代表，在他那里，明智基于他的生存论的现象学被做了特殊的理解，与他经常讨论的本真状态的澄明联系在一起，具有了极端个体化的、非道德的特征，甚至具有了灵智主义的特点，即成了一种可以通达个体人生真理的、意识上瞬间灵感迸发的状态，从而被明显地非理性化了。①

但是，事实上，明智对于亚里士多德来说只是灵魂的计算性部分的一个能力，它在总体上仍然归属于灵魂的有理性部分，也就是说，仍然属于一种理性认识能力。理智、智慧、科学这三种理智德性负责处理的是有关宇宙、人生的一般的知识原理。与之不同，明智负责处理的是这些一般的知识原理统摄下的、与人的道德实践活动相关的具体知识。前者是关于普遍和一般的，后者是关于具体和特殊的，就此而言，二者当然有着无限的不同，从而，明智相较于其他三种理智德性就多了一种认识的具体性甚至灵活性，是直接与我们的实践活动相关的，从而是实践智慧。但是，这并不使二者分离开来甚至绝对对立起来，仿佛成为两种性质极不相同的认识能力，并且关涉的是两种绝不相关的存在领域。因为，科学知识虽然关涉的只是一般的知识原理，但并不因此就是与道德生活无关的知识，道德生活领域同样存在着有关于它的一般性的知识；同样，明智虽然关涉的是具体和特殊，并且尤其是关涉道德生活领域中的具体和特殊，但这并不致使这个领域成为一个不需要理性知识的领域，相反，道德生活是一个将理性知识具体运用于其中的领域。在亚里士多德那里并没有后来在新康德主义那里自然世界与生活世界、自然知识与人文知识的对立和二分。因此，对于亚里士多德来说，明智的重要性就在于它是沟通灵魂的非理性部分与有

---

① 参见 Heidegger，*Plato's* Sophists，tr. by Richard Rojcewicz and André Schuwer，Bloomington，Ind.：Indiana University Press，1997。

理性部分的一个重要理性环节，是一种将一般性的道德知识运用于具体的道德生活境遇、将理论与行动联系起来的认识能力，它并不是非理性的，而是严格贯彻了亚里士多德的理智主义原则，使得灵魂的有理性部分能够对非理性部分进行基于一般知识原则的具体指导。

在《尼各马可伦理学》第六卷中，亚里士多德用一个具体的例子说明了这一点。他说：

> 明智也不仅仅是关于普遍者，而是应当知道具体的东西；因为它是实践性的，而实践关于具体的东西。因此，甚至一些无知的人也比另一些有知的人更善于实践；因为，如果一个人知道白肉是易于消化的肉和健康的，但却不知道哪些是白肉，那么，他就不会造成健康，但是那知道鸡肉是白肉和健康的人则更会造成健康；那些在其他事情上有经验的人亦然。但明智是实践性的；这样，就应当二者都掌握，把握后者更甚于前者。而即便在这里也会有一个主导性质的。①

这就清楚地表明，明智主要地关乎具体，它虽然含有普遍的知识，但却是将普遍的知识运用到具体的事物上去的一种认识能力。因而，就此而言，一个人如果仅仅知道一般的原理，例如，白肉是易于消化和有助于健康的，而并不能够在具体的实践中正确地分辨和选择何种肉是白肉，那么他就并不是一个明智的人，他在实践中甚至不能与一个不具有一般的知识却富有实际的经验的人相比，他也不能达到实践的目的。显然，亚里士多德就用这个生动的例子说明了，明智作为一种特殊的理智德性其真正的认识的功能之所在。如我们已经指出的，它是一种沟通灵魂的有理性部分与非理性部分、将有关宇宙和人生的一般的知识原理具体运用到与人类的道德生活有关的事物上去的认识能力，它所处理的不是如新康德主义所认为的那样的“另一个世界”的事物，而仅仅是具体的事物。

在我们阐明了亚里士多德德性伦理学中与德性相关的中道、选择、明

---

① 亚里士多德：《尼各马可伦理学》Z 7，1141b14−23。据洛布本中古希腊原文直接译出。

智这三个概念之后，亚里士多德德性伦理学的精神内核就显露出来了。它与个人的社会生活相关，在这里，通过明智的、合乎理性的选择来调适各种具体生活境遇下人的特殊欲望和感受，使得它们处于灵魂的一种最优状态，这也就是伦理生活的最优和至善。这样一种生活是按照一般的道德原则展开的，所以，当它以一种生活共同体的形式呈现出来时，它便是一般的城邦生活，城邦便是按照这些一般的道德原则而组成的生活共同体，其本身就是自然习俗性质的。这样，很显然，正是在这里，亚里士多德的伦理学和政治学具有了本质相关性，而相应地，从政治制度层面对这种伦理生活进行探讨就成为必然。而这正是亚里士多德政治学所要研究的内容。

【5】政治体制和理想政制

亚里士多德在《尼各马可伦理学》的最后一章，也就是第十卷第九章，表明了伦理学和政治学的这样一种本质关联。在那里，在讨论完了最幸福的生活以及各种德性之后，亚里士多德提出了这样一个问题：人如何才能养成这些德性、过上幸福的生活？他指出，有些人认为德性出自天赋，还有人认为德性出自教育和道理，前者是我们不可求的，而后者虽然可求但是却并不牢靠，因为很多人似乎并不服从教育和道理。从而，恰如他在《尼各马可伦理学》第二卷中讨论伦理德性时所指出的，“伦理”（ἠθική）一词从“习惯”（ἔθος）一词而来，同样，德性的养成在更大的程度上来自习惯，而不是教育和说服。习惯的形成则在于立法的强制。他这样说：

> 习惯应该以某种方式先行内在于德性，喜爱美好，厌恶丑恶。如果不是从青年时起就为这类法律所哺育，那么要通过正确的引导来达到德性就是困难的；因为节制和艰苦地生活对大多数人来说并不快乐，特别是对青年人。因此就应当以法律来规范生活和事务；因为在形成习惯后就不再痛苦了。①

① 亚里士多德：《尼各马可伦理学》K 9，1179b29－1180a1。据洛布本中古希腊原文直接译出。

这样，德性就同习惯、同立法联系在了一起，而这在根本上就是将属于个人内在品质的德性同作为风俗习惯的一种生活共同体的制度形式联系在了一起，因为，习惯、立法不是别的，就是一整套实体形态的制度设置，一个人的伦理生活正是在其中才得以展开并由以实现的。这样，显然，从政治体制的角度出发，对这种伦理生活最自然、最适宜的实体形态加以讨论就是理论的必需。

在《尼各马可伦理学》的最后，亚里士多德明确地提出了他这种以政治体制为核心的政治学研究的规划：

> 既然在前面留下了有关立法的问题没有讨论，那么对它们加以考察也许就会更好，而这总体上是关于政治体制的，这样有关人事的哲学就有可能臻于完美。如果要按照某种次序的话，那么我们就应当首先尝试回顾前人所说的善言，其次，依据所搜集的政制汇编来思考何种政制保存或毁灭了城邦，各种政制怎么样，以及由于什么原因一些城邦治理得好，一些城邦治理得不好。因为在思考了这些之后，我们也许会很快地了解何种政制是最好的，每一种是如何设置的，运用了哪些法律和习俗。①

罗斯指出，尽管《政治学》具有增补的特点，但是，在大体上，它正是按照在《尼各马可伦理学》中拟定的这个计划来进行的。② 同时，如上面的话所表明的，政治体制问题正是《政治学》研究的核心问题。因为习俗和立法的核心正是政治体制。假如说城邦是一个生活共同体的话，那么，政治体制就是它的制度性的体现。人们只是由于生活在一种优秀的政治体制之中，才具有了优良的品性。从而，政治体制理所当然地就成为整个《政治学》研究的重心所在。亚里士多德在《政治学》中用了最大的篇幅对现实的政治体制和理想的政治体制进行了深入的讨论，从而最终完

---

① 亚里士多德：《尼各马可伦理学》K 9，1181b12—23。据洛布本中古希腊原文直接译出。

② 参见 Sir David Ross，“The Development of Aristotle’s Thought”，*Aristotle and Plato in the Mid-Fourth Century*，pp. 7 － 10，edited by I. Düring and G. E. L. Owen，Götbrog，1960。

善了他所谓的“人事哲学”(ἡ περὶ τὰ ἀνθρώπινα φιλοσοφία)①。

在这里，详谈亚里士多德种种具体的研究是没有必要的。我们只需要把握亚里士多德有关政治体制思想的核心就足够了。我们看到，在对政治体制的讨论中，亚里士多德首先对现有的政体进行了研究，他把它们划分为六种。其中，三种是所谓正确的政体，即君主制、贵族制和共和制，另外三种是所谓错误的政体，即僭主制、寡头制和民主制。亚里士多德认为，后三种是前三种的变体，其中僭主制是君主制的变体，寡头制是贵族制的变体，民主制是共和制的变体。区分前者和后者的关键在于，统治是否依据德性，统治者是以城邦整体的善作为自己施政的目的，还是以一己的利益作为自己施政的目的。这样，很清楚，对于亚里士多德来说，构成政治体制核心的依然是德性伦理学中反复讨论的那个概念，即德性，城邦是按照德性的原则加以组织的，德性是判断一个政体是否优良的唯一准则。从而，依据这个准则，只要统治者是有德性的，那么，不管统治者是一个人或一个家族（君主制），还是一些人或一些家族（贵族制），还是许多人或许多家族（共和制），它们都是正确的。因为，在这里，起支配作用的原则始终是德性而不是其他。所以，亚里士多德这样说：“有三类正确的政治体制，而其中由最优秀的人所管理的必然是最优秀的，它是这样的，在其中，要么是某个人、要么是一类人、要么是许多人碰巧在德性上超过所有人，为了这种最值得选取的生活，其中一些人能够被统治，而另一些人能够统治。”②

但这只是亚里士多德对现实中的政治体制是否正确所提出的较为一般的判断准则。问题在于：亚里士多德自己倾向于何种政治体制？哪一种政治体制在他看来是真正合乎德性的生活共同体形式？从《政治学》的第七卷开始，亚里士多德对他自己心目中的理想城邦进行了构想。这表明，亚里士多德的政治学绝非如人们通常所以为的那样是完全经验主义的，即仅仅局限于对现实政治体制的分析和综合，相反，它同样具有

① 亚里士多德：《尼各马可伦理学》K 9，1181b15。

② 亚里士多德：《政治学》Γ 12，1288a32－37。据洛布本中古希腊原文直接译出。

理想的层面。和柏拉图一样，亚里士多德也构筑了自己的“理想国”。在这里，问题的核心当然仍旧是政治体制问题。因此，尽管亚里士多德也用相当的篇幅讨论了这一理想城邦所应当具有的人口和疆域的规模、公民的品性和城邦赖以存在的必要条件以及它的武装和地理位置等问题，但是对于我们，更应关注的却是他对整个城邦权力分配的论述，也就是说，亚里士多德心目中理想城邦的政治体制究竟是怎样的。

在这个问题上，我们看到，区别于柏拉图把整个城邦划分为统治者、护卫者和生产者这三个笼统的社会阶层，亚里士多德则把整个城邦更为细致地划分为六个阶层：农民、工匠、商人、武士、法官和祭司。这六个阶层各自在城邦中居于怎样的地位呢？它们是否具有平等的权利呢？在亚里士多德的具体论述中我们看到，在这六个阶层中，真正享有完满权利的只是最后三个阶层，唯有这三个阶层具有公民权，构成了城邦的公民主体。而前面三个阶层，对于亚里士多德来说，只是城邦存在的必要部分，却不是本质部分。因为，正如他一再论述的，城邦作为一个共同体，它存在的目的和本质不是生存，而是美好的生活，而担负实现城邦作为美好生活共同体这一本质的必然不是负责它的生存的部分，而只能是负责使它具有完满的德性的部分，而这就是最后三个阶层，因为只有这三个阶层是不事生产的，从而是具有德性的。这样，我们便可以清楚地看到，亚里士多德的政治理念在本质上是和柏拉图一致的，即是贵族制的，在他的心目中，只有贵族制才体现了政治的本质，这就是政权唯有德者居之。权力是按照德性也就是所谓优秀的人来分配的，而不是按照财富和人数。

但是，我们并不能因此便匆忙断定，亚里士多德是一个和柏拉图一样的、彻头彻尾的贵族政制的拥护者。毕竟，在亚里士多德那里，构成统治阶层的不是为数不多的几个哲学王，而是人数可以上万的公民主体，虽然相比于城邦中奴隶的数量而言，这是一个小数目，但也是一个相当可观的数目。而且，在这个公民主体中，并不是只有少数几个人才可以充当统治者，相反，他们是轮番为治的。按照亚里士多德的设想，公民年轻力壮时，充当武士，年长富有经验时充当法官，最后，年迈体衰时充当祭司。总之，所有的政府权力都是分享的，在这里，并没有特殊的阶层和只为特殊阶层所享有的特殊权力。如果从这个角度来看，那么，显然，亚里士多德似乎又是民主制的拥护者，他对贵族政制并不是完全赞同的。

亚里士多德这样一种看似彼此矛盾的政治立场实际上正显示了他思想固有的折中的特点。通观《政治学》全书，亚里士多德所心仪的政治制度实际上正是一种混合的政治体制，这就是他用πολιτεῖα这个词来称呼的政治体制。这个词的本义便是“政治体制”，显然，这是一个普遍名词，似乎可以用来泛指一切具体的政治体制，而并非一个专名。但是，在对政体的划分中，亚里士多德却恰恰使用了这样一个普遍名词来作为专名，专指一种特殊的政治体制，这就是上面所说的共和政制。这说明了什么呢？或许，亚里士多德想要用这种特殊的方法来表明，只有共和政制是唯一正确的政治体制。

在对共和政制的讨论中，亚里士多德告诉我们，共和政制是一种混合政制，它混合了寡头制和民主制的治理方法，兼顾了财产的原则和民主的原则。在共和制下居于统治地位的是中产阶级，属于中产阶级的人们的财富既不多也不少，这使他们易于服从理性，从而过一种有德性的生活。亚里士多德认为，凡是中产阶级庞大并且居于统治地位的城邦，其治理都是优良的，从而接近于理想城邦。亚里士多德的这些观点是在前面他对现实中的政治体制的讨论中谈到的，如果我们把它们和后面他对理想的城邦政制的讨论结合起来，我们就可以清楚地看到，亚里士多德理想的政治体制实际上就具有这样一种折中的特点。如果现实中的共和政制是寡头制和民主制的混合，其中兼顾了财产的原则和民主的原则，那么，亚里士多德理想中的政治体制则应当是贵族制和民主制的混合，兼顾的是德性的原则和民主的原则。这是否也是一种共和政制呢？亚里士多德没有给它名称，只是把它作为理想的城邦政制来加以论述和构造。但我们由此便可以清楚地看到亚里士多德自己的政治主张了。

这样，在对亚里士多德《政治学》中有关政治体制的论述进行了具体分析之后，我们就可以说，亚里士多德在政治学中对政治体制的讨论实际上是他在伦理学中对各种伦理德性讨论的进一步展开，他探讨了一种伦理生活的制度层面的问题，他在他的政治学中对理想城邦的讨论和构建实际上是为一种真正合乎德性的伦理生活服务的，他要通过制度的形式将这种生活确立下来，并且以此来培育每一个生活于其中的公民的内在德性。这也就解释了为什么在《政治学》的最后一卷第八卷中亚里士多德谈到了公民教育的问题。因为，说到底，对于亚里士多德来说，伦理学和政治学是一门科学，都是实践科学，或者按照亚里士多德的说法叫作“人事哲学”，它们最终都涉及古典希腊城邦最基本的社会伦理生活，涉及在这个共同体下生活的每一个公民主体，是对这些公民主体按照被理解为人的自然本性的城邦伦理风俗的塑造。

第三部分
晚期希腊哲学

引　言

正像“前苏格拉底哲学”“古典希腊哲学”是两个所指不甚明确的术语一样，我们在这里所故意采用的“晚期希腊哲学”这个术语同样也是含义不甚分明的。我们之所以采用“晚期希腊哲学”（Later Greek Philosophy）而非“希腊化哲学”（Hellenistic Philosophy）这个术语，是因为“希腊化”是一个所指相对明确的历史概念，它比较明确地指向了大致从公元前4世纪30年代亚历山大大帝东征到公元前30年罗马人征服托勒密王朝统治的埃及为止的这个时期。[①] 在这个时期，希腊古典文化随着马其顿帝国的扩张和诸希腊化国家的建立而广泛传播于欧亚非三洲的广大地区，而随着罗马帝国的建立，一个属于罗马的时代就开始了。因此，我们看到，正是由于这个原因，在策勒的《古希腊哲学史纲》中，他把亚里士多德之后的古希腊哲学划分为两个时期，即所谓的“希腊化哲学”和“罗马帝国的哲学”。[②] 但是，也正是在这里，我们看到了这一划分的不便。因为，严格说来，并没有所谓的“罗马帝国的哲学”，活跃于罗马帝国中的各哲学学派实际上就是在希腊化时期便已经存在的各古希腊哲学学派。例如，我们所熟知的古罗马哲学家塞涅卡是斯多亚学派的哲学家，西塞罗是柏拉图学派的哲学家。新柏拉图主义的核心人物普罗提诺在罗马生活、教学20多年，并且就是在罗马创建新柏拉图主义这个学派的，但是很显然，没有人会否认这就是一个地地道道的古希腊哲学学派，因为它有明确从柏拉图而来的传承关系。因此，采用“罗马帝国的哲学”这个

---

① 参见В.И.库济辛主编：《古希腊史》，甄修钰、张克勤等译，4页。

② 参见策勒：《古希腊哲学史纲》，翁绍军译，济南，山东人民出版社，1996。

术语并不有利于我们把握活动于罗马帝国范围内的各哲学学派的精神实质，而“希腊化哲学”这个术语又会受到它历史时间范围的特殊限制，不能自然地把罗马帝国时期的古希腊哲学涵盖进来。因此，正是基于上述考虑，我们才选用了“晚期希腊哲学”这个术语，用它来指从亚里士多德之后一直到公元529年最后一个希腊学园被关闭为止这个时期内的古希腊哲学。它的好处就在于，我们可以用它来完整地覆盖公元前4世纪30年代以后的各个古希腊哲学学派，例如斯多亚学派、伊壁鸠鲁学派、怀疑论学派、新柏拉图主义学派等，而不至于因为罗马帝国在历史上的兴起而将其中的一些学派割裂地划分到不同的历史时期。

在对“晚期希腊哲学”这个术语做了上述澄清之后，我们要说明的就是，尽管这个时期的哲学学派众多，不仅有传统的柏拉图的学园派、亚里士多德的漫步学派、复兴的毕达戈拉斯学派，而且有公元前3世纪前后新兴的斯多亚学派、伊壁鸠鲁学派、怀疑论学派；但是，在整个晚期希腊哲学中产生重要影响的却是这后三个学派以及由传统的柏拉图学派而来的新柏拉图主义。因此，我们将用一章的篇幅来专门处理斯多亚学派、伊壁鸠鲁学派和怀疑论学派。但是，如我们后面将会谈到的，由于这三个学派前后延续的历史很长，人物众多，所以我们将满足于仅仅对这三个学派的哲学思想提供一个概论，勾勒出其基本的思想面貌。对于新柏拉图主义，我们也将用一章的篇幅来介绍，并且将介绍的重点放在普罗提诺《九章集》中的形而上学思想上，而忽略其他新柏拉图主义者的思想，尽管作为一个学派，新柏拉图主义的思想基本主导了整个古代晚期，而它的哲学家也并不仅限于普罗提诺一人。除此之外，在这个时期，我们还必须处理一个重要的主题，这就是基督教的兴起。因为，众所周知，公元1世纪以后，在西方人的精神生活世界中产生了一种新的精神力量，这就是基督教。尽管基督教的兴起以两希文明的交流与融合为前提，但是它在精神取向上却是异质于古希腊哲学的，它的出现、发展、壮大对古希腊哲学所主导的古代世界产生了决定性的影响，从而使得古代世界最终转变为基督教的。在某种意义上，我们甚至可以说，新柏拉图主义是以基督教作为自己的精神对手的，它是古希腊哲学基于自己传统的自然神论立场对基督教启示神学的一个积极回应。因此，在讨论斯多亚学派、伊壁鸠鲁学派和怀疑论学派的一章与讨论新柏拉图主义的一章之间，我们安排了专门的一章来讨论基督教的兴起。

我们相信，这样安排就能够较为全面地把握西方思想在公元 1 世纪之后的内在演变脉络，为理解它随后在中世纪的发展提供前提和基础。但是，由此，我们也就会结束我们探寻西方思想起源的精神之旅。

第九章　斯多亚学派、伊壁鸠鲁学派和怀疑论学派

【1】晚期希腊哲学的社会历史环境

当我们面对晚期希腊哲学这个专门主题时，我们不得不首先处理一个十分棘手的问题，这就是：我们有什么理由把晚期希腊哲学看成一个与古典希腊哲学不同的哲学阶段？

之所以提出这个问题，是因为从很多方面来看，这个时期的哲学和古典希腊时期的哲学有着很多内在一致的地方。例如，它们都把对世界的体系化说明作为自己的根本追求，在这一点上我们没有理由说晚期希腊哲学各派就不同于或弱于古典希腊哲学。再例如，它们所活动于其中的理智环境也是大体相同的，这就是说，无论古典希腊哲学各派还是晚期希腊哲学各派，它们都是以组成学者共同体的方式来展开各自的哲学研究活动的，学派构成了当时学术活动的基本单位，各学派之间彼此争鸣，在相互交流和相互批评中发展各自的哲学体系。又例如，当时社会的一般文化氛围也是相同的，这就是说，古典希腊时期形成的希腊文教传统并没有因为古典希腊城邦的衰落而终结，相反却在希腊化时期以及罗马帝国时代得到了延续，文法、算术、几何、修辞始终是文化教育的基本项目，在雅典、罗马、亚历山大里亚这样一些人文荟萃、商业繁荣的地区，充满了这类的学校，无论一般大众还是哲学家都首先是在这样的文化教育环境中成长起来的。因此，就这些方面来看，我们真的很难说晚期希腊哲学和古典希腊哲学在基本特征上有什么根本的不同，以至于应当把它们看成两个不同的哲

学阶段。

那么，把它们看成两个不同的哲学阶段究竟是基于什么理由呢？唯一的理由只能在哲学研究视野的变化上来寻找。这就是说，尽管古典希腊哲学和晚期希腊哲学在一些基本特征上是一致的，这保证了晚期希腊哲学仍然属于古希腊哲学这个总的范畴，但是晚期希腊哲学在研究视野上却发生了根本的转变，这使得它在哲学精神上与古典希腊哲学具有了某种根本的差异，从而应当被看成一个不同的哲学阶段。那么，晚期希腊哲学在哲学研究视野上与古典希腊哲学有什么不同呢？

古典希腊哲学是以一个自然的政治共同体——城邦——作为它的基本研究视野的，与此不同，晚期希腊哲学的基本研究视野是从这个共同体中分离出来的个人。换句话说，古典希腊哲学是以城邦作为自己思想的立足点的，它对世界的描述实际上是以一种古代特征极其浓厚的城邦共同体的生活作为自己理论的现实基础的；而晚期希腊哲学思想的立足点则是个体的人，这是些从古老的城邦生活中分离出来的、单个的个人，他们构成了晚期希腊哲学理论的现实基础。正是这个研究视野和理论的现实基础的根本转换，造成了晚期希腊哲学从哲学精神上来说与古典希腊哲学有了某种根本的差异，从而使它有充分的理由构成一个相对独立的阶段。

晚期希腊哲学在哲学研究视野上的这一根本变化是与当时社会的历史发展分不开的。对于西方世界来说，自古典希腊时期以来，由于工商业的繁盛和城邦内部民主政治的发展，历史演变的一个基本趋势就是，旧的、以自然宗法关系为基础的城邦解体和新的、作为单独个体的个人出现。

城邦构成了前古典时期和古典时期希腊人生活的基本单位，亚里士多德的政治学名言，“人是城邦的动物”，就道出了这一点。它表明，脱离了城邦，人就不存在，城邦构成了个人生活的基础。亚里士多德在《政治学》中还说：“城邦在本性上先于个人；因为，分离的个体是不自足的”①。这表明，对于古典希腊时期的主要思想家来说，个人是微不足道

① 亚里士多德：《政治学》A 2，1253a25–26。据洛布本中古希腊原文直接译出。

的，个人从属于城邦，个人是次要的，而整体性的城邦生活是第一位的。在柏拉图的《理想国》中，我们也看到了类似的观点。在那里，当柏拉图试图探讨个人的正义的时候，他让对话中的苏格拉底首先去探讨“大字的正义”，亦即城邦的正义，并且用城邦的正义来类比地规定个人的正义。但是，随着希腊城邦工商业的繁盛和工商业阶层的兴起，一种私人的生活也在古老的城邦内部得到了发展，而正是这种私人生活的发展动摇着城邦古老的宗法关系的纽带，使得建立在这一基础之上、以自足为其特征的城邦制度逐渐走向解体。马其顿帝国对希腊世界的征服并没有改变希腊社会这一基本的历史发展趋势，相反，倒使得它的影响范围更趋扩大。这样，在整个希腊世界，我们看到的都是，旧的城邦体制逐渐瓦解，个人逐渐从他原来所依附的种种宗法纽带中摆脱出来，成为具有独立意义的个人。以公民自治为基本特征的政治共同体——城邦——消失了，取而代之的是存在于帝国之中的、为彼此之间缺乏自然宗法纽带联结的多样人群所聚居的城市，例如雅典、罗马、亚历山大里亚这样的古代大都市。①

在这种变化的历史形势下，希腊人的精神生活世界就不可避免地发生了变化。例如，在从前，伯里克利在公开演讲中可以大谈爱国主义，大谈公共生活的崇高价值，斩钉截铁地说：“每一个人所关心的，不仅是他自己的事务，而且也关心国家的事务……一个不关心政治的人，我们不说他是一个注意自己事务的人，而说他根本没有事务。”② 这里所凸显的就是城邦政治共同体对它每一个成员的那种天然的凝聚力。但是，在伯罗奔尼撒战争之后的希腊，公共生活不再具有这样的感召力。德摩斯提尼在《反腓力辞》中这样说，对于当时的希腊人，伟大的政治问题已成过去，爱国主义、民族自豪感连同战斗精神和自我牺牲的品质一起丧失殆尽，利己主义和个人主义破坏了昔日使雅典出色的城邦的统一，“我们现在比以

---

① 参见 W. G. 朗西曼：《注定的没落：城邦渐趋走向穷途末路》，见奥斯温·默里、西蒙·普赖斯编：《古希腊城市：从荷马到亚历山大》，解光云、冯春玲译，335 ~ 352 页，北京，商务印书馆，2015。

② 转引自修昔底德：《伯罗奔尼撒战争史》（上），谢德风译，132 页。

前有了更多的东西，但是这一切都成了拙劣、无用、无效的东西，因为这一切都成为卑鄙买卖的对象”①。米南德在他一部喜剧的台词里则更为明确地道出了造成希腊古典城邦社会解体的深层次原因。他借人物的口这样说：

> 神是空气和水，大地和火，太阳和光——哲学家们如是说，但是我却发现：对我们唯一有用的神乃是黄金与白银。假如你把这两位神引到你的家里，只要你认为好的东西你都可以想望，而这一切马上就会是你的了，譬如庄园、房舍、银器、朋友、阿谀逢迎的仆人、见证人和告密者。你只要多给一点儿钱，就连带神自己也会做你的仆役。②

这样，很显然，正是这种日益发展着的商品关系破坏着传统的宗法秩序，并进而颠覆着它的道德、它的宗教。从而，在社会生活中，起决定作用的不再是基于血缘的出身和门第，相反，却是财富，是金钱。在金钱面前，已经没有一个超个人的共同体可以值得人们关心了，人们所关心的只是自己的私人生活。这样，与雅典极盛时期公共建筑的大量兴建形成鲜明对比的是，在晚期希腊时期，私人居室却被装饰得富丽堂皇，暴发起来的富人们把大量的金钱花在自己私人生活的享受上。对此，琉善一针见血地指出：

> 这些人把凡是他们在其间有利可图的国家都当作自己的祖国，因为他们不是在国家而是在财产上看到自己的祖国的。③

假如我们撇开这段话中道德谴责的意味，那么它当然就点出了问题的关键，这就是工商业的繁盛和由此而来的私人生活的兴起，这使得人们从他们从前所附属于其中的宗法关系中解放了出来，成为无所依附的、个体意义上的人。

这就是从公元前 4 世纪开始一直到公元前 1 世纪左右在希腊本土和广

① 转引自 B. C. 塞尔格叶夫：《古希腊史》，缪灵珠译，407 页。
② 转引上书，369 页。
③ 转引上书，368 页。

大希腊化的地区加速发展的社会生活。而这样一种社会生活的根本变化自然也就造成了人们观念的变化。人们开始更多地从单个个人的角度来观察世界，观察自己与自然、与他人以至与整个世界的关系，由此，当然就会形成完全不同的世界观，而这也就必然会体现为根本不同的哲学。

因此，情形就是，在从前，个人生活在一个宗法的、被自然血缘纽带和狭隘的社会生产关系所束缚的整体中，这就是城邦；个人附属于这个整体，不仅从这个整体中获得物质保障，而且从这个整体中获得他自己个人的精神寄托，他作为个人的全部价值都只有在这个狭隘的共同体中才能够得到实现。这样，表现在思想观念上，例如，表现在伦理学、政治学中，我们就看到，思想家们所寻求的是整体的善，他们认为整体的善大于个人的善，并且具有充分的权力来规定个人的善。这无论在柏拉图的伦理学、政治学中，还是在亚里士多德的伦理学、政治学中都是一样。但是，现在，一旦这样的整体被发展的社会生活关系所破裂，一个基本的后果就是，个人开始逐步从这个整体中分离出来，开始逐渐从个人的立场而不是从前自己所附属的城邦整体的立场来看待整个世界。这样，一种个人主义的世界观对于个人来说就是必然的，他现在更多是从个人命运的角度来理解自己的个人生活和世界生活，而世界生活对于他来说由于缺乏了从前那种城邦式的整体的秩序作凭借和依归，也就仿佛像是变幻莫测的命运一般，他作为个人完全没有能力来对抗它，而只能听任它的摆布。这样，在强大的命运面前如何照看自己的个体生命，安慰自己的个体灵魂，就成为这样的个人所迫切需要解决的问题，而这在哲学上也就很自然地表现为应当如何理解单个的个体人在世界中的存在或生活的问题。无疑，像这样的问题是古典希腊时期所不可能提出来或清楚地提出来的，从而，这就是晚期希腊时期的特殊的哲学问题。

由此看来，随着在希腊化时期西方社会生活所发生的变化，哲学也就相应地发生了变化。现在，带有个人性质的人生问题成为一个迫切需要解决的问题。每一个从以前的城邦共同体生活中被以这样或那样的原因分离出来的人，在置身于一个缺乏这个共同体作为中介和依托的、广漠的宇宙之中时，在锐感到自己个人的无助的同时，也必须努力尝试着重新理解和重新认识自己的生活以及自己与世界、与他人的关系。而当这样的思考上升到一般的理论思维的高度时，它便采取了哲学的形式，而显然，像这样一种思考在其主要目的上是伦理学的或人生哲学的。因此，在晚期希腊时期，哲学便主要地成为伦理学，哲学家们研究自然、研究人，更多的是为解决自己的人生问题服务的。

这就是晚期希腊哲学在哲学的基本问题上所发生的变化，正是这一变化使得我们有充分的理由把晚期希腊哲学看作古希腊哲学的一个新的阶段。

【2】晚期希腊哲学的一般理论特征

在这一时期，除了传统的一些哲学学派以外，又兴起了几个新的比较有影响的哲学派别，这些就是斯多亚学派、伊壁鸠鲁学派和怀疑论学派，其中，怀疑论学派在其希腊化时期的历史发展中甚至是在传统的柏拉图学园的内部进行的。所有这些传统的和新的学派，它们彼此之间在理论上互相攻讦，相互诘难，形成了百家争鸣的局面，促进了理论思维本身的繁荣发展。其中新兴的这三个学派，由于它们更为敏锐地把握住了整个时代思想主题的变化，并且在自己的理论研究活动中围绕这些问题来进行思考，所以在整个晚期希腊时期就表现得更具活力，成为当时的显学。

斯多亚学派是由塞浦路斯岛的芝诺于公元前 308 年在雅典创立的。由于学派活动的地点是一个画廊，而“画廊”在希腊语中被叫作στοά，所以，学派才被称为斯多亚学派，实际上也就是“画廊学派”的意思。斯多亚学派存在长达 500 多年，通常分为早、中、晚三个阶段。从公元前 308 年到公元前 2 世纪末，是早期斯多亚学派，其代表人物是芝诺、克利安塞斯和克里西普，这三个人奠定了斯多亚学派基本的理论体系。从公元前 2 世纪末到公元前 1 世纪末罗马帝国建立，是中期斯多亚学派，其代表人物是巴内修斯和他的学生波塞冬纽斯，通过他们，斯多亚学派的学说系统化了。晚期斯多亚学派则主要活动在罗马帝国时期的头两个世纪，其代表人物有塞涅卡、爱庇克泰德和奥勒留，他们使斯多亚学派道德哲学的意味更为浓重。

伊壁鸠鲁学派是由出生于萨摩斯岛的伊壁鸠鲁于公元前 306 年在雅典

创立的，由于学派活动的地点是他住宅的花园，所以他的学派在哲学史上又被称为“花园学派”。伊壁鸠鲁学派也一直延续到了罗马帝国时期。它在哲学上主要的代表人物除了伊壁鸠鲁，还有罗马共和国时期的卢克莱修。卢克莱修《物性论》的长诗就是根据伊壁鸠鲁的哲学思想写成的。

怀疑论学派就其性质而言不是一个严密的、有组织、有传承的学派，它是以非常松散的形式出现的，只是因为所持的哲学立场相同，人们才把这些不同时期的人归为一派，称为怀疑论学派。怀疑论学派的形成要早于斯多亚学派和伊壁鸠鲁学派，它的初创者据说是伊利斯的皮罗，所以怀疑主义有时候又被称为皮罗主义。皮罗的思想是经过他的学生蒂蒙才开始为人所知的，但是一经传播就很快流行开来，成为人们反对独断论的利器。柏拉图的学园在一个时期也曾受到了怀疑主义的影响，学园的领袖如阿尔凯西劳和卡尔内亚德都是怀疑论学派的大师。怀疑论学派的代表人物除了皮罗和蒂蒙以外，在晚期著名的还有艾奈西狄姆和塞克斯都·恩披里柯，前者著有《皮罗主义》，后者是怀疑论学派思想理论体系的集大成者，著有《反学问家》（九卷）和《皮罗学说概要》（三卷），基本总结了怀疑论学派的主要思想。

以上就是晚期希腊哲学三个新兴的哲学派别的概况。但我们还可以对它们思想中具有共性的内容做一个说明。因为，这三个哲学派别虽然各自有各自的理论体系，在回答人生问题上观点各异，在认识论、宇宙论等方面也各有千秋，但是由于它们毕竟处于相同的历史时期，面对着相同的时代问题，所以就存在着一些共同的思想特征。

首先，这三个哲学学派都突出了哲学的道德实践意义，而把哲学研究的理论目的放在了次要的位置上。在这三个学派的思想家看来，对自然、人性和思维进行理论研究只是为了引出有益的道德实践结论，也就是说，对我们的人生产生实际的指导，超出这一具体目的的研究都是毫无意义的。

例如，斯多亚学派把哲学划分为三个部分：逻辑学、物理学和伦理学。对于这三个学科的关系，斯多亚学派做了这样一个比方：把哲学本身比作一块肥沃的田地，逻辑学是包围田地的篱笆，物理学是土壤或果树，而伦理学则是果实。[①] 可见，在斯多亚学派这里，伦理学是哲学研究的最终目的。伊壁鸠鲁学派在这一点上与斯多亚学派并没有什么不同。对伊壁鸠鲁来说，他的哲学体系只不过是对实际人生问题的指导。他也把他的哲学分成三个部分：准则学、物理学和伦理学，“称准则学是研究标准、本原和哲学最基本部分的学问；物理学是研究生成、灭亡以及自然的学问；而伦理学研究应追求什么，应避免什么，研究人生及终极目的”[②]。他说：“我们之所以需要物理学，只是因为认识自然的原因可以使我们摆脱对于诸神及死亡的恐惧，而认识人类的本性，则可以使我们明白应当追求什么，避免什么。”[③] 可见，回答实际的人生问题也是伊壁鸠鲁学派的主要研究目的。怀疑论学派同样也是如此。怀疑论学派怀疑真理的标准，不是为了在认识论上取得什么理论成就，而是为了从中引出具体的处世态度。所以，塞克斯都·恩披里柯这样说：“怀疑主义的起因，我们认为，是希望获得安宁。”[④]

其次，这三个哲学学派的伦理学都具有强烈的个人主义色彩。它们都是从单个个人的立场来观察世界的，因此，它们共同关心的问题是，一个个体的人如何幸福而完美地度过他的一生，而它们所得出的共同结论就是恬静无为。

这三个哲学学派认为，能够达到这一境界的就是圣人。因此，在这三个学派的伦理学中普遍存在着一个圣人的理想。这个圣人，他与世无争，没有过度的欲求，完全随顺自然，因而摆脱了人世的一切烦恼，完全沉浸在自己的自然本性当中，获得了内心的平静和安宁，外界事物的扰攘不休以及命运的变幻莫测都不能剥夺他内心的这种宁静。他在安宁和幸福之中度过他的一生，达到了同自然和命运的高度和谐一致。[⑤] 关于这种圣人的

---

① 参见第欧根尼·拉尔修：《名哲言行录》VII，40，见苗力田主编：《古希腊哲学》，598 页。

② 第欧根尼·拉尔修：《名哲言行录》X，30，见苗力田主编：《古希腊哲学》，621 页。

③ 转引自策勒：《古希腊哲学史纲》，翁绍军译，250 页。

④ 塞克斯都·恩披里柯：《皮罗学说概要》1，6，见苗力田主编：《古希腊哲学》，648 页。

⑤ 参见文德尔班：《哲学史教程》（上），罗达仁译，222～226 页，北京，商务印书馆，1987。

境界，虽然各派的具体表述不同，但是其大体内容却是相同的。很显然，这是一种具有鲜明个人主义色彩的人生哲学，它反映了时代的思想主题。

最后，由于都是古典希腊哲学的后裔，这三个哲学学派都具有浓厚的理论化倾向。这主要体现在以下三个方面：（1）它们的伦理学都不是简单的道德说教，而是有着极其严密的理论论证；它们都力图在对自然法则、人类本性做出科学说明的基础上合乎逻辑地引出伦理的结论来。（2）理智的洞见能力，也就是明智，被这三个学派都看作一种首要的德性，是其他一切德性的基础；在它们看来，只有有智慧、有洞见能力的人，才可能获得生活的幸福。（3）与古典希腊哲学一样，它们都赋予了理智静观极高的伦理价值，认为一个人沉浸在自己的思想中是最高的人生境界。

这三个哲学学派的思想契合了时代的思想主题，在古希腊哲学传统的基础上部分地解答了人们的人生困惑，同时又具有比较精巧的理论形式，能够形成各方面较为融贯的学说，从而很快占据了晚期希腊哲学理论舞台的中心位置。

【3】斯多亚学派

斯多亚学派哲学上的直接渊源是犬儒学派，它的创始人芝诺的第一位哲学老师就是犬儒学派的哲学家克拉底。由于思想上的这样一层渊源，斯多亚学派在许多方面都和犬儒学派相类似，例如，它们都崇尚自然，主张克制自己的情欲，都把美德本身作为最高的善和幸福。但是，就理论形式而言，斯多亚学派的理论显然要比犬儒学派的理论系统得多、完善得多、深刻得多，同时也精致得多，它是一个完整的、系统化的哲学体系，不仅有关于人生的伦理学，而且包括了系统的物理学、逻辑学、心理学以及人性论的思想内容。

斯多亚学派的物理学是相当有特色的。在斯多亚学派的物理学中，我们看到了古代自然观的一种典型形态，这就是强调自然的整体的和谐统一。在斯多亚学派看来，整个宇宙是一个活生生的、处于运动之中的、互相联系的、统一的整体，每一个特殊的个体都从属于这个整体，是这个整体不可分割的一部分。人同样也不例外，也从属于宇宙这个更高的统一体。而这个统一的宇宙就构成了自然，我们人就生活在这个自然之中。作为一个活的整体，斯多亚学派认为，自然有着它的内在运行节奏，而这也就是内在于自然之中的理性——逻各斯。它是一种原始的生命原则，它贯穿于整个自然，推动着自然的运行。但是，斯多亚学派不把这种理性看成一种抽象的原则，相反，在这里他们坚持了唯物主义的立场，赋予了这种理性原则物质的形态。斯多亚学派认为，贯穿于整个宇宙之中的逻各斯是一种温暖的气息，他们把它称作“普纽玛”（πνεῦμα），这实际上也就是希腊语“气”的意思。斯多亚学派认为，整个宇宙都渗透了这种神圣的气，它支配着整个宇宙的运行与变化，也控制着各种具体事物的运动过程。它是世界的灵魂，是统治一切的天命。正是由于它，整个宇宙才是一个有秩序的、和谐的整体。

在对宇宙自然做了这样整体的、实际上是一元论性质的说明之后，斯多亚学派又对人本身进行了研究。他们认为，相比于那个宏大的宇宙，人是小宇宙。普纽玛同样存在于人的身体之内，它构成了个别灵魂，构成了身体的生命力，它使肉体结合在一起并统治肉体，使身体的各个器官具有生命活力并且各自发挥自己的功能。同时，因为个别灵魂只是普遍的宇宙灵魂的一部分，所以它的本性和活动完全取决于这个宇宙灵魂。它与神圣的普纽玛同体，并依存于神圣的普纽玛，从而支配宇宙的那个逻各斯也就支配着人本身。正是这一点，决定了人与自然的和谐一致。

这就是斯多亚学派基本的自然观，而正是这个自然观为斯多亚学派的伦理学思想提供了形而上学的本体论基础。因为，既然人在根本上是与自然相和谐的，人是小宇宙，他同整个宇宙的运行紧密融合，那么理所当然，对于人来说，最幸福的生活就是合于自然的生活，自然构成了人的本性，而遵从这个本性生活就是人的德性。因此，芝诺在《论人的本性》中才第一个主张“合乎自然而生活”是目的。① 而克里西普在《论目的》一书中才说：“有德性地生活等于根据自然的实际过程中的经验而生活。

① 参见第欧根尼·拉尔修：《名哲言行录》VII，87，见苗力田主编：《古希腊哲学》，602 页。

我们每个人的本性都是整个宇宙的本性的一部分。因而目的就可定义为顺从自然而生活；换句话说，顺从我们每个人自己的本性以及宇宙的本性而生活。”① 这样，“顺从自然而生活”就是斯多亚学派伦理学的基本原则。由于逻各斯、理性是自然的支配性原则，所以“顺从自然”在斯多亚学派那里也就意味着“服从理性”。斯多亚学派认为，“正确地按照理性生活就是自然的生活”②。

由此，斯多亚学派就形成了对于之后的伦理学来说非常重要的一个概念，即“义务”（τὸ καθῆκον）。按照第欧根尼·拉尔修在《名哲言行录》中的记载，斯多亚学派是这样来解释“义务”这个概念的：

> 他们说，义务是那在被做时具有合理的辩护的东西，例如在生命中与自然相一致的东西，这甚至也延伸至植物和动物；因为甚至在它们身上义务也被看到。③

这样，我们看到，义务事实上就是指那合于自然理性之事，所谓的“具有合理的辩护”正是就这种自然的合理性而言的。所以，在斯多亚学派这里，它不仅可以适用于人，而且可以适用于植物和动物，只要它们的生命中有与自然相一致的东西。因此，它构成了人乃至植物和动物的自然本性，也就是他或它们所应当承担之事，也就是他或它们的“义务”。显然，据此，按照义务来生活，行义务所规定之事，也就是按照理性来生活，也就是“顺从自然”。

在此之后，第欧根尼就对“义务”这个概念做了一个词源学上的解释：

> 义务就这样被芝诺第一个所命名，就名称来把握出自于

---

① 转引自第欧根尼·拉尔修：《名哲言行录》VII，87，见苗力田主编：《古希腊哲学》，602 页。

② 第欧根尼·拉尔修：《名哲言行录》VII，86，见苗力田主编：《古希腊哲学》，602 页。

③ Diogenes Laertius, *Lives of Eminent Philosophers*, Vol. II, VII. 107, The Loeb Classical Library, Harvard University Press, 1950. 据洛布本中古希腊原文直接译出。

τοῦ κατά τινας ἥκειν（“那按照什么而来到者”）。而行为本身就是对那些依照自然的安排的契合。①

在这里，所谓“那按照什么而来到者”，正是就这由自然理性而来、落于每一个事物身上的自然规定性而言的。从而，“义务”当然是对它的一个合适翻译，因为，在这个汉译词中既包含着一种合适、恰当的意谓（“义”），而这与“来到”（ἥκειν）这个希腊动词所内含的适合于某物的意谓是相一致的，又包含着某种天职和职分的意思（“务”），它所指的正是一个事物由其秉受的自然本性而来的它“分内”所当行之事。相较于此，另一个汉译“责任”固然含有某种自上而下的在其自身承担的内涵，但是其他内涵就缺失了。第欧根尼接下来对“那按照什么而来到者”的解释，即“行为本身就是对那些依照自然的安排的契合”，则清楚地表明了在斯多亚学派这里“义务”这个概念的自然主义内涵，也就是说，它在本质上是指合于自然，而不是合于自身。斯多亚学派所要求的是行为与自然的符合一致，从而，它当然和近代以来例如在康德那里所讨论的由主体实践理性而来的“义务”概念就是两个完全不同的概念。因此，这就深刻地表明了斯多亚学派的伦理学在本质上仍旧是古代伦理学，这就是说，它在本质上是自然主义的，它是人对自然的遵从，而不是人立足于自身。它符合我们上面所揭示的斯多亚学派的那个总体伦理学原则，即“顺从自然”。但是，我们又必须承认，后世的“义务”概念正是从斯多亚学派这个“义务”概念演变而来的。就义务最终要落实到某个主体身上来实现而言，某种个人主义的甚至主体主义的意味就已经蕴涵其中了，而这是与古典希腊哲学的伦理旨趣根本不同的。

既然在根本目的上是要服从自然、服从理性，那么从这一立场出发，对于斯多亚学派而言，任何非理性的东西就是不允许的，因而，激情就是一种必须被根除的情感状态，因为激情扰乱了灵魂的宁静，使灵魂仓促地做出判断。例如，芝诺就认为，“激情是灵魂的一种不合理的、不自然的

---

① Diogenes Laertius, *Lives of Eminent Philosophers*, Vol. II, VII. 108, The Loeb Classical Library, Harvard University Press, 1950. 据洛布本中古希腊原文直接译出。

运动，或者是一种过度的刺激”①，它是灵魂发生谬误的产物，言下之意就是，只要灵魂合于自然与理性，它就会处于完全平静的状态。因此，在伦理学上，斯多亚学派就发展出了一种淡漠无情（ἀπαθῆ）的道德观点。他们认为，一个智慧的人，即一个圣人，就是一个完全服从自己理性的命令的人，他以理性来对抗自己感性上的种种冲动，他不允许感情的激动变成热情，他的美德就是淡漠无情。在此基础上，斯多亚学派认为，最高的幸福就是内心的安宁，我们的心灵服从理性的命令，顺从自然的规律，自觉地按照命运所指引的道路前行而丝毫不为外物所动，这就是最高的人生境界，这就是善本身。所以，克利安塞斯这样说：“德性是一种和谐的性情。人们选择它只是因为它自身，而不是出于恐惧、希望或任何其他外在的动机。此外，幸福就在德性之中，因为德性是使整个生活和谐一致的心灵的一种状态。”②

这样，在如何安顿个体人的灵魂这个时代问题上，斯多亚学派所选择的就是一条符合古典文化传统的路径，这就是通过将人置于一个实际上被先验化的和谐的自然之中来使个人达到内心的宁静。

【4】伊壁鸠鲁学派

如我们前面所介绍的，伊壁鸠鲁学派是根据它的创始人伊壁鸠鲁而得名的。伊壁鸠鲁是雅典人，出生于公元前340年，卒于公元前270年。他是在萨摩斯长大的，18岁的时候才回到雅典。有一种说法是，他最初是一位文法教师，只是在看了德谟克利特的著作之后才转向哲学。他是在米提勒奈创建他的学派的，之后，他将这个学派迁往雅典，具体地点就是他所购买的一座花园。据第欧根尼·拉尔修记载，在《论目的》一书中，伊壁鸠鲁说：“如果抛开由美味而来的快乐、由情爱而来的快乐、由优美

---

① 第欧根尼·拉尔修：《名哲言行录》VII，110，见苗力田主编：《古希腊哲学》，609页。

② 第欧根尼·拉尔修：《名哲言行录》VII，89，见苗力田主编：《古希腊哲学》，603页。

的声音而来的快乐，以及由美丽的形式而来的快乐，那我根本无法思考什么是善。”① 而在历史上和思想史上，人们也经常地将伊壁鸠鲁的名字以及“伊壁鸠鲁主义”这个名词同享乐主义联系在一起。在古代晚期也曾流传许多关于伊壁鸠鲁本人及其学派纵欲享乐活动的故事。但是，自己就是一位伊壁鸠鲁主义者的第欧根尼·拉尔修，在记述了针对伊壁鸠鲁的这类流言蜚语之后，却明确地这样说：

> 但说以上这些话的那些人全都发疯了。因为有足够的证据证明这个人对所有人都充满无以复加的善意，他的祖国为他竖立青铜雕像以示尊敬，他的朋友遍布整个国家，难以计数。所有与之相识的人都是因醉心于其学说而追随他……此外，当其他学派纷纷衰败时，他的学派却保存了下来，通过无数的后继者代代相传。他尊敬父母，仁爱兄弟，宽待仆人，这既为他的遗嘱所证明，也为同他一起进行哲学研究的那些人所证实……总而言之，他对所有人都充满热爱。②

我们有理由相信第欧根尼·拉尔修所说的。因为，关于伊壁鸠鲁的纵欲与享乐，始终存在着一些相反的证据。例如，伊壁鸠鲁曾在一封信中说，一杯清水和一片素面包就已经让他满足了。③ 我们后面会讲到的伊壁鸠鲁本人致他的学生的一封信也证实了伊壁鸠鲁的快乐主义更多的是偏向于精神上的，而非肉体上的。至于伊壁鸠鲁思想在古代的流行程度也是有着充分的证明的。因为，确实，在古代的一些城市中，例如，在土耳其西南部的欧诺安达城（Oenoanda）就发现过一个公元2世纪的碑铭，其上镌刻着伊壁鸠鲁主义的基本原则。④

伊壁鸠鲁写过大量的著作，据第欧根尼·拉尔修记载，其数量总计达300多卷。但是，由于伊壁鸠鲁的快乐主义在古代并不被正统学者接受，

---

① 第欧根尼·拉尔修：《名哲言行录》10.6，徐开来、溥林译，981页。

② 第欧根尼·拉尔修：《名哲言行录》10.9—10.10，徐开来、溥林译，984～985页。

③ 参见第欧根尼·拉尔修：《名哲言行录》10.11，徐开来、溥林译，985页。

④ 参见克里斯托弗·希尔兹主编：《古代哲学》，聂敏里译，274页，北京，中国人民大学出版社，2009。

从而他的这些著作大部分都佚失了。所幸的是，第欧根尼·拉尔修是一位伊壁鸠鲁主义者，所以，在他的《名哲言行录》中，他专门安排了最后一卷——第十卷——来介绍伊壁鸠鲁的生平与思想，并且保存了伊壁鸠鲁写给自己三位学生的三封书信。第一封信是写给希罗多德（Herodotus）的，主题是关于自然哲学，其中扼要地论述了伊壁鸠鲁自己原子论的宇宙论思想。第二封信是写给普索克勒斯（Pythocles）的，主题是关于天象学的，里面讲述了日月星辰、风雨雷电等的自然成因。第三封信是写给美诺益库（Menoeceus）的，主要论述了伊壁鸠鲁的伦理学思想，特别是他的快乐主义思想。此外，还有伊壁鸠鲁的一些格言也被保存了下来。

伊壁鸠鲁学派的思想在很多方面与斯多亚学派的思想正相反对。斯多亚学派通过其逻辑学、物理学和伦理学，最终使单个的个人通过与宇宙自然的融合而获得灵魂的宁静，它是自然整体立场上的个人主义。相反，伊壁鸠鲁学派却是更为极端发展的个人主义，他们通过其特殊的逻辑学、物理学和伦理学，甚至将个体从对自然整体的依附中也剥离了出来，从而使个人完全作为一个单独的个体人而存在，完全沉浸在自己个体的感性中，在这里听凭命运的安排，以获得个体灵魂的宁静。因此，完全的个人主义就是伊壁鸠鲁学派哲学思想的一个鲜明特征。

首先，在认识论上，与斯多亚学派强调理性、强调对事物的概念把握不同，伊壁鸠鲁学派强调的仅仅是个体的感觉。伊壁鸠鲁认为只有我们每一个个人的感觉才是最真实的，而所有的感觉都是非理性的。没有什么东西能够驳倒感觉。一个感觉不能驳倒另一个同类的感觉，因为它们的有效性相等；一个感觉也不能驳倒另一个异类的感觉，因为二者所判别的对象是不一样的。理性也不能驳倒它们，因为理性完全来自感觉，感觉的真实性保证了我们理性的真实性。① 这样，在认识论上伊壁鸠鲁似乎又回到了智者学派极端相对主义的感觉主义认识论。但是，伊壁鸠鲁的目的并不是发展出一种相对主义的真理观，他并不想得出真理不存在或者真理可疑这

① 参见第欧根尼·拉尔修：《名哲言行录》X，31－32，见苗力田主编：《古希腊哲学》，621～622页。

样的结论。相反，通过强调个人感觉的唯一的真实性，他反倒确立了真理的存在，这就是对于每一个人的感觉来说有效的真理，即个体的真理。因为，对于每一个个体人来说，只有自己的感觉是最真实的，从而他的感觉就是他的真理。这样，我们看到，伊壁鸠鲁学派的认识论已经表现出了强烈的个人主义色彩。

其次，在物理学中，伊壁鸠鲁通过改造德谟克利特的原子理论，可以说是进一步论证了人的个体性原理。按照德谟克利特的学说，整个世界是由原子和虚空构成的，原子在虚空中的涡旋运动生成了宇宙万物。原子的运动是盲目的，但是由原子的相互撞击而形成的涡旋运动本身却具有一种必然的因果关联，从而，在德谟克利特看来，整个世界就处在一种必然性的支配下。显然，按照德谟克利特的这一观点，就会得出类似于斯多亚学派的有关天命、有关自然法则的学说，从而相应地就会向个人提出服从这种外在于自身的理性规则的要求。但是，伊壁鸠鲁却在总体接受德谟克利特原子论学说的基础上，通过一处关键的修改，等于是为论证个人的完全个体性的存在提供了可能。这就是：他认为原子在虚空中是垂直降落的，从而在最初它们并不相互碰撞，但是，由于原子会自发地产生偏斜，这样，碰撞就产生了，形成世界的涡旋运动也就开始了。

在现存的伊壁鸠鲁的著作中，原子自发偏斜运动的观点只能从他有关重的和轻的原子以同等速度在虚空中垂直运动的理论中推论而得出。因为，按照这个理论，无限的虚空为无限的原子的垂直运动提供没有任何阻碍的空间，所以，如果没有原子的自发偏斜运动，原子将永远垂直运动，无法发生相互之间的碰撞，世界也就无法形成。但是，西塞罗和普鲁塔克都肯定伊壁鸠鲁有过这个观点。卢克莱修也曾对原子的自发偏斜运动做过详尽的论述，他这样说：

> 在毫无阻力的虚空中，不同重量的东西必定都以相同的速度运动。这样，那些较重的物体就绝不会落在较轻者之上，也不会由此而撞击较轻的物体以产生各种大自然用以开展建构的那些运动。因此，我再三地强调，原初物体在运动过程中必定会稍有偏斜，但仅仅是最微小的偏离；否则，如果那是一种弯出去的运动，就违背事实了。因

> 为我们认为这是一个清楚明白的事实：具有重量的物体在向下垂直跌落时，至少在我们所能察知的范围内，不可能出现斜角偏出的运动。但是谁能在那儿察觉到它们决不会出现哪怕是一丁点儿的偏离笔直路径的运动呢?①

因此，正是这个“谁能在那儿察觉到它们决不会出现哪怕是一丁点儿的偏离笔直路径的运动”，使得整个世界改观了。在最初，只是无限数量的原子的垂直下落，可以说，这里根本没有世界，因为这里没有任何事件发生。但是，正是来自原子自身的这一可以说是完全偶然的、自发的偏斜，一连串的碰撞发生了，而造成大千世界的涡旋运动也就发生了。因此，这虽然是一处小小的修改，但却非常重要。原子由此就摆脱了由外力而来的完全的必然性的控制，它的运动具有了偶然性的特征，而这就使个人的完全主观、任意的自由成为可能，当然，也使个人完全受制于仅仅属于自己的、盲目的、偶然的命运的支配。因为，依据这一理论，个人虽然摆脱了任何外在的、强制的、必然性的力量的支配，但是他的存在本身却被表明是完全个体偶在性质的，他沉浸在自己由于自身偶发的“偏斜运动”所造成的种种纯粹偶然性的事件中，而这就是他的生活。从而，伊壁鸠鲁的学说在将个人从在他看来属于外界强制力的必然性的支配下解放出来的同时，却又将个人置于他盲目的个人命运之中。在伊壁鸠鲁那里，人只是作为独立的个人而存在，个体性是他唯一的现实。

最后，从这样一种个体性原理出发，伊壁鸠鲁就发展出了一种完全个人主义的伦理学。在认识中，伊壁鸠鲁认为，只有个人的感觉是最真实的，个人的感觉是我们判断是非的唯一依据；同样，在我们的行动中，伊壁鸠鲁认为，只有个人的感受是最真实的，个人的感受是决定我们行为取舍的标准。而感受只有两种，这就是快乐与痛苦，从而快乐与痛苦就构成了我们判断善恶的标准。唯一无条件的善就是一切生物所努力追求的快乐，而唯一无条件的恶就是一切生物所极力回避的痛苦。这样，伊壁鸠鲁

---

① 卢克莱修：《物性论》第2卷第240行以下，转引自汪子嵩、陈村富、包利民、章雪富：《希腊哲学史》，第4卷（上），222～223页，北京，人民出版社，2010。

在伦理学上就与古典希腊哲学中的昔兰尼学派取得一致，这就是，像阿里斯底波所主张的一样，他也认为快乐是我们一切活动的最终目的，快乐本身就是善。但是，与阿里斯底波把肉体快乐和精神快乐相等同的那种粗俗的快乐主义不同，伊壁鸠鲁的快乐主义是一种精致的快乐主义。他不认为我们应当无条件地选择一切快乐，回避一切痛苦；相反，在快乐和痛苦之间应当进行取舍。有些事情虽然会给我们带来暂时的快乐，但是在快乐之后却会带来更大的痛苦，从而这些事情就是我们应当放弃的。同样，有些事情虽然会给我们带来暂时的痛苦，但是忍受一时之苦却会使我们获得更大的快乐，从而这些事情就是我们应当选取的。同时，快乐又有程度的不同。和德谟克利特一样，伊壁鸠鲁相信灵魂的快乐和痛苦远比肉体的快乐和痛苦更为重要，因而一个人应当追求的是心灵的愉快。在《致美诺益库的信》中，他对他的这种快乐主义做了解释，他说：

> 当我们说快乐是终极的目标时，并不是指放荡的快乐和肉体之乐，就像某些由于无知、偏见或蓄意曲解我们意见的人所认为的那样，我们认为快乐就是身体的无痛苦和灵魂的不受干扰。构成快乐生活的不是无休止的狂欢、美色、鱼肉及其他餐桌上的佳肴，而是清晰地推理、寻求选择和避免的原因、排除那些使灵魂不得安宁的观念。①

这样，在伊壁鸠鲁个人主义、快乐主义的伦理学中，他实际上同样坚持了古典希腊的道德理想，这就是一种完全沉浸在自己的精神安宁之中的、沉浸在自己的思想当中的、不为外物所动的生活状态。

【5】怀疑论学派

怀疑论学派是一个松散的学派。它被归于一个学派，不是由于它像斯多亚学派和伊壁鸠鲁学派那样有一个严密的组织与传承体系，而仅仅是由

---

① 第欧根尼·拉尔修：《名哲言行录》X，131－132，见苗力田主编：《古希腊哲学》，640 页。

于被归于这一学派的思想家所持观点与立场的一致。从而，甚至柏拉图的中期学园和新学园由于其主持人接受怀疑论的观点，也可以被归于这个学派。在思想史上，怀疑论学派又有另外一个名称，即皮罗学派，这是因为在怀疑论学派的思想家看来，生活于公元前4世纪上半期和公元前3世纪前期的伊利斯的皮罗是最早明确地投身于怀疑主义的思想家。

晚期怀疑论学派重要的哲学家塞克斯都·恩披里柯在其《皮罗学说概要》一书中从怀疑论的立场出发，对三种彼此不同的哲学立场做过划分：

> 对于研究者来说，研究的结果自然或者是发现所探寻的对象；或者是承认对象难以找到，无法认识；或者是不断地研究下去。可能正是由于这个缘故，所以在哲学研究者中，有些人声称他们发现了真理。另一些人断定真理是不能认识的。还有一些人则继续探索。相信他们发现了真理的人，如亚里士多德、伊壁鸠鲁、斯多亚派成员及其他一些人，有一个专门的称呼叫作“独断论者”（δογματικοί）；克莱东马哈和卡尔内亚德及其他一些学园派成员主张真理是不可认识的；而怀疑派则进一步从事研究。因而，哲学有三种主要类型——独断派、学园派和怀疑派。①

在这一划分中，实际上学园派和怀疑派之间的划分是不重要的，因为，事实上，学园派中的怀疑论学者也并不断定真理是不能认识的，从而，真正重要的划分是怀疑派与独断派之间的划分。塞克斯都·恩披里柯以此划分，就清楚地表明了怀疑论学派在真理问题上与之前那些体系性哲学家之间的根本区别。

在接下来他对怀疑论学派的名称的说明中，怀疑论学派的总体特征得到了清楚的呈现。他这样说：

> 怀疑派（σκεπτικοί），由于它在研究和探索中的活动也被称作“探寻派”（ζητητικοί）；由于研究者探索之后所产生的心理状态也叫

---

① 塞克斯都·恩披里柯：《皮罗学说概要》I，1，见苗力田主编：《古希腊哲学》，646～647页。

> 作“悬搁派”（ἐφεκτικοί）；由于它的怀疑和探寻的习惯或者它对肯定和否定不做决定的态度也被叫作“存疑派”（ἀπορητικοί）；由于在我们看来皮罗投身于怀疑主义比他的前驱者更加彻底，更加明显，也被叫作“皮罗派”。①

在这里，我们要注意的是，“怀疑派”的希腊文σκεπτικοί在本义上是指研究、思考、反省，而并不是怀疑，从而，在塞克斯都·恩披里柯所给出的这四个不同的名称中，研究、探寻、悬搁和存疑就分别从不同的方面刻画了怀疑论学派思想的基本特征。它表明，怀疑论者总是处于研究和探寻的过程中，他并不试图给出一个完成了的真理的体系，当然，也绝不试图对此做出完全否定性的结论；相反，他更愿意保持在一种审慎的、存疑的思维状态中，而相应地他在思想上采取的根本做法就是悬搁判断。还是在《皮罗学说概要》中，塞克斯都·恩披里柯这样写道：

> 怀疑主义是一种能力，它用一切方法把现象与判断对立起来，由于被对立起来的事物、对象和原理、理由的完全对等，我们就达到了一种保留意见、不作判断的悬搁状态，并进一步达到心平静气（ἀταραξία）。……“不作判断”是一种宁静的心灵状态，由于它我们既不肯定也不否定任何事物。“不动心”是心灵的不受干扰、安宁平静的状态。②

因此，悬搁判断就构成了怀疑论学派一个共同的思想特征。尽管怀疑论学派提出怀疑的理由多种多样，但是，在置身于怀疑状态中时，不是为了摆脱怀疑而仓促地做出肯定或否定的判断，而是采取了一个相反的做法，即在认识上不做判断，这在怀疑论学派看来是认识上的一个更好的做法与态度。

怀疑论学派的思想先驱可以一直追溯到智者学派。因为智者学派相对

① 塞克斯都·恩披里柯：《皮罗学说概要》I，3，见苗力田主编：《古希腊哲学》，647页。译文有所修订。

② 塞克斯都·恩披里柯：《皮罗学说概要》I，4，见苗力田主编：《古希腊哲学》，647～648页。译文有所修订。

主义的知识观实际上体现的就是一种怀疑主义的态度，这就是怀疑我们人类有可能认识到绝对的真理、普遍客观的至善。普罗泰戈拉就曾说过："关于神，我既不知道他们存在，也不知道他们不存在，也不知道他们在形式上是怎样；因为阻碍认识的东西有很多，认识是不确定的，人的生命是短促的。"这就是一种在判断上存疑的态度。但是，智者只是表现出了这样一种怀疑主义的倾向，他们更多的是强调真理和至善的相对性与主观性，而不在于根本地对真理和至善的获得持一种一贯的存疑态度，他们也没有有意识地对他们的怀疑主义进行哲学的论证，提出一种普遍的"悬搁判断"的哲学原则，更没有打算由此引出一种明确的处世原则。但是，怀疑论学派却恰恰在这些方面做了大量的研究，从而提出了比较系统的怀疑主义论纲。

在哲学史上，怀疑论者为了达到在思想上悬搁判断的目的，曾经就认识的不确定性和相对性提出过多方面的论证。例如，艾奈西狄姆就曾概括出所谓的"十式"，即从十个不同的方面或角度出发来说明认识的相对性，说明针对同一个现象、同一个事物，由于认识条件的种种不同，会得出截然相反的判断，从而，明智的做法就是悬搁判断。当然，还有简化的论证，例如，阿格里帕曾经提出所谓的"五式"来说明认识的不确定性和相对性，从而导致判断的悬搁。"五式"可以简化为"四式"，因此，我们就从"四式"的角度出发，来说明怀疑论学派为达至思想上悬搁判断的目的而做的理论论证。

1. 观点分歧。怀疑论学派认为，在我们的认识过程中常常出现这样的情况，这就是：同一个现象，人们对它的看法往往是不一致的，观点的分歧使我们没有理由断定这个人的看法就是正确的，而那个人的看法就是错误的。从而，正确的态度只有存疑和悬搁判断。

2. 无穷后退。针对第一个论证，人们也许会反驳说，我之所以说我的看法是正确的，是因为我可以对它做出证明，它是被证明为真的。但是，怀疑论学派认为，我们用来证明的证据本身也是需要证明的，而这个证明所用到的证据同样需要证明，这样，就造成了在论证上的无穷后退，最终，我们并不能为我们的看法找到一个牢固的依据。从而，正确的态度还是存疑和悬搁判断。

3. 假设武断。独断论者迫于无穷后退的困境，往往会提出一个假设，作为第一原理或最基本的公理，认为这些原理或公理是不证自明的，从而可以作为我们论证的依据。但是，怀疑论学派认为，我们没有任何理由肯定一个原理是自明的，它在本质上只是一个武断的假设而已，从而，如同观点分歧一样，在基本的公理上，人们也存在着分歧。所以，正确的态度只能是存疑和悬搁判断。

4. 循环论证。独断论者为了避免假设武断的反驳，往往会对第一原理也给出一个论证，使自己在逻辑上可以自圆其说。但是，怀疑论学派认为，这些论证是经不起推敲的，只要认真分析就会发现，当我们对第一原理进行论证时，我们所使用的论据却是被第一原理证明的东西，从而在逻辑上我们就陷入了循环论证。循环论证的一般形式是：因为 A，所以 B，因为 B，所以 C，因为 C，所以 D……如此下去，最后，因为 Z，所以 A。由于这个因果关系的链条足够长，所以，当人们用 Z 来论证 A 时，就忽略了 Z 本身是需要通过 A 来论证的，以为自己对第一原理给出了一个有力的证明，但实际上什么也没有证明。这样，正确的态度依然是存疑和悬搁判断。

这就是怀疑论学派对独断论的反驳和对自己悬搁判断的哲学原则的论证。但是，如同斯多亚学派和伊壁鸠鲁学派研究认识论、物理学是为了得到伦理学方面的结论一样，怀疑论学派对怀疑主义原则的论证也绝不仅仅是为了在认识论和真理观上取得成果，而是企图从中获得有关人生在世的实际指导。那么，怀疑论学派从自己的怀疑主义观点中得出了什么样的具体的处世原则呢？

按照蒂蒙的说法，一个人要获得幸福，必须弄清楚三件事情：事物的本性是什么？我们对它们应该采取怎样的态度？这种态度会给我们带来什么好处？① 但是依据上述的论证，我们对事物的本性实际上一无所知，那么，在这种情况下，唯一正确的态度就只能是悬搁判断，对外界的事物无动于衷，保持内心的宁静，从而不动心就是怀疑论学派所提倡的最佳的处世态度。据说，怀疑论学派的皮罗有一次和朋友们出海旅行，在中途遭遇

---

① 参见策勒：《古希腊哲学史纲》，翁绍军译，260 页。

了暴风雨，其他人都惊慌失措，唯有皮罗和一只小猪丝毫不动声色。当风暴平息下来，皮罗便指着那头正在吃食的小猪说，这就是哲人所应当具有的不动心的状态。① 为什么？因为我们并不能够对外界的事物得出任何肯定或否定的判断。

这样，从一种个体人的立场出发，面对世界的急风暴雨，怀疑论学派在伦理学上实际上也做出了与斯多亚学派、伊壁鸠鲁学派相同的选择，这就是：退回自己的内心，无所作为。

以上就是晚期希腊哲学中三个主要哲学学派的思想。总结起来，这三个哲学学派思想的核心是伦理学，尽管表现形式各有不同，但是思想的主旨还是相同的，这就是个人主义，即从单个个人的立场出发来考察人和世界的关系。而且，它们所达到的伦理上的结论也是基本相同的，这就是：通过顺从、接受个人在世界上的各种处境而保持心灵的宁静。

---

① 参见第欧根尼·拉尔修：《名哲言行录》IX，68，见苗力田主编：《古希腊哲学》，652 页。

第十章　基督教的兴起

【1】基督教兴起的思想文化背景

公元前4世纪以后，西方世界的一个重要历史现象就是个人的出现。由于古典城邦体制的衰落，个人开始从他原来所附属的某个整体（家族、村社、城邦、民族）之中分离出来，成为个体意义上的人。整个晚期希腊哲学的主题就是由这一根本历史形势的变化所决定的。现在，无论思想家还是普通的个人，无论宗教人士还是世俗人群，都面临着一个根本问题，这就是：这个从整体之中分离出来的个人应该如何面对他所置身于其中的那个广阔而又陌生的新世界，在各种巨大的历史事变面前、在人生的种种遭遇面前，他应当采取怎样一种人生态度和人生原则？对于一个在生活的各方面都依附于某个整体因而不具有自我独立意识的人来说，这并不是问题，但是，一旦这样的整体不再存在，一旦这样的整体不再能够给他提供最终的生活保障和价值根据，那么，毫无疑问，他就必须独自面对这个问题，并且要努力地去解决这个问题，而这显然也就是一个究竟应当如何理解个体生存的意义的问题。

对于这个问题，晚期希腊哲学各派从各自不同的思想立场出发做了不同的回答，形成了各具特色的哲学理论体系。但是，对于所有这些希腊哲学派别来说，存在的一个共同问题就是：这些派别都是从古希腊自然本体论的传统出发来对个体生存的意义进行解释和说明的，经过这样理解的个人实际上是一个自然人，而并不是一个个体人，个人尚未被从自然的母体中分离出来，依旧被置于同自然整体的某种关联中。这就表明，这些学派并未深入到人的个体性生存的事实当中去，不能对这种全新的人类生活境遇做出圆满的说明和理解。由此，它们所构造的哲学理论体系尽管是庞大而精致的，但却不能解决时代问题，不能消除人们精神上的迷茫和困惑，为每一个从旧的生活共同体中脱离出来的个人找到生活的真正牢固的支点和寄托。它们的理论在本质上是空虚的。

作为“基督教哲学”第一开端的查士丁的思想经历就是对此的一个很好的说明。查士丁在皈依基督教之前就是一位哲学家，受过古典文化和希腊哲学的良好教育，具有同其他哲学家一样的、强烈的爱智追求。在与蒂尔弗的对话中，他曾经谈到过他学习哲学的过程。他是抱着探寻人生真理的目的去学习哲学的，因而，他先是向一位斯多亚学派的哲学家学习，接着向一位漫步学派的哲学家学习，之后又先后向一位毕达戈拉斯主义者和一位柏拉图主义者学习，但是，这些学习经历都没有使他的精神获得安慰和满足。在他看来，这些哲学家尽管都在谈论智慧，但是却没有能够认识世界的最终原因——上帝。柏拉图主义是他唯一承认能够向他提供智慧的，但是他却明确地反对柏拉图主义关于灵魂不朽的观点，认为正是在这里它缺乏对给予灵魂生命的、灵魂的真正创造者——上帝的认识。实际上这就等于表明了，柏拉图主义所能够提供的也只是自然真理，而却不能够揭示有关人的生命的真理。①

这样，虽然在晚期希腊时期哲学活动依然很活跃，古典文化依然很繁盛，但是一个不容忽视的社会历史现象却出现了，这就是：人们从自己生活于其中的传统文化中、从这一传统文化的思想精华即哲学中找不到个人精神的寄托，于是他们就想办法从各种宗教中寻找。这样，在晚期希腊时期，西方社会的一个非常显著的现象就是：各种形式的、各种来源的宗教到处活跃着，这些宗教对世界做出了这样或那样的解释，并通过特殊的仪式来消除人们精神的痛苦，使人们的精神获得解脱。这一普遍的社会心理趋势也影响到了知识阶层，在罗马帝国时代，哲学的一个新的变化就是，知识阶层开始同民众一起迫切地转向了宗教，企图从宗教中获得心灵的安

① 参见查士丁：《与蒂尔弗的对话》，见赵敦华、傅乐安主编：《中世纪哲学》（上），11～15页，北京，商务印书馆，2013。

慰。我们看到，在斯多亚学派中，宗教的因素越来越明显，在晚期斯多亚学派的代表人物（例如塞涅卡、爱庇克泰德和奥勒留）那里，斯多亚学派的学说完全变成了一种拯救和安慰个人精神的人生哲学。而毕达戈拉斯学派的神秘理论在新毕达戈拉斯主义那里又复活了，这种理论企图在苦行和戒律中获得灵魂的净化。柏拉图二元论的世界观也同宗教结合起来，理念世界和感觉世界的对立具有鲜明的价值差别，理念世界象征着一种圣洁的生活，而感觉世界则代表着人间的罪恶。

就是在这种对宗教的普遍的、强烈的精神渴求中，就是在这一各式各样的宗教流行的过程中，基督教出现了。基督教兴起于公元 1 世纪的巴勒斯坦，最初它只是古老犹太教的一个新生的异端小支派，据说创始人是加利利拿撒勒地方的耶稣。但是，随后它却以其独有的宗教魅力迅速传播开来，先是在犹太人中传播，继而在非犹太人中传播。经过长达两个多世纪的秘密传播和组织教会，并且经受多次教难之后，基督教会变得越来越强大，终于在公元 4 世纪从精神上征服了强大的罗马帝国，在罗马帝国取得合法的地位，并最终在公元 392 年成为罗马帝国的国教。

【2】基督教的精神

基督教的兴起是西方人精神生活中的一件大事。它更新、重构了西方人的精神生活世界，或者换句话说，它使西方人的精神生活世界开始具有了向内的深度，这不是在世界广阔意义上的一种深度，而是在个体心灵意义上的一种深度。在某种意义上，它印证了赫拉克利特的一句格言，这就是："你不可能到达灵魂的尽头并且揭示它，即便你走遍了每一条道路，它就有这样深的逻各斯。"（残篇 45）① 经由基督教，西方的古代文明开始逐步向现代文明的方向转化。

那么，基督教给西方人的精神生活注入了什么新的精神因素呢？这个问题换一个提法就是：什么是作为上帝与人的"新约"中保的耶稣基督

① Hermann Diels，Walther Kranz，*Die Fragmente Der Vorsokratiker*，Erster Band，Weidmannsche Verlagsbuchhandlung，1960，S. 161.

的精神呢？因为，基督教虽然来源于犹太教，但是，区别于犹太教单一的上帝崇拜，基督教信仰的核心却是作为沟通上帝与人的中介的耶稣基督，耶稣基督被说成“道成肉身”，他兼有神与人的位格，正是在耶稣身上，通过《新约》中“四福音书”所记述的耶稣的种种言与行，一个完全沉浸在自己的个体生活中，完全领受上帝所赐予自己的个体生活之全部的真正意义的个体人被塑造了出来。因此，什么是耶稣基督的精神呢？如果我们撇开《新约》中有关耶稣的种种神迹的记载，而单从耶稣的行事来看，那么，在耶稣身上所体现出来的就是一种全身心沉浸在个体生活当中的安详宁静的精神，以及一种为了宣示这种个体生活之道而承担个体命运苦难的精神。这种精神恰恰是希腊文化在面对一个被从某种自然习俗的整体中分离出来的个体人时所缺乏的，简单说来，它不能使一个人立足于自身，它不能给这样的一个个体人提供除单纯的自然以外的精神的慰藉，它在面对个体人的精神生活世界时是苍白无力的。

《新约》中对于耶稣全身心沉浸在个体生活当中的安详宁静的精神有多侧面的生动记述。有一则故事记述说，一些祭司抓住了一个犯奸的女人，就把她带到耶稣面前，看耶稣怎样处理。他们告诉耶稣说，按照摩西的法律，对于犯奸的女人是要用石头打死的。开始，耶稣对这些人毫不理睬，实际上是愤恨于这些人的冷酷和残忍。在这些人一再追问下，耶稣便站起来对他们说：“你们中谁没有罪，就可以向她投石头！”这些人听了这话之后，从年纪老的开始，一个个退了出去，独留耶稣和那个妇女。耶稣对那个妇女说：“控告你的人在哪里？没有人定你的罪吗？”那个女人说：“没有人。”耶稣便说：“我也不定你的罪。去吧！从今以后不要再犯罪了。”① 这则故事异常深刻地传达了基于每个人有可能遭遇的不幸生活经历的、人与人之间最朴素的同情。因为，我们每个人都有孤独无助的时候，都有犯下过失的时候，在这些时候，我们格外地需要别人的怜悯与同情、理解与宽容，但为什么在我们看到别人孤独无助和犯下过失的时候，我们却不能够怜悯、同情他们，去给予他们理解、宽容呢？为什么在这些

---

① 《若望福音》8.3－11，见《新经上·四福音》，295页，天主教上海教区，1986。

时候我们格外凶残与冷漠呢？耶稣向那些围观者的质问，无疑便向每个人提示了他们自己的人生，表明我们每个人都不是绝对的强者，作为个体人，我们的人生都是极其脆弱的，在这样的人生中，我们所格外需要的是相互的包容、理解和扶持。这样，正是在耶稣的质问下，每个人的、他所不能逃避的他自己的完全个体性的人生就显露出来了，并且因此也就成为自己所格外需要首先关心和照顾的对象。这显然是在古希腊哲学中所不可能遭遇的，我们在古希腊哲学中所遭逢的更多的是一种自然意义上的生命，却完全不是这种纯然属我的个体性的生命生活。

这样，针对这种纯然属我的个体生命及其生活，在《新约》中，耶稣以所谓的"真福八端"给予了特殊的祝福：

> 心灵朴素的人是有福的了，因为天国是他们的。哀恸的人是有福的了，因为他们将受安慰。柔和的人是有福的了，因为他们将承受大地。饥渴慕义的人是有福的了，因为他们将得饱饫。怜悯人的人是有福的了，因为他们将受怜悯。内心纯洁的人是有福的了，因为他们将见天主。缔造和平的人是有福的了，因为他们将被称为天主的儿女。为义而受迫害的人是有福的了，因为天国是他们的。①

在这里，假如我们和古希腊的伦理学做一对比，我们就会发现，耶稣在这里所关注的不是优秀的人，而是千千万万普通的人——所谓的"芸芸众生"，他不是在为强者祝福，而是在为弱者呼吁。那些在强权社会、优秀者的共同体中从来没有受到过人们关心的普通人、弱者第一次得到了关注，他们的朴素、平凡、默默无闻、饱受患难的生活不仅得到了同情，而且还得到了赞扬，被称作真实的人类生活。同时，心灵的朴素与柔和、怜悯与同情、正直与纯洁以及对正义的追求与向往、对和平的缔造与维护，所有这一切第一次被宣布为人类生活的正道。人只有在这样一种生活中才可能过一种真正合乎人道的生活，同时，人也只有在这样一种生活中才拥有了自己个体性的生命。显然，这样的生活不是免除了生活中一切痛苦与

---

① 《玛窦福音》5.3－10。据《中希英逐字对照〈新约圣经〉》（台湾浸宣出版社，1984）中希腊原文译出。

不幸的生活，也不是同幸福完全一致的生活，它包含着人世间的一切辛劳与甘苦。尽管基督教着眼于宣传这种生活受苦受难的性质，着眼于它的顺从，但是，它却确乎是人的生活的基础。因为，人只有首先立足于这种作为自身的生活，才可能去谈及生活的其他方面的内容。从而，这种生活关乎的是我们做人的基本道理，耶稣在这里所揭示的实际上是基本的人道。当然，这与古希腊哲学基于自然的神性所谈的、分享这一神性的人的生活的那种神道是截然不同的。

而在所谓的“去世虑”中，耶稣更以明晰的语言指出了这种生活的内在价值，强调了对这种生命价值的坚守。他说：

> 不要为你们的生命忧虑，吃什么？喝什么？也不要为你们的身体忧虑，穿什么？生命不是胜过饮食吗？身体不是胜过衣服吗？你们看那天空的飞鸟，它们不播种，不收割，也不在仓中积藏，你们的天父养活它们。你们不是比它们贵重得多吗？你们中有谁能用思虑使自己的寿命延长一肘呢？至于衣服，你们忧虑什么？你们观察，田野中的百合花是怎样生长的？它们不劳作，也不纺织。我告诉你们，就是所罗门在他最光荣的时候，所穿着的，也比不上这花中的一朵！田野里的草，今天还在，明天就被扔入炉中，天主尚且这样地装饰它。小信德的人啊！何况你们呢？所以，不要忧虑，说：吃什么？穿什么？这些都是外教人所追求的。你们的天父知道你们需要这一切。你们更该先求天主的国和他的义德，这一切自会加给你们。因此你们不要为明天忧虑，明天有明天的忧虑。一天的困难，足够一天受的了。①

这就是说，正是在每个人个体性的生命生活中有生命最内在、最饱满的价值，因此，我们不应当向外寻求，而应当向内寻求，我们应当坚守生命本身所固有的这种内在价值。这种生活虽然微小，似乎缺少了各种让人羡慕的荣光，但是，它却像田野里的百合花一样，虽然默默无闻但却意义充足。而这样一种默默无闻的生活，即便是所罗门最光荣的时候也不能与之相比，因为它就是每个人最本己的生活，每个人在自己一生中注定要过的

① 《玛窦福音》6.25—34，见《新经上·四福音》，20页。

生活。它虽然充满了苦与乐、生与死，但无论痛苦还是欢乐、生命还是死亡，却都是我们自己的苦与乐、生与死，都是我们自己要持守的生活，我们只有在这样的生活中才拥有了自己最充实的人生。因此，我们说，正是在这段话中，耶稣最清楚不过地向人们宣示了一种基督教意义上的个体性生活。这不是通过对生命的古希腊自然哲人式的淡漠无情而获得的，而是通过对生命的执着和热爱而获得的，因为它不从属于自然，而属于人，它是人类的生命生活。一种属人尤其是属于个体人的生活，这正是古希腊哲学各派别所缺乏的。

在此基础上，我们才可能理解耶稣上十字架的意义。基督教一再强调耶稣上十字架是出于救世的目的，耶稣通过自己的死亡同上帝缔结了新的约定，使上帝由惩罚的上帝变成爱的上帝，允诺给人类以无比的恩典，将人类从罪恶之中拯救出来。撇开其中宗教的神秘成分，我们必须承认基督教赋予耶稣之死的意义有它内在合理性的方面。据说耶稣是拿撒勒地方的一个木匠，他原本可以与世无争地度过自己的一生，但是他却自觉地承担起了通过艰苦的传教彻底改变人类精神世界的使命，他坚定地认为这一使命对人类生活的影响远比通过一次简单的政治革命来完成一次政治制度上的变革要重要得多。这一选择本身就体现了一种博大的人类情怀，就已经超出了狭隘的自我，把自己的生活和千千万万人的生活联系在了一起。传教过程本身更是无比艰险，因为新的精神势必要动摇旧的权威，从而，耶稣的传教不仅招来了犹太教守旧势力的仇恨，而且也引起了罗马帝国的警惕，害怕由此引发一场民族起义。正是这两股势力结合在一起，最终将耶稣送上了十字架。但耶稣却自愿地选择了十字架的道路。这其中的道理实际上非常简单。因为，在耶稣看来，正是在这条道路中蕴涵着新的生命。十字架的道路向人们表明，我们完全可以有另一种生活，在这种生活中，即便苦难也不能摧垮我们，因为正是在这里，人生命生活的精义被把握住了。福音书中专门描写了耶稣被捕前在一个山园中的祈祷。在那个时候，耶稣由于预见到了即将到来的背叛和苦难，因而内心感到无比的忧愁，同时，面对身边门徒对他的内心痛苦的全然不晓和酣然大睡，他更陷入了深深的孤独之中。在这一刻，他向上帝祈祷，请求上帝免除他所承担的这个在他看来似乎很难承担的任务。但是，祈祷过后，他的内心获得了平静，他从自己彻底孤独的生存中体会到了人生在世的全部意义。从基督教承受人生苦难的教义出发，他认识到这就是他的生活，他作为一个个体的人生既然如此，那么他就必须承受其中的痛苦，正像他必须承受其中的欢乐一样，无论苦还是乐，这些都是他自己生活的一部分，都是他必须承受的，这里面有他作为一个个体人的生活的全部意义和价值。显然，所谓十字架的道路就是对这种个体人生的负荷与承担，所谓十字架的真理就是对这种个体人生的真理性的宣示。耶稣以他自己的生命完满诠释了这种个体性的人生，而这也就构成了基督教在古代生活的末期面对古典自然世界的崩塌、面对置身于广漠世界中的每个人的个体生命所给出的有关人生真理的回答。它的意义在于使每个人开始习惯于立足于自身，而不是立足于他人（国王、英雄、贤哲、领袖）和整体（自然、宗族、城邦、国家），并且能够真正地立足于自身，而不是依赖任何自身之外的东西与存在，而这也就构成了即将到来的现代社会的基础。

这样，一种全身心沉浸在个体生活当中的安详宁静的精神，以及一种为了宣示这种个体生活之道而承担个体命运苦难的精神，就是耶稣基督的精神。而假如我们把这里所阐明的基督教的精神和古希腊的古典文化传统相比较，那么，至少在以下两个方面，它更新了西方文化，赋予了西方文化特有的精神内涵。

首先是个体性。我们说，个体性生存是公元前 4 世纪以后西方人所面临的一个全新的时代主题，但是只有基督教深刻而全面地揭示了这一全新的生活方式对于人类的意义。耶稣不仅通过他自己的一生向人们鲜活地展现了这种个体性的生命生活，而且在《新约》中还以明确的语言强调了人的个体性。例如，在福音书中耶稣这样说："你们不要想，我是给世界送平安来了，我不是来送平安，乃是送刀兵。因为我来是叫人相离，为儿的反对他的父亲，为女的反对她的母亲，媳妇反对她的婆母。人的仇敌，就是他本家的人。"① 又说："谁爱父母过于爱我，不堪作我的门徒，谁爱

① 《玛窦福音》10.34—36，见《新经全集》，29 页，中国天主教教务委员会，1981。

儿女过于爱我，不堪作我的门徒。……谁得了自己的性命，必要失自己的性命。”① 有一次，耶稣在和大众讲话，他的母亲和兄弟站在外面要同他说话。有人告诉他说：“看！你的母亲和你的兄弟站在外面要和你说话。”耶稣就说：“谁是我的母亲？谁是我的兄弟？”并环视周围的人说：“看！我的母亲，我的兄弟！凡承行我在天之父的意旨的，就是我的弟兄、姊妹和母亲。”② 这些文字清楚地表明，兴起于公元1世纪的基督教恰恰是从传统的宗法关系中裂解出来的，它自觉地意识到它不是为了维护传统的宗法关系，而恰恰是要将人们从这种传统的宗法关系中解放出来，使人们意识到自己作为一个个人的存在。个人以及立足于个人之上而建立起来的人与人之间的新的社会关系就是基督教的社会基础，基督教以此来否定传统的、基于血亲之上的宗法关系。由此，个人而非某个习俗性的自然群体，就成了西方人社会生活的新的基础。

其次是精神性。黑格尔曾经说过，基督教属于精神宗教的范畴。基督教之前的古代宗教多多少少都具有自然神论的特征，这就是：企图通过这种或那种方式来达到同自然神的沟通或融合，以超越人的生存，使人分有神性。与此不同，基督教的一个非常重要的特征却是，它格外强调人与神的界限，坚持认为人不可能成为神，人所能过的只是人的生活，而不是神的生活。就此而言，基督教作为一种宗教，并不试图超越人的生活，而是固守人的生活的限度，尤其是人的生活的个体性的限度，在这个层面上，它完成了由外在的单纯的自然生活向着个体内心的精神生活的转变。人生在世的过程不再被看成一个像自然万物的荣枯一般的、单纯自然的过程，而是被看成一个人个体生命的无比丰富的内在精神历程；世界与其说是一个外在于人的生命生活的自然界，毋宁说就是人的生命生活本身；在这里，人所体验到的不是单纯的物的自然生灭，而是自己的个体人生中的悲欢离合，是自己精神生活的成长与变化。从这个意义来说，基督教就悬搁了人的外部世界的生存，而向人们启示了一种内在的、精神性的生存，告诉人们这是一种真正的生存，是一种极高素质的生存，人们正是在这里才

---

① 《玛窦福音》10.37-39，见《新经全集》，29页。

② 《玛窦福音》12.47-50，见《新经上·四福音》，43页。

获得对自己生活意义的全部辩证。所以，精神性就是基督教带给西方古典文明的新的质素，它向人们揭示了一个全新的生活维度，向人们表明了精神生活的独特价值。

【3】保罗对基督教基本教义的奠定

但是，基督教不仅仅是耶稣的基督教，它还是保罗的基督教。这不仅是因为，只是通过保罗的传教活动，基督教才突破了仅仅局限在犹太人之中的民族局限性，扩展到了非犹太人、希腊人、罗马人当中，成为真正具有普遍意义的宗教；而且是因为，正是在保罗所写的一系列书信中，基督教的基本教义才得到了凝练而集中的阐发，形成了初步的体系。因此，可以说，没有保罗，就没有基督教进一步的发展，保罗在基督教初期的历史中具有至关重要的地位。

与其他使徒相比，保罗是受过高等教育的犹太人。他出身于犹太人中专门负责宗教祭祀事务的法利赛人一支，早年在耶路撒冷研习过犹太传统的律法，这是上层的犹太宗教人士才能接受的教育。从犹太教正统的立场出发，他在最初对新兴的基督教是持敌视态度的，并主动担任了犹太宗教法庭的公差，四处捉拿基督教教徒。但是，据他自己说，一次在他前往大马士革城的路上，耶稣在空中向他显现，说："保罗你为什么迫害我?"他在经历了这次奇迹之后，便皈依了基督教，并成为基督教传播的柱石中坚。保罗对基督教思想的体系化集中在他所写的一系列书信中，这些书信从教理、教义、教规、教团等各个方面对基督教自身的宗教性质、宗教特征、它与犹太教的关系、它与希腊古典文化的关系、它自身的组织形式以及它根本的神学真理都做了深入浅出的阐述，思想内容可谓包罗万象。但是，假如我们选择其中同基督教神学关系密切的内容加以概括和归纳，那么，具有根本重要性的有以下几条。

首先，保罗在他的书信中明确了耶稣基督在基督教信仰中的核心地位，使得基督教同一切崇拜独一神的宗教信仰根本区分了开来。

我们知道，人类的宗教活动古已有之，产生于公元1世纪的基督教相比于其他古老的宗教无疑是一个年轻的宗教。同时，人类的宗教信仰形形色色，但是概而言之，往往可以分成两类，这就是多神信仰和一神信仰。前者，希腊传统的奥林匹斯宗教可为代表；后者，犹太教可为代表。基督教从犹太教而来，它一神信仰崇拜的特征无疑是明显的，这就是表现为对宇宙唯一的最高神——上帝的信仰和崇拜。但是，假使仅仅如此，那么，在信仰上基督教就同犹太教没有根本的区别。基督教同所有其他一神信仰崇拜的宗教的根本区别是基督教信仰的独特性，这就是，在对上帝的信仰和崇拜中，耶稣基督构成了信仰的核心。基督教是通过对耶稣基督的信仰来信仰和崇拜上帝的，耶稣基督构成了基督教信仰的核心指向。而在神学思想中阐发这一点的就是保罗。

在《罗马书》的一开始，保罗就申明了耶稣基督在基督教信仰中的这一核心地位。他这样说：

> 耶稣基利斯督之仆保罗，蒙召之宗徒，被拣择出来，为了天主的福音的。这福音，是他从前借他的先知在《圣经》上所应许的，是关于他的儿子的。他照肉身是出自大卫的苗裔，照圣灵因从死人中复活以大能显明是天主子，是我等主耶稣基利斯督。从他那里我们领受了恩典和宗徒的职分，以在万民之中因他的名而服从信仰。①

在这短短的一段话中，保罗就从耶稣的出身、他同上帝的关系、他对于信仰的意义等各个方面阐明了耶稣在基督教信仰中的核心地位，把耶稣树立为基督教信仰的中心。此后，保罗又在多处进一步明确了耶稣的这一中心地位。例如，在《罗马书》第五章中，他说：

> 当我们还软弱的时候，基利斯督就按着定的日期为罪人死了。因为，人很少为义人而死，为善人或者有人是敢死的。但天主却向我们显明了他的爱，因为，在我们还是罪人的时候，基利斯督就为我们死了。所以，我们既因着他的血得义，就更要借着他从义怒中得救。……不但这个，我们还要借着我们的主耶稣基利斯督在天主那里得欢乐，因为通过他，我们现在得与天主和好。……因为若是因着一个人的罪，死就因着那一个人做王，那么，那些领受了丰富的恩典和

---

① 《罗马书》1.16—5。据《中希英逐字对照〈新约圣经〉》中希腊原文译出。

义德之赐的人就更要借着一个人耶稣基利斯督，在生命里做王了。①

在第八章中，他又说：

> 耶稣基利斯督他死了，但他又复活了，现今，他在天主的右边，又为我们恳求。所以，谁将使我们同基利斯督的爱相隔绝呢？是患难吗？是困苦吗？是逼迫吗？是饥饿吗？是赤身裸体吗？是危险吗？是刀剑吗？正如经上所写的，为了你，我们终日被杀，我们被看成待杀的羔羊。但是，在这一切事上，我们却依靠那爱我们的人大获全胜。因为我深信，无论是死、是生、是天使、是统治者、是现在的事、是将来的事、是权能者、是高的、是低的、是别的任何受造之物，都不能使我们同天主的在我们的主耶稣基利斯督中的爱相隔绝。②

在这里，耶稣在基督教信仰体系中的核心地位就被一再地、反复地强调和申述，而且不仅如此，耶稣的神性、他的受难和复活的宗教救赎意义也被做了明确的揭示。

其次，保罗在他的书信中第一次详细阐述了耶稣在他的传教活动中所早已宣明的基督教所特有的“因信称义”的思想，从而表明了信仰在基督教神学体系中的核心地位。

我们说，“因信称义”是基督教特有的一个思想，无论耶稣本人、保罗还是以后的历代教父，都把这个思想作为基督教的一个核心思想，并且把它看成基督教信仰区别于其他宗教信仰的特质。在福音书中，我们看到，耶稣已经多次申明了这一思想。例如：

> 你们求，就给你们。你们找，就找着。你们敲门，就给你们开门。因为不拘谁，求就得着，找就找着，敲门，就给他开门。③

这段话鲜明地体现了信仰对于一个人的重要性，表明仅仅是基于信仰，一个人才可能回到自己的生活本身，发现属于自己生活的真理。对于基督教

---

① 《罗马书》5.6—17。据《中希英逐字对照〈新约圣经〉》中希腊原文译出。
② 《罗马书》8.34—39。据《中希英逐字对照〈新约圣经〉》中希腊原文译出。
③ 《玛窦福音》7.7—9，见《新经全集》，18页。

来说，个体人生的真理是通过信仰而并不是通过其他任何途径来揭示的。所以，在这里，所求的和所找的就不是任何外在的东西，而就是一个人的生活本身，就是他所内在具有的东西。

如果说“因信称义”的思想在耶稣那里还是语焉不详的，那么在保罗那里，这个思想不仅被明确地提了出来，而且作为一个重要的主题被做了反复的论述，保罗以此来强调信仰对于个体人生存的重要意义。例如，在《罗马书》第三章中，保罗明确地提到了这一思想，他说：

> 因为我们认为，人是因信称义，不关乎遵行法律。①

这里，信仰的内在性和法律的外在性就得到了对比的揭示，而“因信称义”关注的是对人的内在自我的发现也就被暗示了出来，相较于此，法律和法律所规定的人的行为当然都是外在的了。

由此，在第四章中，他以犹太人的始祖亚伯拉罕为例指出，对于亚伯拉罕来说，他并不是因为做了什么丰功伟绩，或者在外在的行为上遵行了上帝的戒律，才成为犹太人的始祖，获得上帝的褒奖，而是仅仅因为他信。他这样说：

> 若是亚伯拉罕因着功行，得称为义，他可以自夸，但在天主面前不能。因为经上说什么？亚伯拉罕信天主，这于他就算为义德。……给做工的人工钱，不是按照恩典计算，而是按照所欠。但是，对不做工却信那使罪人成义者的人，他的信就算为义德。②

这里就清楚地讲到了信仰对于一个人生存至关重要的意义，表明只是通过信仰而不是其他途径，一个人才能真正秉持他自己的人生，而这也就是一个“使罪人成义”的人生，一种完全个体化的人生，其他途径，例如一个人所做的种种善功，并不能够就使他拥有这样的人生，相反，还会使他远离这样的人生。所以，保罗接着又引大卫的话说：

> 正如大卫称那没有功行、天主就算为他的义德的是有福之人，他

① 《罗马书》3.28。据《中希英逐字对照〈新约圣经〉》中希腊原文译出。
② 《罗马书》4.2-5。据《中希英逐字对照〈新约圣经〉》中希腊原文译出。

说：那些罪行蒙赦免、罪恶被掩盖的人是有福的。①

这就是说，人们不是因为做了什么好事，求得了什么好报，才算是有福的，相反，人们仅仅是由于他们所拥有的自己平凡而朴素的一生，就是有福的，他们自己这样的一生本身就是一种功行，而对这种生活本身的信仰就是进入这种生活的最佳途径。

这样，显然，正是面对个体性的人生，信仰具有了重要的意义。实际上，基督教正是以信仰为枢纽将人从对外在世界的关注转向了对内在世界的关注，而这也就是对自己生活本身的关注。因此，保罗才进一步这样说：

> 因为许诺给亚伯拉罕或其子孙他是宇宙的承嗣人的，不是借着法律，乃是由于信之义德。因为，如果属于法律的人才是承嗣人，那么，信就落空了，而许诺也就废除了。因为法律招怒；哪里没有法律，哪里就没有犯法。②

并且针对着亚伯拉罕，保罗这样评论说：

> 他在没有希望的时候仍然相信希望……对天主所许诺的事，他没有因不信而疑惑，倒是因信更坚定了，归光荣于天主并且坚信，凡他所许诺的必能成就。因此，这对他就算为义德。③

这样，信仰在基督教教义体系中的重要意义就被凸显出来了，是信仰而非法律成为维系人精神世界的根本力量。在此基础上，保罗又进一步指出了由信而来的义德是怎样的。他说：

> 所以，我们既因信称义，就赖我等主耶稣基利斯督，得同天主和平。我们又借着他，因信得进入我们所立于其中的恩典中，欢欢喜喜地盼望天主的光荣。不但这个，就是在患难中，我们也欢喜，因为知道，患难生忍耐，忍耐生试炼，试炼生希望，希望不至于羞辱，因

① 《罗马书》4. 6—8。据《中希英逐字对照〈新约圣经〉》中希腊原文译出。
② 《罗马书》4. 13—15。据《中希英逐字对照〈新约圣经〉》中希腊原文译出。
③ 《罗马书》4. 18—22。据《中希英逐字对照〈新约圣经〉》中希腊原文译出。

为，天主的爱已借着赐给我们的圣灵倾注在我们心里了。①

这样，对于基督教，信仰便构成了人生的根基，只是通过信仰，人生才是可以忍受的，并且也只是通过信仰，人生才有希望，这就是战胜一切苦难的希望。因此，通过“因信称义”这个思想，基督教也就给晚期希腊以来所逐渐在历史社会生活中出现的个体性人生注入了精神力量。

最后，保罗在他的书信中确立了基督教信仰的普遍意义，为基督教的普世主义提供了理论根基。

我们知道，作为基督教前身的犹太教仅仅是犹太人的宗教，犹太教并不认为自己的宗教信仰具有普世意义，而是认为它仅是本民族的宗教，仅仅与本民族的生存有关。但是，作为从犹太教中分裂出来的一个异端小支派的基督教，却从耶稣进行他的传教活动之始就明确了它所宣传的宗教真理的普世价值，明确了它不是仅仅同犹太人有关，而是同整个人类的生存有关。

例如，在《玛窦福音》中，我们看到，耶稣这样说：“将有许多人，要从东方、从西方来，在天国与亚伯拉罕、以撒、雅各，同赴筵席。而国中子民，反被投在外边黑影里，那里有哭号的，也有切齿的。”② 这里就明白宣示了基督教不仅仅是犹太人的，而且是所有人的。而在《马尔谷福音》中，当记述耶稣死后复活向他的门徒所做的训示时，耶稣又明确地讲到：“你们往普天下去，向一切受造的宣传福音。”③ 这就更为明确地表明了基督教的普世性质。

保罗充分领会了耶稣这一思想的精神实质，并且也深刻地认识到了耶稣所传教义的普世性质，因此，他在所写的一系列书信中对这一点做了大量的论述和阐发，形成了基督教的普世主义思想。例如，在《罗马书》第二章中，保罗便明确地指出，“天主必要按着每人所行报答每人。……将患难和困苦加给一切作恶之人的灵魂，先犹太人，后希腊人；而荣耀、光彩

---

① 《罗马书》5.1—5。据《中希英逐字对照〈新约圣经〉》中希腊原文译出。

② 《玛窦福音》8.11—12，见《新经上·四福音》，25页。

③ 《马尔谷福音》16.15，见《新经上·四福音》，156页。

和平安则赐给一切行善的人，先犹太人，后希腊人，因为天主待人，没有偏私。”① 在第三章中又说：“天主岂独是犹太人的，不也是各民族的吗？一定，也是各民族的。”② 这里就表明了基督教信仰的普世性质，表明了基督教神学真理的普世意义。针对犹太人所以为的自己在宗教信仰上的特权，保罗还专门明白地说：“犹太人不在外面是，割礼也不在外面肉身上；而是在内里的才是犹太人，割礼也是内心的，在乎灵不在乎文。”③ 这就表明了信仰是内心的事，基督教的神学真理是发显在每个人心中的真理，而和一个人的出身、民族无关，它具有普世意义。在此基础上，在第十章中，保罗便就基督教的信仰说：“因为并没有犹太人和希腊人的分别。因为这同一个主是所有人的，他待所有呼求他的人是丰厚的。因为凡是呼求主名的人，必将得救。”④ 然后又说：“他们的声音已经传遍了整个大地，他们的言语已经传到了世界的边缘。”⑤

这样，保罗就明确了基督教的普世性质，这对于一种世界主义的思想在古代世界中的逐渐形成当然是非常重要的。

基督教从根本上改变了西方人精神生活的向度，当然，也使得一种本质上是自然习俗意义的古代生活走向了终结。在揭示个体性生活并且安顿个体性生活上，基督教相较于晚期希腊哲学的各派做得要格外成功，这也就是基督教能够在古代世界最终取得思想统治地位的原因。古代世界的精神生活正是通过基督教而转化为一种现代世界的精神生活的。这是需要我们特别重视的。

---

① 《罗马书》2. 6—11。据《中希英逐字对照〈新约圣经〉》中希腊原文译出。
② 《罗马书》3. 29。据《中希英逐字对照〈新约圣经〉》中希腊原文译出。
③ 《罗马书》2. 28—29。据《中希英逐字对照〈新约圣经〉》中希腊原文译出。
④ 《罗马书》10. 12—13。据《中希英逐字对照〈新约圣经〉》中希腊原文译出。
⑤ 《罗马书》10. 18。据《中希英逐字对照〈新约圣经〉》中希腊原文译出。

第十一章　新柏拉图主义

【1】柏拉图学派的历史传承

基督教兴起于公元1世纪到2世纪，它彻底改变了西方人的精神走向。但是，从基督教的兴起到基督教神学的建立，却还有一段漫长的路程要走，在这期间，从公元3世纪到公元6世纪，在西方思想界占据支配地位的是新柏拉图主义。

作为兴起于公元3世纪并对此后的整个古代世界产生了持久而广泛影响的一个思想派别，新柏拉图主义与其说是一个哲学学派，不如说是一次哲学运动。它自身综合了传统的和时代的种种思想因素，成为它所处的那个时代哲学思想的典型代表。事实上，我们可以说，新柏拉图主义是古希腊哲学自身各种要素在新的历史时期的一次综合，它试图在古希腊哲学既有理论构架的基础上来解决新时代的问题，是古希腊哲学面对时代问题与基督教强大的精神力量的挑战所做的最后一次、最富影响的回应。它试图在基督教之外为个体的人提供一种哲学化的宗教救赎之路，它高度发展了古希腊哲学内部根深蒂固并且作为其精神实质的自然神学传统。实际上，它自身就是一个自然神学的体系。它是古希腊哲学试图利用其自身自然神学传统以反对基督教启示神学的一次尝试。它由此构成了古希腊哲学在古代的最后一个阶段，一个完成阶段。

“新柏拉图主义”作为一个哲学史的专门概念，是18世纪一位德国学者的创造。道理很简单，历史上并没有任何一位新柏拉图主义者会自称自己是“新”柏拉图主义者，相反，他们通常认为自己是真正的柏拉图哲学的继承者，是严格意义上的柏拉图哲学的阐释者。研究者们之所以把从普罗提诺的老师阿摩尼乌斯开始的一大批古希腊哲学家称作“新柏拉图主义者”，显然主要是出于思想史研究的需要，是就这些哲学家同柏拉图的哲学、同柏拉图的学园、同历史上的柏拉图主义的关系来说的。但是，这样一来，如果我们想要把握新柏拉图主义作为一次思想运动自身的复杂性，将它内在的种种思想因素剖分清楚，那么我们首先需要处理的就是新柏拉图主义的师承关系及其思想来源问题。

我们知道，柏拉图的哲学对整个西方产生了深刻的影响，在古代，它一直是一个显赫的思想传统。由柏拉图的哲学才有对柏拉图哲学进行种种思想的解释的柏拉图主义，而由柏拉图的学园才有柏拉图主义的种种组织形式和师承传递。对于柏拉图的哲学，我们不必再说，但是对于柏拉图的学园传承以及与之相联系的柏拉图主义，我们却必须有所说明，因为新柏拉图主义正是通过这个悠久的传统而来的。

柏拉图于公元前387年在雅典创办他的学校，以其所在地阿加德米而得名。由柏拉图及其亲传的几代学生所主持的学园被称作老学园（Old Academy），它具体的传承是：由柏拉图而斯彪西波，由斯彪西波而色诺克拉底，由色诺克拉底而波莱莫，由波莱莫而克拉底，由克拉底而阿尔凯西劳。在这一时期，由于继任者斯彪西波和色诺克拉底的数学倾向，学园的研究表现出了浓厚的神秘数论的色彩，这是柏拉图晚期数论思想和形而上学思想的一个自然延续。同时，传统柏拉图哲学的主题，例如伦理学的主题，也依然得到了保持。从总体上来讲，这一时期学园的哲学同柏拉图的哲学保持着很强的连续性，实际上是柏拉图哲学的一个合乎逻辑的发展，从而，这一时期的学园同时也就构成了最初的柏拉图主义，它意味着按照柏拉图哲学的内在精神来研究哲学。

但是，公元前272年阿尔凯西劳的继任却是柏拉图学园的一个重大转折。阿尔凯西劳由于他自身的怀疑主义倾向，通过对柏拉图哲学尤其是对柏拉图哲学的来源苏格拉底哲学思想的特殊解释，开创了柏拉图学园的怀疑主义思潮和风尚。由此，在他主持和影响下的几代学园，无论在基本的思想立场上还是在从事哲学的旨趣上，都同此前的学园有了根本的区别。因而，古代思想史家为了同此前的学园相区别，就把阿尔凯西劳为开端的学园称为中期学园。例如，第欧根尼·拉尔修在《名哲言行录》中这样说："他就是那位开启了中期学园的人，第一位由于论证的矛盾而中止判断的人。"① 中期学园的具体传承是这样的：由阿尔凯西劳而拉库德斯，由拉库德斯而伊万德尔和赫格西努斯，由赫格西努斯而卡尔内亚德。

卡尔内亚德的继任构成了柏拉图学园的又一次转折，古代文献称之为"新学园"或"第三学园"。② 但这并不是说卡尔内亚德的哲学旨趣和此前的中期学园有了什么根本的不同，而是说他进一步发展了此前中期学园的怀疑主义倾向。卡尔内亚德是怀疑论大师，有关他的一个著名的故事就是：他曾在公元前155年随一个使团出访罗马，一天，他在一个公开的场合论证了正义是一种被所有人赞赏而富有价值的德性，而在紧接着的第二天他却在同一个地方论证了正义不是一种德性，它实际上是个人自私目的和地方习俗的产物。显然，面对这样两种彼此矛盾、同时又各自具有严密论证的观点，唯一的结论就是：我们什么也不知道，在正义是什么的问题上我们是完全无知的，从而必须保持沉默。因此，在卡尔内亚德主持下的学园强化了中期学园的怀疑论立场，使柏拉图学园在公元前3世纪到公元前2世纪一直是古代怀疑论的一个重要阵地，并一度主导了古代怀疑论的发展。卡尔内亚德之后新学园的传承是这样的：由卡尔内亚德而克里托马库斯，由克里托马库斯而斯特拉托尼西亚的迈特罗多洛斯，由迈特罗多洛斯而拉尼萨的斐洛。从迈特罗多洛斯和斐洛开始，新学园逐渐开始了一个从怀疑主义向传统柏拉图主义回归的过程，这就是说，他们尽管在很多哲学问题上依然保持了怀疑主义立场，却倾向于认为在行动和哲学判断上还是存在着令人信服的、确定的基础。西塞罗主要的哲学著作便反映了他对斐洛学园思想的忠诚。

这样，阿尔凯西劳的学园和卡尔内亚德的学园，就构成了由柏拉图而

---

① Diogenes Laertius, *Lives of Eminent Philosophers*, Vol. I, IV. 12 – 13, The Loeb Classical Library, Harvard University Press, 1950. 据洛布本中古希腊原文直接译出。

② 参见克里斯托弗·希尔兹主编：《古代哲学》，聂敏里译，321页。

来的柏拉图学园的两次重要转折，而他们的基本哲学倾向是怀疑主义的。尽管他们认为这就是柏拉图的哲学尤其是柏拉图的老师苏格拉底的哲学的主要精神，但是，显然，它在本质上是非柏拉图主义的。因为柏拉图从未主张过一种怀疑主义倾向的不可知论，苏格拉底也是一样，二者对流俗观点的诘难和反讽不过是要求思想更为严格的确定性。因此，假如说在柏拉图所主持的学园以及他死后的几代学园中有过所谓的柏拉图主义，即按照柏拉图哲学的基本精神来进行哲学研究，那么从阿尔凯西劳一直到斐洛的柏拉图学园，也就是中期学园和新学园，却绝不能说是柏拉图主义的。

柏拉图学园从柏拉图开始到斐洛，经过了一个连续的有着明确师承关系的历史。公元前 87 年，罗马大将苏拉攻陷雅典，柏拉图学园的学者纷纷从雅典流亡。在这个时候，斐洛的学生阿斯卡隆的安提奥库斯公开反对斐洛的怀疑主义，主张回归到正统的柏拉图哲学，而认为从阿尔凯西劳一直到斐洛的学园历史是对柏拉图主义的偏离。因此，他离开了斐洛的学园，创建了自己的学派，并称其为“老学园”。自此以后，柏拉图学园作为一个有明确组织系统和师承关系的学术机构就瓦解了，尽管“学园”这个名称还一直保持着。

安提奥库斯的哲学具有鲜明的折中主义特点。他认为斯多亚学派的哲学和亚里士多德学派的哲学才是柏拉图哲学的合法继承者，因此，他所主张的柏拉图哲学实际上综合了斯多亚学派的哲学和亚里士多德学派的哲学的很多内容。安提奥库斯开始了柏拉图主义的一个新阶段，这就是折中主义的柏拉图主义，它构成了所谓的中期柏拉图主义。它持续的时间从公元前 80 年一直到公元 250 年，其中重要的人物有普鲁塔克、阿尔奇努斯、努美纽斯、阿摩尼乌斯等。

新柏拉图主义是中期柏拉图主义的直接继承者。这不仅因为新柏拉图主义的奠基者普罗提诺就是中期柏拉图主义者阿摩尼乌斯的学生，他在他 50 岁之前一直在教授阿摩尼乌斯的柏拉图主义，只是在此之后才开始自己的柏拉图主义的著述，而且因为新柏拉图主义自身就具有鲜明的折中主义特征，如策勒在其《古希腊哲学史纲》中所说：“新柏拉图主义是新毕达哥拉主义和中期柏拉图主义的直接延续，它把自己那柏拉图、亚里士多德以及斯多亚派的思想折中的结合物与这两个流派联合起来。”① 这样，我们就有必要对从公元1世纪以来所产生的这种哲学上的折中主义思潮做一番简要描述，由此我们才可以对新柏拉图主义的内部思想成分有更为清楚的了解。

【2】折中主义与新柏拉图主义

我们首先要谈到古代世界的一座伟大城市，因为，正是在这座城市中，思想上的综合与交流、碰撞与融合找到了理想的试验场，它也成为这一时期哲学上的折中主义的主要发生地。这座城市不是别的，就是亚历山大里亚。这是一座位于埃及北端、尼罗河入海口的城市，它是亚历山大大帝于公元前331年远征埃及时所建立的一座城市，是一座年轻的城市。如《尼罗河传》一书的作者埃米尔·路德维希所描写的，当亚历山大大帝站在这块“延伸在大海和玛里奥梯斯湖之间的长地岬时”，在深深的惊奇中他意识到：“从这巨大的无风海港之点，能够将海湾和大海联系起来。同时，在这一点上，被尼罗河挟带到此的淤泥并没有堆积起来阻塞海港。应该在这个地方建立一个城市以鼓励希腊出口商，并保证埃及的收获。同时，它能激起世界的想象，成为一处战士的地方，一个联合世界的地方，一处记载了他的光荣的地方。亚历山大设计了以自己名字为名的城市，像今天的美国人一样，选定公共建筑物和两条主要街道的位置，第一次把街道互成直角交错，按字母顺序命名。……他缔造了一个充满团结精神的超级国际实体……”② 正是由于亚历山大大帝的远见卓识和他自身的文化包容主义，也由于其后托勒密王朝历代帝王的开明而开放的文化政策，这座新兴的城市立刻成为各种文化传统交流与融合的集散地。正是在这座城市中，古希腊哲学和犹太神学第一次相遇，希腊人第一次知道了犹太人，而犹太人也第一次尝试利用当时主

---

① 策勒：《古希腊哲学史纲》，翁绍军译，311页。

② 埃米尔·路德维希：《尼罗河传》（二），赵台安、赵振尧译，405～406页，沈阳，辽宁教育出版社，1997。

导性的世界思想——古希腊哲学——来表达他们所固有的宗教信仰。这样，雅典发现了耶路撒冷，耶路撒冷也发现了雅典，它们交汇、碰撞与融合的第一个产物就是犹太人斐洛的神学。这是一个综合了犹太《旧约》神学、柏拉图哲学、斯多亚学派哲学于一身的神学体系。它创造性地引入古希腊哲学中的逻各斯概念来作为上帝创世的中介，并且用寓意解经法来对《圣经》进行哲学解释，不仅启发了《新约》神学的逻各斯基督论，而且也对后来新柏拉图主义的哲学产生了直接影响。在这里详谈斐洛的哲学思想是没有必要的，我们只需要知道，斐洛的哲学本身就是一个折中主义的思想体系，是那个时期开始形成的思想交流与综合的时代潮流的一个体现。

斐洛的哲学产生于亚历山大里亚这座国际主义的城市，而在此之后形成的基督教的亚历山大里亚学派同样典型地体现了折中主义的思想特点。亚历山大里亚学派兴起于公元 2 世纪中期，它是同建立于亚历山大里亚的基督教教理问答学校紧密联系在一起的。这个学校创立的主要目的就是对抗当时盛行一时的基督教的一个异端诺斯替主义，规范基督教神学，以形成正统的基督教神学纲领。它的首任校长是一个斯多亚学派的哲学家，名叫潘代诺，在他之后先后担任校长的是著名的克莱门特和奥利金，正是在奥利金那里第一次形成了一个体系化的基督教神学。而我们纵观这个学派的哲学，我们就会发现，它依然是一个折中主义的思想体系，它实际上综合了基督教的基本教义和柏拉图主义的基本理论框架，同时也吸收了诺斯替主义的许多思想成分。

这样，我们就看到，在公元 1 世纪以后的亚历山大里亚，思想的交流与融合非常频繁，有多种思想元素流行于其中，基督教的、犹太教的、诺斯替主义的、柏拉图主义的、斯多亚主义的、亚里士多德主义的，还有所谓的新毕达戈拉斯主义的。而新柏拉图主义就产生在亚历山大里亚这种独特的思想氛围之中。

如研究者们所揭示的，在普罗提诺本人的思想中就存在着多种思想元素的融合。首先，普罗提诺与柏拉图思想的继承和吸收的关系就不用提了，这仅从他在著作中对柏拉图晚期对话作品中最重要的一篇《巴门尼德篇》的反复引用就可见一斑。至于他与亚里士多德思想之间的关系，与斯多亚学派思想之间的关系，甚至与新毕达戈拉斯主义之间的关系，我们只要看看他的学生波菲利所写的关于他生平的一段文字就可以明白了。波菲利这样写道：

> 在他的著作中混合着斯多亚学派的隐蔽的学说和漫步学派的学说，甚至亚里士多德的论著《形而上学》也被浓缩着。……在聚会中，他常常让人给他读那些注释，要么是塞伯罗斯的，要么是克洛尼俄斯的或努美纽斯的或盖厄斯的或阿提克斯的，甚至有可能是漫步学派中阿斯帕修斯的、亚历山大的、阿德拉斯托的和那些找得到的人的注释。①

在这段话中，除了明确地提及斯多亚学派和亚里士多德以外，在所列举的名单中，例如，克洛尼俄斯和努美纽斯就既是中期柏拉图主义者，又是新毕达戈拉斯主义者，而阿斯帕修斯、亚历山大和阿德拉斯托都是古代著名的亚里士多德的注释者。由此可见，甚至在新柏拉图主义者内部，他们的老师对各种学派思想的吸收和借鉴也是一个公认与不避讳的事实。而至于普罗提诺与东方思想之间的关系，也由波菲利的相关记述提供了证据。例如，对于基督教和琐罗亚斯德主义，波菲利就说普罗提诺也曾对它们做出过批评，并且还写了《驳诺斯替主义》的论文。② 这样，仅从普罗提诺自身思想来源的多样性来看，新柏拉图主义的折中主义思想特征就是极其鲜明的。

【3】普罗提诺和他的《九章集》

在对新柏拉图主义的思想来源及其所处的时代的总体思想氛围做了

---

① Porphyry, *On the Life of Plotinus and the Order of His Books*, 14, in Plotinus, *Ennead*, I, translated by A. H. Amstrong, The Loeb Classical Library, Harvard University Press, 1989. 据洛布本中古希腊原文直接译出。

② 参见 Porphyry, *On the Life of Plotinus and the Order of His Books*, 16, in Plotinus, *Ennead*, I, translated by A. H. Amstrong, The Loeb Classical Library, Harvard University Press, 1989。

一番说明之后，我们现在就可以进一步来谈谈普罗提诺其人及其《九章集》了。

普罗提诺于公元205年出生于埃及的吕克波利斯（Lycopolis），公元270年卒于意大利的坎帕尼亚（Campania），享年65岁。如他的传记作者——他的学生——波菲利所记载的，他在28岁的时候突然对哲学发生了兴趣，遂投于亚历山大里亚一位著名哲学教师的门下学习，但是不久便感到失望。在朋友的介绍下，他又去向柏拉图主义者阿摩尼乌斯学习哲学，认定阿摩尼乌斯才是他要找的真正的哲学家。他在阿摩尼乌斯门下学习哲学长达11年之久。之后，为了了解印度人和波斯人的哲学，他参加了罗马皇帝高迪安三世对波斯的远征，在远征失败后，他经历了各种困难才得以返回。而这时他已经40岁。之后，他便去了罗马，在那里开始了他独立教授哲学的生涯。普罗提诺在罗马总共待了25年，在这期间，他不仅开创了新柏拉图主义学派，而且还通过他与罗马上层贵族人士的交往，取得了自己广泛的哲学声誉。据说，他与罗马皇帝加里诺斯及其妻子交厚，因此，他曾企图利用这层关系，重建在坎帕尼亚废弃的一座哲学家之城，在这座城里生活的居民将按照柏拉图制定的法律生活，而这座城市被称作“柏拉图城”，但是，由于其他人的阻挠，这个计划最终没有实现。另外，我们也知道，在他主持下的新柏拉图主义学校，每逢柏拉图生日的时候都要举行纪念活动，并将这段时间称作“柏拉图节”。

如波菲利所记载的，普罗提诺曾和阿摩尼乌斯的几个学生有一个约定，不公开阿摩尼乌斯课堂上讲授的内容，因此，在很长时间内，他虽然和人讨论哲学，但是对于阿摩尼乌斯的学说却始终保持沉默。到罗马之后，他虽然以阿摩尼乌斯的哲学作为自己授课的基础，但是在10年的时间里他却没有进行任何自己的著述。只是到他50岁之后，他才开始将学派聚会时经常讨论的问题作为主题写成论文。波菲利是在普罗提诺59岁的时候成为他的学生的，波菲利说，到这时为止，普罗提诺已经陆陆续续写出了21篇论文。在之后的6年时间里，在波菲利和另一位学生阿美利乌斯（Amelius）的督促下，他又写出了另外的24篇论文。而在普罗提诺生命的最后一年，他又完成了最后的9篇论文。这样，总数就是54篇。如波菲利所说，这些作品本身是有写作时间的差异的，因此，“作品的力度因他写作的时期——早期、鼎盛期和患病期——不同而有变化。第一组二十一篇表明他的能力还略显单薄，还没有达到最富活力的程度。中期创作的文章显示他的能力处于巅峰状态，除了一些短篇，第二组的二十四篇作品是最完美的。而写最后九篇时，他已经精力不济，比起前五篇来，最后四篇尤为明显”①。但是，这只是在写作时间上和文字风格上所表现出来的差异，却不代表这些作品彼此之间存在着思想早晚的问题。因为，所有这些作品都是普罗提诺在他 50 岁之后写出来的，是他思想成熟时期的产物，因而不可能存在着明显的思想变化。

但是，这样一来，我们就有必要说到现存《九章集》的编定。普罗提诺只是写作了这些思想作品，他并没有亲手编定这些作品。在他死前，他把这些作品交给了波菲利，指定由波菲利来负责编辑它们。而波菲利编定这些作品并没有按照它们实际写作的时间顺序，尽管他对此是非常清楚的，而且在他所写的《普罗提诺的生平和著作顺序》中也没有隐瞒这一点，而是如实地给出了一个按时间顺序排列各篇的目录。在波菲利看来，普罗提诺的这 54 篇作品虽然涉及不同的哲学主题，但在根本上它们却是一个成熟思想体系的体现，从而，他是以体系化的形式，根据各篇的主题分门别类，按照一个由切近于我们的世俗存在到超越性存在的思想路线来编排的。这样，54 篇作品就被波菲利按照主题的相近分成六组，每组九篇，名之“九章集”，六组“九章集”合在一起，就构成了《九章集》的全书，而每一组是其中的一卷：第一卷讨论伦理学的主题；第二卷讨论自然哲学的主题，主要论述天体、宇宙和与此有关的实体等问题；第三卷仍然是自然哲学的主题，但却涉及了命运、神、无形体之物这些更具形而上学意味的主题；第四卷集中处理了与灵魂有关的主题；第五卷已经是针对形而上学主题的讨论，普罗提诺在这里集中讨论他的三个形而上学的本原概念；最后一卷讨论了存在和一，并以“论至善或太一”这一柏拉图哲学的最高主题结束。显然，从波菲利的这样一种编排顺序，我们可以清楚地看到一条由低至高的思维上升的路线，思想由伦理道德的问题逐渐上

---

① 普罗提诺：《九章集》（上），石敏敏译，10 页，北京，中国社会科学出版社，2009。

升，直至达到对形而上学的本原的领会，并最终止息于“太一”那里。这就是普罗提诺哲学或者说新柏拉图主义一以贯之的思想路线。因为，普罗提诺的哲学就是紧紧抓住柏拉图哲学对感觉世界和理念世界划分的基本思想，结合晚期希腊时代特殊的人生问题，即个体人的生存问题，以一种自然神学的方式讨论了个体灵魂如何脱离尘世的羁绊而最终复返“太一”获得拯救的主题。据波菲利说，普罗提诺一生中曾有四次达到这种灵魂出窍、与“太一”融合无间的境界。普罗提诺死前的最后一句话是：“请努力把在我们之中的神引导至在全体之中的神。”①

【4】灵魂、理智和太一

普罗提诺的《九章集》是一个庞大的思想体系，它表现出综合吸收古希腊哲学自身的各种思想资源，以柏拉图哲学为基本的思想指导，构筑一个自然神学理论体系以与新兴的基督教神学相对抗的倾向。但是，撇开它种种庞杂的思想因素不谈，对于我们把握它的基本思想结构来说，有四个概念是非常重要的，我们只要理解了这四个概念，对普罗提诺的整个思想体系就有了一个大致清晰的掌握。这四个基本概念就是：太一、理智、灵魂和流溢。前三个被普罗提诺称为三个基本实质或者原理，是形而上学的实存；最后一个与其说是实存，不如说是某种运行法则，普罗提诺根据它来解释世界的生成以及个体灵魂的拯救。我们下面就来具体讲一讲这四个基本概念。

我们将按照普罗提诺《九章集》第五卷第一章的顺序，先从个体灵魂开始。在《九章集》第五卷第一章的一开始，普罗提诺就谈到了个体灵魂普遍堕落的情况。他说：

> 一个幼年时便被带离家门并在遥远的地方被抚养长大的孩子会不认识他的父亲，不知道他自己。同样，灵魂也会不再能意识到神圣

---

① Porphyry, *On the Life of Plotinus and the Order of His Books*, 2, in Plotinus, *Ennead*, I, translated by A. H. Amstrong, The Loeb Classical Library, Harvard University Press, 1989. 据洛布本中古希腊原文直接译出。

> 性，或它们自己的本性；对其地位的一无所知导致了自我贬抑。它们搞错了尊敬的对象，把一切事物都看作高于自身；它们的一切畏惧和钦敬都是为了异己的东西。它们无可救药地背离了自己的本性，全然不顾它们所遗弃的东西；对尘世的推崇、对自身的漠视使它们彻底忘却了神圣世界。①

这是普罗提诺对人在世的基本情况的描绘与理解，显然，这一认识是与晚期希腊时期社会生活的时代特征相一致的，这就是城邦的淡出历史舞台和个体人的凸显。因此，在普罗提诺这里，同在其他许多晚期希腊哲学派别那里的情形一样，也同在新兴的基督教那里的情形一样，他首先面对的就是单个的个人，就是这个单个个人在世界上的生存以及他的个体灵魂的安顿。而一个自幼便离开自己的家乡、在陌生的地方被抚养长大的孩子的比喻，则更进一步凸显了这一个体人生存的时代难题。对于这个个体人来说，再没有城邦这一自然共同体作为他与广漠世界之间的中介，使他能够获得自然的归属，他不得不自己面对自身及整个广漠的世界。这就是从哲学上反映出来的晚期希腊时期变化了的社会生活中人的基本生存状况。普罗提诺的解决途径如我们所说是自然神学的，从而，对于他来说，这种同自然相疏离的状态也就是一个沉沦的状态，即个体灵魂完全沉溺在物质世界中而忘却了自己本性的高贵和神圣。因此，基于一种来自柏拉图灵魂回忆说的教导，普罗提诺就谈到了一个个体人的灵魂如何逐渐摆脱物欲的纠缠而逐渐回归自己神圣的自然本源的过程。

他首先谈到的就是三个基本实质或原理的第一个，这就是大写的灵魂，或者说个体灵魂的普遍本质。他首先肯定了古希腊哲学传统的一个有关灵魂的看法，这就是：灵魂是事物内在活力的根源，是事物的生命形式。所不同的只是，他赋予了这种生命形式自然和谐的内涵，认为由这个大写的灵魂所代表的整体生命体现的是自然整体的和谐与宁静，因而是真实生命的根源。它作为个体灵魂的普遍本质，化解了个体灵魂的种种挣扎与骚动，而将它们维持在一个整体的自然和谐与意蕴饱满的生命状态中。

---

① 转引自苗力田主编：《古希腊哲学》，673 页。

他这样说：

> 它自身构造了这个苍穹并给它以秩序，引导着一切有节奏的运动；它是跟所有它给予其秩序、运动和生命的事物相区别的原则，它必定比它们更为美好。……它摆脱了诱惑，并从随之而来的一切魔障的束缚中解放出来，保持自身的宁静。它不仅让包围着的肉体宁静，肉体的骚动趋于平稳，而且让宁静弥漫于周围的一切事物，即大地、海洋、天空及天体。……这样，进入天体的浩瀚质料中的灵魂就给予了生命，给予了不朽。它把低劣的东西改造成为精华。①

显然，就这个巨大的灵魂赋予万物秩序、将万物归于生命整体的宁静而言，它就是自然本身。从而，毫无疑问，普罗提诺在这里实际上诉诸斯多亚学派人的小宇宙和自然的大宇宙的关系的理论，诉诸人与自然本质上和谐一致的想法，在他这里也有一个人通过回归自然整体而获得个体生命的宁静与灵魂的最终得救的观点。普罗提诺之所以把这个最终的归宿不说成自然而说成普遍灵魂，仅仅是由于这个自然对于他来说是有生命的，或者说，它就是生命本身。从而，个体灵魂所回归的最终就是生命本身，他在宇宙的那个大灵魂、大生命中找寻到自己生命的终极意义并因此得到解脱。这样，在形而上学上，对于普罗提诺来说，相对于每一个个体灵魂和生命，便存在着一个作为生命本身的大灵魂。它渗透在一切事物之中，使事物具有生命，并且统一为一个整体，它赋予事物生命的意义与价值，而事物一旦与它相分离，实际上便丧失了生命，成为空洞的物质质料，成为非存在。

但是，如果我们认识到普罗提诺的灵魂概念内含着自然或生命的和谐统一、内含着宇宙的一般秩序，那么，显然，对于普罗提诺来说，灵魂便已经内在地具有了某种形式的规定性，正是这种形式的规定性造成了自然整体或生命整体的和谐统一，并且规定着每一个事物的存在和生长，赋予每一个事物生命的现实性。这个内在的形式的规定性不是别的，就是普罗提诺三个基本实质的第二个——理智。普罗提诺这样说：

---

① 转引自苗力田主编：《古希腊哲学》，674～675 页。

> 一旦认识到灵魂是这样神圣、这样高贵，你可以坚信，你由于拥有了它，所以正在接近神。……但在这个神圣者之上，还存在着一个神圣者。它控制着灵魂的上升区域，作为它的开端和源泉。①

这是什么东西呢？这就是理智，希腊语写作νοῦς，也就是由阿那克萨戈拉首次提出的那个“心灵”概念。普罗提诺用这个概念来表示内在于灵魂之中的理性法则，认为灵魂相比于它，仅仅是理智的肖像。因为，灵魂是有欲望的，而理智就是它自身，它是自我同一的。他这样说：

> 我们已经表明所有价值都属于灵魂，但它是第二位的，是理智的肖像。说出来的道理是贮藏在灵魂之中的道理的肖像。同样，灵魂是理智的表达。它甚至是理智活动的总和，是理智所流出的生成及它存在的全部生命之流……换句话说，灵魂源自理智，所以是有理智的，可却是一种通过推理的理解活动。它为了完美化必须观照神圣的理智。②

这样，对于普罗提诺来说，比灵魂更高的原则就是理智，相对于理智自身的那种纯概念的存在，灵魂实际上是理智具体的生命形式的存在，因而它只是理智的肖像，“肖像”的意思也就是说，它是理智的具体表达。因此，我们可以说，在普罗提诺那里，灵魂是理智的现实化和具体化，理智现实化在万物之中，成为万物存在的基本力量，维持万物的生命运行，这就是灵魂。但是，反过来，以具体生命形式体现出来的灵魂，它的本质却是理智，它不过是理智作为生命原则的具体体现而已。从而，在理智和灵魂这里，我们首先看到了一种同一和统一的关系，这就是说，在根本上理智和灵魂是一而二、二而一的关系，理智的具体体现就是灵魂，而灵魂的内在本质就是理智。

在明确了这个基本的关系之后，普罗提诺就进一步阐明了他所说的理智到底是什么。他告诉我们，实际上，理智不是别的，就是柏拉图的那个理念世界，它们构成了万物存在的基本法则，是思想和思想对象的统一、

① 转引自苗力田主编：《古希腊哲学》，675～676 页。

② 转引上书，676 页。

同一。他这样说：

> 灵魂关涉到一件又一件的事物，一会儿是苏格拉底，一会儿是一匹马，总是某一个存在物。但理智是全体，因而它的全部内容同时呈现在那个同一体中。它是永远主动的纯粹存在……理智通过它的活动建立了存在。存在作为理智的对象便转而成为理智活动存在的原因。……理智和存在是紧密结合的，具有共同的存在，从不分离。①

在这里，有两个核心的东西是我们需要明白的。首先，普罗提诺用理智所表明的领域，如上面所说，实际上就是柏拉图的那个理念世界，而这更进一步地说，也就是我们所一再讲到的那个形而上学的本质世界。正是本质世界中的本质对象物在普罗提诺看来才是真正的实在，并且构成了现实世界存在的法则。其次，普罗提诺之所以用理智，也就是“心灵”（νοῦς）来标明这个领域，而不是径直用柏拉图的理念或者形式，是因为在他看来，形式作为思维对象，需要一个思想者，形式就其实质是理智对象而不是经验对象，这就使得它只能在一个思维主体中才有其存在。这样，对于普罗提诺来说，提出这个思维主体就是必要的。因此，一方面是柏拉图意义上的形式，另一方面是作为思维这个形式的心灵主体，这二者内在的同一和统一，普罗提诺就用“理智”这个概念来予以完整的表达。

但是，这样一来，对于我们把握“理智”这个概念来说，重要的就是，我们一定不能把理智和它的思维对象——形式——看成相分离的两个东西，我们不能像想象观念在我们的心中那样来想象形式在思维主体——理智——之中的存在。前者实际上正是我们的灵魂状态，它因此是不完善的，在普罗提诺看来，它所拥有的观念只能是真理的摹本。而形式和理智的关系是一种一而二、二而一的关系。理智有其存在，而理智的存在就是它的对象。而本质对象就其作为本质对象而言，同时也就是思维对象。这样，思维和存在就是统一而且同一的，思想自己思想自己。因此，在普罗提诺的“理智”概念里，我们就看到了他对亚里士多德哲学的吸收，他在“理智”这个概念里所阐明的实际上就是亚里士多德形而上学中的那

① 转引自苗力田主编：《古希腊哲学》，677页。

个最高命题。但因此，这也就是他认为亚里士多德的那个最高的实体“不动的动者”不是形而上学的最终本原的原因，因为，在他的体系中还有一个更高的存在，这就是三个基本实质或原理的第三个，即太一。

如果说理智以及由理智所表示的领域是一个多种形式综合的统一体，那么为这个统一体提供原则上的统一性的不是别的，就是普罗提诺所提出的那个“太一”，也就是大写的“一”。普罗提诺说：

> 作为一个多重体，这个神也就是理智，在这里存在于灵魂之中。……灵魂把自身与理智相靠近，仿佛与它成为一体。它进一步探索：什么存在产生了这个神？先于杂多的单纯是什么？什么是它存在以及它作为多重体而存在着的原因？①

在这样的追寻下，普罗提诺就提出了“太一”。他这样说：

> 灵魂是理智的表达和活动，正如理智是“太一”的表达和行为一样。②

这样，“太一”就是普罗提诺思想体系的最高原则，它构成了存在的真正基础和源泉。在普罗提诺看来，它是不动的、静止的、永恒的、绝对的，但是，同时，它是不可规定的，是单纯的，是自我完满而没有部分的。我们把它称为“太一”，有时也把它称为“神”或者“善”或者别的什么神圣的、高贵的名称，但是所有这些称呼都是不准确的，因为，在根本上，“太一”是不可言说的，任何确定的言说都是对它的限定和具体化，而“太一”恰恰是不可限定和非具体化的。在这里，普罗提诺实际上借鉴了从犹太哲学家斐洛以来所形成的否定神学的思想，也就是说，关于“上帝”，我们最终是不能对他进行任何积极的界定的，因为，任何界定对于他都是一种限制，而这是与“上帝”无限的本性不相容的。普罗提诺显然在这里试图将“太一”构筑成他哲学体系中的上帝。

但是，正像在斐洛那里，即便是对犹太教中的上帝的谈论也借助了柏拉图哲学的理性形式。对于普罗提诺来说，当他说到“太一”不可言说

① 转引自苗力田主编：《古希腊哲学》，678 页。

② 转引上书，680 页。

的特征时，他也并不是要将它转化成一个非理性的神秘之物，相反，它依然是我们的理性可以通达的。因为，实际说来，普罗提诺的“太一”不是别的，就是逻辑同一律这个基本原则，这个原则在巴门尼德那里被作为存在的根本属性，而在柏拉图的《巴门尼德篇》中又被做了辩证的阐明。普罗提诺正是利用了这些思想资料以形成他哲学体系的最高原则，为形式领域的多样性提供绝对的自身同一性和统一性。

这样，在根本上，就像灵魂和理智是一而二、二而一的关系一样，太一和理智也是一而二、二而一的关系。说到底，太一、理智、灵魂，就像是基督教中的圣父、圣子、圣灵一样，也是一个三一体。但是，这不是一个奥妙的三一体，而是基于理性逻辑的三一体。实际上，普罗提诺关于从灵魂到理智、从理智到太一，接着反过来，从太一到理智、从理智到灵魂的上升和下降过程，实际上是理性自身概念体系的一个先验演绎的过程。它是对从巴门尼德以来古希腊哲学所奠立的那个形而上学本体论体系的、基于柏拉图晚年辩证法思想的一个纯思辨的理论建构，尽管它有着很多神秘的外观，吸收了传统希腊宗教许多神秘主义的因素。普罗提诺企图借此来形成一个古希腊哲学自身的神哲学体系，以回应他所处时代的宗教问题，解释善与恶、罪与罪的涤除等问题。但是，这样一来，我们最后就涉及了普罗提诺哲学体系中的第四个重要的概念，即“流溢”。

【5】流溢

普罗提诺也是在《九章集》的第五卷中谈到“流溢”的。他这样问：假如“太一”是不动的，那么它怎么会产生了理智、进而产生了灵魂乃至世界呢？对于这个问题，他回答说：

> 它必定是向四周辐射的光芒——来自终极且来自不动的终极。它可以比作灿烂的、环绕着太阳的光，永不停息地从那个不变的实体中产生出来。一切存在物，只要它们保存着自己的特性，就会在它们周围，从它们的本质中，借助于必定存在于它们之中的力量产生某些必然的、外观的实质，并且以肖像的形式不断把它们与原型相联系。例

> 如，火发放出它的热；雪也并不只对它自身是冷的；芳香的事物是十分恰当的例子。因为只要它们还持续，某些东西就会从它们之中发散出来，并在它们所在之处被察觉到。①

这样，我们说，普罗提诺的“流溢”实际上可以被看成一个自我显现、自我显示的过程。“太一”永恒地在那里存在，但是，与此同时，它也就将自己显明为理智，而理智同样也有一个自我显明过程，它将自己显明为灵魂，这样的自我显明过程继续进行着，由灵魂而个体灵魂，最终显明为世界万物。这就是普罗提诺所理解的流溢。由此看来，我们也可以把他的“太一”理解成一个大全整体，它实际上蕴涵着世界万象，世界万象现实地在它自身之中。它和世界万象之间的关系实际上就是它自身与它自身的具体显现的关系，是它的具体内容和这些具体内容作为一个整体的统一性的关系。它就是世界本身，而世界本身就是它。

但是，这只是一种从形而上学本体论和纯逻辑学的角度对流溢的解说，也就是说，把流溢看成一个终极本体的自我显现，从而流溢的过程并不是一个物理上不断分离的过程和时间上不断远离的过程，而是一个始终保持为自我同一体的过程，就像太阳和太阳光并没有什么不同一样，因为，太阳就是太阳光的不断发散。但普罗提诺还把这个过程看成一个等级制的不断下降的过程。因为，尽管“太一”和它所流溢出来的一切最终是同一的，但是，毕竟，“太一”最终显现为具体的世界万象，显现为具体个别的东西。但这样一来，就存在着一种可能，这就是，最终没有了“太一”，而只有了具体个别的东西。在这里，有可能具体个别的东西取代了“太一”，“太一”被具体个别的东西遮蔽了。这在普罗提诺看来就是我们的灵魂在现实世界中实际堕落的过程，也就是恶实际产生的过程。也就是说，我们虽然是从终极的神圣本原而来的，我们整个都属于那个终极的神圣本原，但是，在实际的生活过程中，我们却忘记了我们的本性，而迷失于具体的对象世界之中，把具体的事物看成根本重要的，从而沉溺在对物质对象的盲目而无度的追求之中，而这就是罪恶的产生。

---

① 转引自苗力田主编：《古希腊哲学》，679页。

这样，流溢的过程在普罗提诺看来也就是一个迷失本性、产生罪恶的过程。但是反过来，由于我们在本性上是与神圣的终极存在同一的，从而，在我们身上也就存在另一种相反的可能，这就是从物质世界的沉沦中超拔出来而逐渐回归自我的过程，而这也就是一个灵魂涤除罪恶、自我救赎的过程。这样，流溢的过程又从不断下降转而不断上升，我们沿着同样的阶梯，不是向下而是向上最终回溯到“太一”的终极实在，在那里找到了灵魂的终极归宿。当然，在这里，我们必须指出，对于普罗提诺来说，这在根本上是一个认识的过程，是一个思想上不断觉醒和领悟的过程，它表现为一个个体灵魂通过不断地追寻智慧而最终达到终极的智慧领悟的过程。从而，这显然是一条典型的古希腊哲学的灵魂救赎之路，它通过在认识上向一个自然整体的回归来达到对个体灵魂的安顿。

这就是普罗提诺“流溢”概念中的哲学—宗教内涵。由此，我们就可以看到普罗提诺哲学的时代意义了。它在晚期希腊有关个体人之生存的特殊时代问题面前构筑了一个自然神学的体系，通过使个体灵魂以理智回归的方式与形而上学的本体世界相统一、同一而企图拯救个体灵魂。我们说，这是一种希腊传统的自然神学或者说思辨神学的路径，它和基督教启示神学的路径形成了鲜明的对照。就此而言，基督教的启示神学对人个体性的存在做了严格的限定，这使得人不能够单独凭借自己某种特殊的智慧和修行，超出自己这种个体性的存在来获得灵魂的拯救，也就是说，它将人严格限制为个体性的有限存在，而摒弃了古希腊哲学对人超越性存在的想象和理论建构，从而，它就真正严肃地面对了人的在世生存，为人理解自己的个体存在提供了途径。因此，或许正是凭借这种思想的彻底性，基督教神学在晚期希腊以来的关于人的存在的时代问题面前才具有独特的理论优势，并且最终在这场思想竞争中获得胜利。当然，与此同时，基督教神学自身对新柏拉图主义哲学和其他古希腊哲学派别的思想资源的大量借鉴与吸收，也是一个不容否认的事实。这一点，我们在公元5世纪之后的许多基督教教父身上能够清楚地看到，奥古斯丁就是一个典型的例证。

结　语

公元529年，东罗马皇帝查士丁尼为了维护基督教信仰的正统性，颁布了禁止在雅典讲授异教哲学的敕令，并且关闭了在雅典的所有希腊哲学学校。其中，新柏拉图主义的雅典学派的学校不仅被关闭，而且财产也被抄没①，这致使学校领袖达玛修斯（Damascius）连同辛普里丘（Simplicius）、普利斯安（Priscian）和其他四人东迁至科特西丰（Ctesiphon）的霍斯罗斯（Khosroes）的宫廷，也就是今天的伊拉克境内。② 在短暂驻留之后，辛普里丘又迁至哈兰（卡莱）[Harrân（Carrhae）]，在今天临近伊拉克边界的土耳其境内，并在那里创办了一个新柏拉图主义的学校。③ 这是古希腊哲学传入阿拉伯的开端。

现在看来，上述事件具有标志性的意义。它既标志着在长期的思想竞争中，古老的希腊哲学在公元6世纪最终被新兴的基督教所战胜，从此以后，基督教信仰和基督教神学在西方世界取得思想统治的地位，西方进入了所谓的中世纪；又标志着古希腊哲学在未来的新生，因为，从公元13世纪开始，随着亚里士多德的著作被大量翻译成拉丁文，尤其是随着亚里士多德的思想通过所谓的拉丁阿维洛伊主义在欧洲的广泛传播而在经院哲学中逐渐取得统治地位，古希腊的理性主义思想传统在西欧又得到了恢复。

因此，如果说在晚期希腊的教父哲学阶段，是基督教战胜了古希腊哲

① 参见策勒：《古希腊哲学史纲》，翁绍军译，333页。

② 参见聂敏里编译：《20世纪亚里士多德研究文选》，220～221页，上海，华东师范大学出版社，2010。

③ 参见上书，226页。

学，那么到了中世纪的经院哲学阶段，则是古希腊哲学战胜了基督教。由此，进入 14、15 世纪的文艺复兴时期，无论在基督教神学的内部还是在它的外部，古希腊哲学各派的思想都得到了广泛的复兴、不仅有柏拉图主义的复兴、亚里士多德主义的复兴，而且也有伊壁鸠鲁主义的复兴、斯多亚主义的复兴、怀疑论的复兴，甚至还有毕达戈拉斯主义的复兴。所有这些思想汇聚起来，同新的现代精神相结合，最终造成的是欧洲思想界的科学革命。就现代科学中大量希腊思想元素的存在来看，在某种意义上，我们确实有充分的理由说，古希腊哲学赢得了新世界。

如果是这样，当我们今天关注现代思想的起源，关注现代性问题，对有大量思想元素渗透于其中的古希腊哲学予以充分的关注，就是十分必要的。可以这样说，我们越深地理解古代世界是怎么一回事——古希腊哲学是其观念上的表达与建构，我们也就越深地懂得现代世界是怎么一回事——它是人类从古代世界的母体中分离出来的又一次远航。我们知道了我们从何处来，我们对于我们将向何处去就会有更好的思考与判断。

古希腊主要哲学家年表*

约前620—约前540，泰勒斯（Thales）

约前610—约前546，阿那克西曼德（Anaximander）

前585，泰勒斯预言的日蚀

约前585—约前528，阿那克西美尼（Anaximenes）

约前570—约前465，克塞诺芬尼（Xenophanes）

约前570—约前490，毕达戈拉斯（Pythagoras）

约前570—约前490，阿尔克迈翁（Alcmaeon）

前500（盛年），赫拉克利特（Heraclitus）

约前510—约前450+，巴门尼德（Parmenides）

约前500—约前428，阿那克萨戈拉（Anaxagoras）

约前492—约前432，恩培多克勒（Empedocles）

约前490—约前420，普罗泰戈拉（Protagoras）

前483—前373，高尔吉亚（Gorgias）

约前480—前400，留基波（Leucippus）

前470—前399，苏格拉底（Socrates）

约前470—约前442+，麦里梭（Melissus）

约前470—约前385，费洛劳斯（Philolaus）

约前460—约前399+，普罗狄科（Prodicus）

约前460，埃利亚的芝诺（Zeno of Elea）写作他的系列证明

约前460—约前370，德谟克利特（Democritus）

---

* 据 Anthony Preus 主编的《古希腊哲学历史辞典》中的“年表”（Chronology）增补、删减而成。参见 *Historical Dictionary of Ancient Greek Philosophy*, ed. Anthony Preus, The Scarecrow Press, Inc. 2007, pp. xix－xxiv。

约前450—约前380，麦加拉的欧几里得（Eucleides of Megara），麦加拉学派的奠基者

约前440—约前370，安提斯塞奈斯（Antisthenes）

前437—前338，伊索克拉底（Isocrates）

约前435—约前356，昔勒尼的阿里斯底波（Aristippus of Cyrene），昔勒尼学派的奠基者

前427—前347，柏拉图（Plato）

前423，阿波罗尼亚的第欧根尼（Diogenes of Apollonia）活动于雅典

约前412—约前322，西诺珀的第欧根尼（Diogenes of Sinope），犬儒学派的代表人物

约前408—约前339，斯彪西波（Speusippos），继柏拉图之后第一任柏拉图学园领袖

约前396—约前314，色诺克拉底（Xenocrates），继柏拉图之后第二任柏拉图学园领袖

前384—前322，亚里士多德（Aristotle）

约前380—约前330，麦加拉学派的斯底尔波（Stilpo，of the Megarian school）

约前371—约前287，塞奥弗拉斯特（Theophrastus），亚里士多德的学生，漫步学派的第二任领袖

约前368—约前288，底比斯的克拉底（Crates of Thebes），西提翁的芝诺的老师

前367，亚里士多德进入柏拉图学园

前365—前275，皮罗（Pyrrho），怀疑论学派的开端

约前350—前266/5，波莱莫（Polemon），继柏拉图之后第三任柏拉图学园领袖

前347，柏拉图去世；亚里士多德离开雅典

前343，亚里士多德在培拉（Pella）做亚历山大的老师

约前340—约前270，伊壁鸠鲁（Epicurus）

前340，亚里士多德离开培拉

前335，亚里士多德创建吕克昂（Lyceum）

约前 334—约前 262，西提翁的芝诺（Zeno of Citium）

前 331，亚历山大里亚（Alexandria）在埃及建城

前 331—前 232，克利安塞斯（Cleanthes），斯多亚学派哲学家

约前 325—前 265?，亚历山大里亚的欧几里得（Euclid of Alexandria）

约前 325—约前 235，蒂蒙（Timon）

前 323，亚历山大大帝去世，伊壁鸠鲁来到雅典

前 322，亚里士多德去世

前 313，西提翁的芝诺来到雅典

约前 265（卒年），雅典的克拉底（Crates of Athens），柏拉图学园领袖

约前 316—约前 241，阿尔凯西劳（Arcesilaus），继波莱莫和克拉底之后的柏拉图学园领袖

约公元前 3 世纪，昔勒尼的拉库德斯（Lacydes of Cyrene），自公元前 241/40 年为柏拉图学园领袖

约公元前 3 世纪—公元前 2 世纪，伊万德尔（Evander），拉库德斯的学生和继任者

约公元前 2 世纪，赫格西努斯（Hegesinus），伊万德尔的继任者，公元前 160 年左右为柏拉图学园领袖

约前 280—约前 206，克里西普（Chrysippus），斯多亚学派哲学家

前 214—前 129，卡尔内亚德（Carneades），继阿尔凯西劳之后的第四任柏拉图学园领袖

前 187/6—前 110/9，克里托马库斯（Clitomachus），卡尔内亚德的学生，公元前 127 年左右成为柏拉图学园的领袖

约前 185—约前 109，巴内修斯（Panaetius），斯多亚学派哲学家

约前 135—约前 51，波塞冬纽斯（Posidonius），斯多亚学派哲学家

公元前 2 世纪末，斯特拉托尼西亚的迈特罗多洛斯（Metrodorus of Stratonicea）

约前 158—约前 84，拉尼萨的斐洛（Philo of Larissa）

约前 130—约前 68，阿斯卡隆的安提奥库斯（Antiochus of Ascalon）

前 106—前 43，西塞罗（Cicero）

约前 99—约前 55，卢克莱修（Lucretius）

前 79/78，西塞罗在雅典学习哲学
公元前 1 世纪，艾奈西狄姆（Aenesidemus），怀疑论学派哲学家
公元前 1 世纪，阿格里帕（Agrippa），怀疑论学派哲学家
前 20—约 50，亚历山大里亚的斐洛（Philo of Alexandria）
约前 4—约 65，塞涅卡（Seneca）
约 46—122，海罗尼亚的普鲁塔克（Plutarch of Chaeronea）
约 55—135，爱庇克泰德（Epictetus）
约 100—165，查士丁（Justinus）
约 121—180，马尔库斯·奥勒留（Marcus Aurelius）
约 2 世纪，阿尔奇努斯（Arcinous），中期柏拉图主义者
约 160—180（盛年），努美纽斯（Numenius of Apamea）
约 130—200，珀伽玛的盖伦（Galen of Pergamum）
200（盛年），阿弗洛狄西亚的亚历山大（Alexander of Aphrodisias）
公元 2 世纪—3 世纪，塞克斯都·恩披里柯（Sextus Empiricus）
215（卒年），亚历山大里亚的克莱门特（Clement of Alexandria）
242（卒年），阿摩尼乌斯·萨卡斯（Ammonius Saccas）
254（卒年），奥利金（Origen）
205—270，普罗提诺（Plotinus）
233—309，波菲利（Porphyry）
约 245—325，扬布里柯（Iamblichus）
约 275—339，尤塞比乌斯（Eusebius）
约 317—388，塞米斯修斯（Themistius）
347—420，哲罗姆（Jerome）
354—430，奥古斯丁（Augustine）
432（卒年），雅典的普鲁塔克（Plutarch of Athens）
411—485，普罗克鲁斯（Proclus）
480—524/6，波埃修（Boethius）
490—560，辛普里丘（Simplicius）
490—570，菲洛庞努斯（John Philoponus）
529，雅典的各希腊哲学学园被查士丁尼关闭

参考文献

外文部分

[1] Aristotelis. Framenta Selecta [M]. Recognovit W. D. Ross, Oxford University Press, 1988.

[2] Aristotle. Metaphysics [M]. The Loeb Classical Library, Harvard University Press, 2003.

[3] Aristotle. The Nicomachean Ethics [M]. The Loeb Classical Library, Harvard University Press, 2003.

[4] Chung-Hwan Chen. Sophia, The Science Aristotle Sought [M]. Georg Olms, Hildesheim, 1976.

[5] Diogenes Laertius. Lives of Eminent Philosophers [M]. Vol. I. The Loeb Classical Library, Harvard University Press, 1950.

[6] Diogenes Laertius. Lives of Eminent Philosophers [M]. Vol. II. The Loeb Classical Library, Harvard University Press, 1950.

[7] Hermann Diels. Die Fragmente Der Vorsokratiker [M]. Zweiter Band, Berlin, Weidmannsche Buchhandlung, 1922.

[8] Hermann Diels. Walther Kranz. Die Fragmente Der Vorsokratiker [M]. Erster Band, Weidmannsche Verlagsbuchhandlung, 1960.

[9] I. Düring and G. E. L. Owen, ed. Aristotle and Plato in the Mid-Fourth Century [M]. Götbrog, 1960.

[10] Abraham Edel. Aristotle and His Philosophy [M]. New Brunswick (U. S. A.) and London (U. K.): Transaction Publishers, 1996.

[11] David Furley, ed. Routledge History of Philosophy. Vol II. From

Aristotle to Augustine [M]. Routledge, 1999.

[12] Heidegger. Plato's Sophists [M]. Tr. by Richard Rojcewicz and André Schuwer. Bloomington, Ind.: Indiana University Press, 1997.

[13] Plato. Phaedo [M]. Translated by H. N. Fowler. The Loeb Classical Library, Harvard University Press, 1914.

[14] Plato. Parmenides [M]. Translated by H. N. Fowler. The Loeb Classical Library, Harvard University Press, 1939.

[15] Plotinus. Ennead [M]. Translated by A. H. Amstrong. Harvard University Press, 1989.

[16] A. A. Long, ed. Early Greek Philosophy [M]. Cambridge University Press, 1999.

[17] Bertrand Russell. A History of Western Philosophy [M]. New York, 1945.

[18] R. W. Sharples, ed. Whose Aristotle? Whose Aristotelianism [M]. Kerling Series in Ancient Philosophy. Ashgate Publishing Ltd., 2001.

[19] Herbert Weir Smyth. Greek Grammar [M]. Harvard University Press, eleventh printing, 1980.

[20] R. Sorabji, ed. Aristotle Transformed: The Ancient Commentators and Their Influence [M]. London: Duckworth, 1990.

中文部分

[1] 阿里斯托芬. 阿里斯托芬喜剧集 [M]. 罗念生, 译. 北京: 人民文学出版社, 1954.

[2] 乔纳逊·巴恩斯. 亚里士多德 [M]. 余纪元, 译. 北京: 中国社会科学出版社, 1989.

[3] M. H. 鲍特文尼克, M. A. 科甘, M. Б. 拉比诺维奇, Б. П. 谢列茨基, 编著. 神话辞典 [M]. 黄鸿森, 温乃铮, 译. 北京: 商务印书馆, 1985.

[4] 马丁·贝尔纳. 黑色雅典娜: 古典文明的亚非之根 [M]. 郝田虎, 程英, 译. 长春: 吉林出版集团有限责任公司, 2011.

[5] 柏拉图. 巴曼尼得斯篇 [M]. 陈康, 译注. 北京: 商务印书

馆，1982.

［6］柏拉图．理想国［M］．郭斌和，张竹明，译．北京：商务印书馆，1986.

［7］柏拉图．泰阿泰德·智术之师［M］．严群，译．北京：商务印书馆，1963.

［8］伯里．希腊史［M］．陈思伟，译．长春：吉林出版集团有限责任公司，2016.

［9］布克哈特．希腊人和希腊文明［M］．王大庆，译．上海：上海人民出版社，2008.

［10］策勒．古希腊哲学史纲［M］．翁绍军，译．济南：山东人民出版社，1996.

［11］威尔·杜兰．世界文明史·希腊的生活［M］．北京：东方出版社，1998.

［12］海德格尔．海德格尔选集：上、下［M］．孙周兴，编译．上海：上海三联书店，1996.

［13］依迪丝·汉密尔顿．希腊精神——西方文明的源泉［M］．葛海滨，译．沈阳：辽宁教育出版社，2003.

［14］黑格尔．哲学史讲演录：第1卷［M］．贺麟，王太庆，译．北京：商务印书馆，1959.

［15］黑格尔．哲学史讲演录：第2卷［M］．贺麟，王太庆，译．北京：商务印书馆，1960.

［16］G. S. 基尔克，J. E. 拉文，M. 斯科菲尔德．前苏格拉底哲学家——原文精选的批评史［M］．聂敏里，译．上海：华东师范大学出版社，2014.

［17］基托．希腊人［M］．徐卫翔，黄韬，译．上海：上海人民出版社，1998.

［18］G. B. 科费尔德．智者运动［M］．刘开会，徐名驹，译．兰州：兰州大学出版社，1996.

［19］B. И. 库济辛，主编．古希腊史［M］．甄修钰，张克勤，等译．呼和浩特：内蒙古大学出版社，2013.

[20] 第欧根尼·拉尔修. 名哲言行录 [M]. 徐开来，溥林，译. 南宁：广西人民出版社，2010.

[21] 埃米尔·路德维希. 尼罗河传 [M]. 赵台安，赵振尧，译. 沈阳：辽宁教育出版社，1997.

[22] W. D. 罗斯. 亚里士多德 [M]. 王路，译. 北京：商务印书馆，1997.

[23] 苗力田，主编. 古希腊哲学 [M]. 北京：中国人民大学出版社，1989.

[24] 苗力田，主编. 亚里士多德全集：第 10 卷 [M]. 北京：中国人民大学出版社，1997.

[25] 奥斯温·默里，西蒙·普赖斯，编. 古希腊城市：从荷马到亚历山大 [M]. 北京：商务印书馆，2015.

[26] 聂敏里. 存在与实体——亚里士多德《形而上学》Z 卷研究（Z 1-9）[M]. 上海：华东师范大学出版社，2011.

[27] 聂敏里. 实体与形式——亚里士多德《形而上学》Z 卷研究（Z 10-17）[M]. 北京：中国人民大学出版社，2016.

[28] 聂敏里，编译. 20 世纪亚里士多德研究文选 [M]. 上海：华东师范大学出版社，2010.

[29] B. C. 塞尔格叶夫. 古希腊史 [M]. 缪灵珠，译. 北京：高等教育出版社，1955.

[30] 色诺芬. 回忆苏格拉底 [M]. 吴永泉，译. 北京：商务印书馆，1984.

[31] 斯塔夫里阿诺斯. 全球通史：上、下 [M]. 7 版. 董书慧，王昶，徐正源，译. 北京：北京大学出版社，2005.

[32] 托克维尔. 论美国的民主 [M]. 董果良，译. 北京：商务印书馆，1988.

[33] 汪子嵩，范明生，陈村富，姚介厚. 希腊哲学史：第 1 卷 [M]. 北京：人民出版社，1988.

[34] 汪子嵩，范明生，陈村富，姚介厚. 希腊哲学史：第 2 卷 [M]. 北京：人民出版社，1993.

［35］汪子嵩，范明生，陈村富，姚介厚．希腊哲学史：第 3 卷［M］．北京：人民出版社，2003．

［36］汪子嵩，陈村富，包利民，章雪富．希腊哲学史：第 4 卷［M］．北京：人民出版社，2010．

［37］让-皮埃尔·韦尔南．希腊思想的起源［M］．秦海鹰，译．北京：三联书店，1996．

［38］文德尔班．哲学史教程：上［M］．罗达仁，译．北京：商务印书馆，1987．

［39］克里斯托弗·希尔兹，主编．古代哲学［M］．聂敏里，译．北京：中国人民大学出版社，2009．

［40］希罗多德．历史：上、下［M］．王以铸，译．北京：商务印书馆，1959，1960．

［41］中山大学西学东渐文献馆，主编．西学东渐研究：第 1 辑［M］．北京：商务印书馆，2008．

［42］先刚．柏拉图的本原学说——基于未成文学说和对话录的研究［M］．北京：三联书店，2014．

［43］新经全集［M］．中国天主教教务委员会，1981．

［44］新经上·四福音［M］．天主教上海教区，1986．

［45］修昔底德．伯罗奔尼撒战争史：上［M］．谢德风，译．北京：商务印书馆，1960．

［46］亚里士多德．诗学［M］．陈中梅，译注．北京：商务印书馆，1996．

［47］章雪富．基督教的柏拉图主义［M］．上海：上海人民出版社，2001．

［48］赵敦华．基督教哲学 1500 年［M］．北京：人民出版社，1994．

［49］赵敦华，傅乐安，主编．中世纪哲学［M］．北京：商务印书馆，2013．

［50］中希英逐字对照《新约圣经》［M］．台湾浸宣出版社，1984．

［51］兹拉特科夫斯卡雅．欧洲文化的起源［M］．陈筠，沈澂，译．北京：三联书店，1984．

索　引

A

B

C

D

E

F

M

N

P

Q

R

S

T

W

X

Y

Z

后　记

自2000年至今，我一直在中国人民大学负责讲授哲学系本科生的学科基础课“西方哲学史”，除开因为出国等原因中间有几次间隔外，算起来，讲授这门课程已有十几年，由此就积累下来了厚厚的一沓讲稿。因为每讲必更新，所以也打磨了十几遍。在讲稿之中，我最有把握的是古希腊哲学的部分，因为这部分毕竟是自己的专业，不仅材料熟，而且钻研得久，对其中的许多问题颇有自己的研究心得，而且史论结合，详略得当，剪裁合体，深入浅出，自觉颇有可观之处。

2013年，中国人民大学出版社学术出版中心主任杨宗元编审建议我以古希腊哲学史为核心出一本探讨西方思想起源的学术著作，以满足古希腊哲学爱好者和普通读者的需求，我便有心将这部分讲稿拿出来以飨读者。在之后的3年里，我在每次开设“西方哲学史”课程时，更加强了对这部分内容的打磨，以期能够奉献给读者一部学术精品，做到雅俗共赏。

现在，这部著作终于完成，预备付梓。在此之际，我要对中国人民大学出版社杨宗元编审一直以来对我的支持和帮助表示深深的感谢。学术出版是一个需要坚守的阵地，而杨宗元编审为此倾注了自己最大的热忱和执着，没有她的慧眼独具和大力支持，我这部著作无疑是不能问世的。此外，我也要对这么多年来听我讲授“西方哲学史”这门课程的学生表示由衷的感激。没有你们对我讲授的这门课程的热爱，并且在很多时候对我默默的支持与鼓励，我不可能获得在我个人科研、教学道路上的不竭的动力。我愿意将这本书奉献给那些喜爱我的教学、愿意和我讨论各种学术问题的学生，我也希望这本书能够继续我们之间的心灵对话，成为铭刻我们共同度过的课堂美好时光的记忆卷轴。

在写作本书“导论”的过程中，我就古希腊史的一些问题和西南大学历史文化学院的徐松岩教授做过一次畅谈。松岩兄见解精辟，令我大为叹服。“导论”完成后，他又是第一个读者，并就古希腊史的部分提出了细致的意见和建议，对于“导论”的最终定稿大有裨益。在这里，我要向松岩兄致以诚挚的谢意！

中国人民大学出版社的罗晶编辑可以说是我这部书稿的第一位读者，她不仅帮我润色文字、订正错误，而且还就文中一些表达方式的改进提出了良好的建议。她的严谨、认真、一丝不苟的工作态度令我敬佩与感动，我在此也要向她表示特别的感谢。

最后，我希望这本有关古希腊哲学史的小书能够得到读者的喜爱！

聂敏里

2016 年 12 月 5 日

守望者书目

001　正义的前沿

［美］玛莎·C. 纳斯鲍姆（Martha C. Nussbaum）　著

作者玛莎·C. 纳斯鲍姆，美国哲学家，人文与科学院院士，当前美国最杰出、最活跃的公共知识分子之一。现为芝加哥大学法学、伦理学佛罗因德（Ernst Freund）杰出贡献教授，同时受聘于该校 7 个院（系）。2003 年荣列英国《新政治家》杂志评出的**“我们时代的十二位伟大思想家”**之一；2012 年获西班牙阿斯图里亚斯王子奖，被称为**“当代哲学界最具创新力和最有影响力的声音之一”**。最具代表性的著作有：《善的脆弱性》《诗性正义》。

作为公平的正义真的无法解决吗？本书为我们呈现女性哲学家的正义探索之路。本书从处理三个长期被现存理论特别是罗尔斯理论所忽视的、亟待解决的社会正义问题入手，寻求一种可以更好地指引我们进行社会合作的社会正义理论。

002　寻求有尊严的生活——正义的能力理论

［美］玛莎·C. 纳斯鲍姆（Martha C. Nussbaum）　著

诺贝尔经济学奖得主阿玛蒂亚·森鼎力推荐。伦敦大学学院乔纳森·沃尔夫教授对本书评论如下：“一项非凡的成就：文笔优美，通俗易懂。同阿玛蒂亚·森教授一道，纳斯鲍姆是正义的‘能力理论’的开创者之一。**这是自约翰·罗尔斯的作品以来，政治哲学领域最具原创性和影响力的发展**。这本书对纳斯鲍姆理论的首次全盘展示，不仅包括了其核心元素，也追溯了其理论根源并探讨了相关的政策意义。”

003　教育与公共价值的危机

［美］亨利·A. 吉鲁（Henry A. Giroux）　著

亨利·A. 吉鲁（1943—　），著名社会批评家，美国批判教育学的创始理论家之一，先后在波士顿大学、迈阿密大学和宾夕法尼亚州立大学任教。2002 年，吉鲁曾被英国劳特利奇出版社评为当代 50 位教育思想家之一。

本书荣获杰出学术著作称号，获得美国教学和课程协会的年度戴维斯图书奖，美国教育研究协会 **2012 年度批评家评选书目奖**。本书考察了美国社会的公共价值观转变以及背离民主走向市场的教育模式。本书鼓励教育家成为愿意投身于创建构成性学习文化的公共知识分子，培养人们捍卫作为普遍公共利益的公立教育和高等教育的能力，因为这些对民主社会的生存来说至关重要。

004　康德的自由学说

卢雪崑　著

卢雪崑，牟宗三先生嫡传弟子，1989 年于钱穆先生创办的香港新亚研究所获哲学博士学位后留所任教。主要著作有《意志与自由——康德道德哲学研究》《实践主体与道德法则——康德实践哲学研究》《儒家的心性学与道德形上学》《通书太极图说义理疏解》。

本书对康德的自由学说进行了整体通贯的研究，认为康德的自由学说绝非如黑格尔以来众多康德专家曲解的那样，缺乏生存关注、贱视人的情感、只是纯然理念的彼岸与虚拟；康德全部批判工作可说是一个成功证立“意志自由”的周全论证整体，康德批判地建立的自由学说揭示了“自由作为人的存在的道德本性”，“自由之原则作为实存的原则”，以此为宗教学、德性学及政治历史哲学奠定彻底革新的基础。

005　康德的形而上学

卢雪崑　著

自康德的同时代人——包括黑格尔——对康德的批判哲学提出批判至今，种种责难都借着“持久的假象就是真理”而在学术界成为公论。本书着眼于康德所从事的研究的真正问题，逐一拆穿这些公论所包含的假象。

006 客居忆往

洪汉鼎 著

洪汉鼎，生于 1938 年，我国著名斯宾诺莎哲学、当代德国哲学和诠释学专家，现为北京市社会科学院哲学研究所研究员，山东大学中国诠释学研究中心名誉主任，杜塞尔多夫大学哲学院客座教授，成功大学文学院客座讲座教授。20 世纪 50 年代在北京大学受教于贺麟教授和洪谦教授，70 年代末在中国社会科学院哲学所担任贺麟教授助手，1992 年被评为享受国务院政府特殊津贴专家，2001 年后在台湾多所大学任教。德文专著有《斯宾诺莎与德国哲学》、《中国哲学基础》、《中国哲学辞典》（三卷本，中德文对照），中文专著有《斯宾诺莎哲学研究》、《诠释学——它的历史和当代发展》、《重新回到现象学的原点》、《当代西方哲学两大思潮》（上、下册）等，译著有《真理与方法》《批评的西方哲学史》《知识论导论》《诠释学真理?》等。

本书系洪汉鼎先生以答学生问的形式而写的学术自述性文字，全书共分为三个部分。第一部分是作者个人从年少时代至今的种种经历，包括无锡辅仁中学、北京大学求学、反右斗争中误划为右派、“文化大革命”中发配至大西北、改革开放后重回北京、德国进修深造、台湾十余年讲学等，整个经历充满悲欢离合，是幸与不幸、祸与福的交集；第二部分作者透过个人经历回忆了我国哲学界 20 世纪 90 年代之前的情况，其中有师门的作风、师友的关系、文人的特性、国际的交往，以及作者个人的哲学观点，不乏一些不为人知的哲坛趣事；第三部分是作者过去所写的回已忆冯友兰、贺麟、洪谦、苗力田诸老师，以及拜访伽达默尔的文章的汇集。

007 西方思想的起源

聂敏里 著

聂敏里，中国人民大学哲学院教授，博士生导师，中国人民大学首批杰出人文学者，主要从事古希腊哲学的教学和研究，长期教授中国人民大学哲学院本科生的西方哲学史专业课程。出版学术专著《存在与实体——亚里士多德〈形而上学〉Z 卷研究（Z 1-9）》《实体与形式——亚里士多德〈形而上学〉Z卷研究（Z 10-17)》，译著《20世纪亚里士多德研究文选》《前苏格拉底哲学家——原文精选的批评史》，在学界享有广泛的声誉。《存在与实体》先后获得北京市第十三届哲学社会科学优秀成果奖二等奖、教育部第七届高等学校科学研究优秀成果奖（人文社会科学）三等奖，《实体与形式》入选2015年度“国家哲学社会科学成果文库”。

本书是从中国学者自己的思想视野出发对古希腊哲学的正本清源之作。它不着重于知识的梳理与介绍，而着重于思想的分析与检讨。上溯公元前6世纪的米利都学派，下迄公元6世纪的新柏拉图主义，上下1 200余年的古希腊哲学，深入其思想内部，探寻其内在的本体论和认识论的思想根底与究竟，力求勾勒出西方思想最初的源流与脉络，指陈其思想深处的得失与转捩，阐明古希腊哲学对两千余年西方思想的奠基意义与形塑作用。

图书在版编目（CIP）数据

西方思想的起源：古希腊哲学史论/聂敏里著. —北京：中国人民大学出版社，2017.5
ISBN 978-7-300-23825-8

Ⅰ.①西… Ⅱ.①聂… Ⅲ.①思想史-西方国家 Ⅳ.①B5

中国版本图书馆 CIP 数据核字（2017）第 004816 号

新世纪优秀人才支持计划资助
西方思想的起源
——古希腊哲学史论
聂敏里 著
Xifang Sixiang de Qiyuan

出版发行	中国人民大学出版社		
社　　址	北京中关村大街 31 号	**邮政编码**	100080
电　　话	010－62511242（总编室）		010－62511770（质管部）
	010－82501766（邮购部）		010－62514148（门市部）
	010－62515195（发行公司）		010－62515275（盗版举报）
网　　址	http://www.crup.com.cn		
	http://www.ttrnet.com（人大教研网）		
经　　销	新华书店		
印　　刷	北京联兴盛业印刷股份有限公司		
开　　本	720 mm×1000 mm　1/16	**版　　次**	2017 年 5 月第 1 版
印　　张	18.25 插页 2	**印　　次**	2025 年 8 月第 5 次印刷
字　　数	266 000	**定　　价**	78.00 元